INDÚSTRIA
E DESENVOLVIMENTO
REGIONAL NO RIO DE JANEIRO
1990-2008

Robson Dias da Silva

INDÚSTRIA
E DESENVOLVIMENTO
REGIONAL NO RIO DE JANEIRO

1990-2008

Copyright © 2012 Robson Dias da Silva

Direitos desta edição reservados à
EDITORA FGV
Rua Jornalista Orlando Dantas, 37
22231-010 | Rio de Janeiro, RJ | Brasil
Tels.: 0800-021-7777 | 21-3799-4427
Fax: 21-3799-4430
editora@fgv.br | pedidoseditora@fgv.br
www.fgv.br/editora

Impresso no Brasil | *Printed in Brazil*

Todos os direitos reservados. A reprodução não autorizada desta publicação, no todo ou em parte, constitui violação do copyright (Lei nº 9.610/98).

Os conceitos emitidos neste livro são de inteira responsabilidade dos autores.

1ª edição — 2012

Coordenação editorial e copidesque: Ronald Polito
Revisão: Clarisse Cintra e Marco Antonio Corrêa
Editoração eletrônica: FA Editoração Eletrônica
Capa: Fatima Agra

Ficha catalográfica elaborada pela
Biblioteca Mario Henrique Simonsen

> Silva, Robson Dias da
>   Indústria e desenvolvimento regional no Rio de Janeiro / Robson Dias da Silva. — Rio de Janeiro: Editora FGV, 2012.
>   258 p.
>
>   Inclui bibliografia.
>   ISBN: 978-85-225-0973-7
>
>   1. Rio de Janeiro (Estado) — Condições econômicas. 2. Rio de Janeiro (Estado) — Indústrias. 3. Desenvolvimento regional — Rio de Janeiro (Estado). 4. Disparidades regionais — Rio de Janeiro (Estado). I. Fundação Getulio Vargas. II. Título.
>
>   CDD – 330.98153

Se o desenvolvimento continuar a se fazer com desigualdades — regionais e sociais — crescentes, o país não terá futuro.
Celso Furtado

Para João

Sumário

Lista de tabelas, gráficos, quadros e figuras   9

Prefácio   15

Apresentação   23

Introdução   29

Parte I: Linhas gerais do desenvolvimento da economia fluminense no século XX e início do XXI

Capítulo 1: A dinâmica econômica fluminense entre as décadas de 1930 e 1990   41

   1. O Rio de Janeiro na industrialização brasileira: expansão e "esvaziamento"?   41
      1.1 Algumas reflexões sobre a dinâmica regional   51
   2. O Rio de Janeiro na "década perdida": crise e interpretações   57

Capítulo 2: Economia e desenvolvimento urbano no estado do Rio de Janeiro (1990-2008)   67

   1. Demografia e desenvolvimento urbano fluminense (1990-2008)   67
      1.1 Dinâmica urbana na Região Metropolitana do Rio de Janeiro   74
      1.2 Dinâmica urbana no interior fluminense   75

2. A economia fluminense entre 1990 e 2008   78
   2.1 A expansão da indústria extrativa estadual   84
   2.2 O desempenho da indústria de transformação   89

Parte II: Dinâmica industrial e desenvolvimento regional no estado do Rio de Janeiro da década de 1990 aos anos iniciais do século XXI

Capítulo 3: Dinâmica industrial e desenvolvimento regional no Rio de Janeiro   105
1. A produção de petróleo e as desigualdades regionais   112
2. Investimentos, estrutura industrial e desenvolvimento regional no Rio de Janeiro   117
   2.1 A dinâmica espacial da indústria de transformação   118
   2.2 Indústria de petróleo e desenvolvimento regional   136

Capítulo 4: A trajetória do desenvolvimento regional no Rio de Janeiro: transformações, desconcentração e padrões produtivos   149
1. Padrão de desenvolvimento regional na Região Metropolitana do Rio de Janeiro: desindustrialização e terceirização?   162
2. Interior fluminense: crescimento econômico, especialização produtiva e fragmentação regional   173
   2.1 Padrão de especialização na produção petrolífera do Norte fluminense   174
   2.2 Padrão de especialização na produção manufatureira do Sul fluminense   178
3. O Rio de Janeiro nos anos 1990 e 2000: mudança de trajetória?   183

Conclusões   197

Posfácio   205

Agradecimentos   213

Referências   215

Anexos   231

Lista de tabelas, gráficos, quadros e figuras

Capítulo 1

Tabela 1: Participação fluminense no PIB por setores — 1939-80 (em %)   42

Tabela 2: Evolução da estrutura industrial fluminense — 1949-80   47

Tabela 3: Participação fluminense no VTI brasileiro — 1939-80   49

Tabela 4: Participação do estado do Rio de Janeiro no PIB brasileiro — 1980-90 (em %)   59

Tabela 5: Índice do produto real do estado do Rio de Janeiro, interior e Região Metropolitana do Rio de Janeiro (RMRJ) — 1981-89   60

Gráfico 1: Taxa de crescimento médio — 1939-80 (a.a. em %)   42

Gráfico 2: Crescimento demográfico anual, RJ e BR — 1940-80 (%)   44

Gráfico 3: Evolução da população fluminense — 1940-80   45

Gráfico 4: Diferença entre as rendas *per capita* regionais — 1940-80   45

Capítulo 2

Tabela 1: Municípios fluminenses por tamanho da população (2009)   72

Tabela 2: Participações regionais na população do interior fluminense — 1940-2008 (em %)   77

Tabela 3: Produto Interno Bruto do Estado do Rio de Janeiro — 1996-2007   78

Tabela 4: Participação setorial no PIB fluminense — 1996-2006 (em %) 79

Tabela 5: Índice de expansão do VAB da indústria extrativa mineral: 1985-2002 86

Tabela 6: Participação regional na indústria extrativa do Brasil — 1970-2006 (em %) 87

Tabela 7: Estrutura interna da indústria extrativa mineral — Brasil e Rio de Janeiro — 1996 (em %) 90

Tabela 8: Estrutura interna da indústria extrativa mineral — Brasil e Rio de Janeiro — 2006 (em %) 91

Tabela 9: Participação regional na indústria de transformação brasileira — 1970-2006 (em %) 93

Tabela 10: Crescimento industrial por setor RJ e BR, entre 1991-2008 (%) 97

Tabela 11: Crescimento anual da produção industrial — ERJ 1992-2008 (em %) 98

Tabela 12: Crescimento anual da produção industrial — BR 1992-2008 (em %) 99

Tabela 13: Participação setorial do RJ na indústria nacional por variável selecionada — 1996 a 2006 (em %) 101

Gráfico 1: Número de municípios fluminenses — 1940-2005 68

Gráfico 2: Participação do estado do Rio de Janeiro na indústria brasileira — CR 2004 (em %) 83

Gráfico 3: Variação na participação da indústria de transformação brasileira por região — 1970-2006 (em p.p.) 94

Gráfico 4: Variação na participação da indústria de transformação brasileira por estado — 1970-2006 (em p.p.) 95

Quadro 1: Regiões de governo e municípios do estado do Rio de Janeiro 69

Quadro 2: Municípios criados no estado do Rio de Janeiro a partir de 1985 70

Quadro 3: Empresas pertencentes ao grupo das "100 maiores empresas" com sede no estado do Rio de Janeiro em 2008 80

Capítulo 3

Tabela 1: Participação no PIB estadual e estrutura setorial do PIB (2006)   106

Tabela 2: Evolução da população da cidade do Rio de Janeiro — 1950-2000   110

Tabela 3: Participação regional no PIB fluminense — 2006 (em %)   111

Tabela 4: Produto interno bruto *per capita* das regiões de governo do estado do Rio de Janeiro "com bacia de Campos" e "sem bacia de Campos" (2006)   114

Tabela 5: Produto interno bruto das regiões de governo do estado do Rio de Janeiro "com bacia de Campos" e "sem bacia de Campos" (2006)   115

Tabela 6: Estrutura interna do PIB do estado do Rio de Janeiro, por setor e região de governo, incluindo "bacia de Campos" — 2006 (em %)   116

Tabela 7: Estrutura interna do PIB do estado do Rio de Janeiro, por setor e região de governo, excluindo "bacia de Campos" — 2006 (em %)   117

Tabela 8: Estrutura industrial do estado do Rio de Janeiro: principais setores por variável selecionada — 2006 (em %)   121

Tabela 9: Estrutura industrial, por grupo de uso, BR e ERJ 2006 (% VTI)   123

Tabela 10: Participação nos investimentos industriais por setor — 1996-2006 (em %)   124

Tabela 11: Participação nos investimentos industriais por região — 1996-2006 (em %)   125

Tabela 12: RMRJ: investimentos industriais por setor — 1996-2006   127

Tabela 13: Investimentos industriais na região do Médio Paraíba — 1996-2006   130

Tabela 14: Investimentos industriais na região Norte — 1996-2006   131

Tabela 15: Investimentos industriais na região Serrana — 1996-2006   132

Tabela 16: Investimentos industriais nas regiões Centro-Sul, Noroeste, Baixadas Litorâneas e Costa Verde — 1996-2006   133

Tabela 17: Investimentos industriais por setor e região de governo no Rio de Janeiro 1996-2006 (unidades locais) 135

Tabela 18: Participação na produção brasileira de petróleo — 2000-08 (%) 137

Tabela 19: Participação na produção brasileira de gás natural 2000-08 (em %) 138

Tabela 20: *Royalties* recebidos por unidade da federação — 2008 (R$) 142

Tabela 21: Evolução dos *royalties* distribuídos para o estado do Rio de Janeiro e Brasil entre 1999 e 2008 (valores reais de janeiro de 2009) 143

Tabela 22: Trinta maiores municípios beneficiários de *royalties* — 2008 144

Tabela 23: Maiores *royalties per capita* municipais — 2008 (em R$) 145

Tabela 24: Distribuição das participações especiais sobre a produção de petróleo e de gás natural: 2000-08 147

Gráfico1: Oferta de energia no Brasil por fonte — 1941-2007 (em %) 137

Gráfico 2: Participações especiais recebidas pelos municípios fluminenses — 2000-08 (acumulado em R$ 1.000) 146

Gráfico 3: Coeficiente *royalties*/PIB do Rio de Janeiro — 1999-2007 (%) 147

Quadro: Regiões de governo e municípios do interior fluminense 110

Capítulo 4

Tabela 1: Participação no valor adicionado fiscal estadual — RMRJ — 1997-2006 (em %) 153

Tabela 2: Participação regional no VAF estadual — 1997-2006 (em %) 154

Tabela 3: Razão entre os VAF's regionais — 1997-2006 155

Tabela 4: Maiores municípios segundo o VAF (em R$ 1.000 correntes) 156

Tabela 5: Empregos formais gerados por setor — ERJ (1985 a 2005) 164

Tabela 6: RMRJ na ocupação da indústria nacional — 1970-2000 (em %) 166

Tabela 7: Participação carioca na indústria de transformação fluminense — 1996-2006   167

Tabela 8: Participação carioca na indústria de transformação brasileira — 1996-2006   168

Tabela 9: Variação percentual da indústria de transformação para Brasil, estado do Rio de Janeiro e município do Rio de Janeiro, segundo variáveis, PIA — 1996-2006   168

Tabela 10: Participação das atividades no VTI da indústria de transformação do município do Rio de Janeiro — 1996-2006   169

Tabela 11: Ocupação por setor de atividade na RMRJ — 1992-2007 (em %)   172

Tabela 12: Participação regional no PIB total brasileiro — 1995-2008 (em %)   186

Tabela 13: Participação regional no PIB agropecuário brasileiro — 1995-2008 (em %)   187

Tabela 14: Participação regional no PIB da indústria brasileira — 1995-2008 (em %)   188

Tabela 15: Participação regional no PIB da indústria de transformação brasileira — 1995-2008 (em %)   189

Tabela 16: Participação regional no PIB da indústria extrativa mineral brasileira — 1995-2008 (em %)   190

Tabela 17: Participação regional no PIB de serviços brasileiro — 1995-2008 (em %)   191

Quadro 1: Principais investimentos no Médio Paraíba — 1996-2006   180

Quadro 2: Investimentos no Centro-Sul e Costa Verde — 1996-2006   182

Anexos

Anexo A: Território por região de governo do ERJ   231

Anexo B: Taxa de participação na população fluminense por região de governo — 1940-2009   232

Anexo C: População residente por região de governo do ERJ — 1940-2009   232

Anexo D: Taxa anual de crescimento demográfico por região de governo do ERJ — 1940-2009 (em %)   233

Anexo E: Densidade demográfica, segundo as regiões de governo e municípios do ERJ — 1940-2009 (hab/km²)   233

Anexo F: Investimentos industriais por Região de Governo no ERJ — 1995-2006 (em R$ 1.000 correntes)   237

Anexo G: *Royalties* anuais em valores reais (corrigidos pelo IGP-DI de janeiro de 2009) para os estados brasileiros, 1999-2008   250

Anexo H: PIB regional: Confronto metodologias "nova" e "antiga" — 2002-04 (em R$ 1.000 correntes)   251

Anexo I: Participação regional do PIB nacional: confronto de metodologias "nova" e "antiga" — 2002-04 (em %)   253

Anexo J: Localização das regiões de governo do estado do Rio de Janeiro — 2009   255

Anexo L: Concentração e localização das atividades produtivas do estado do Rio de Janeiro — 1990-2008   256

Anexo M: Principais investimentos realizados em território fluminense (2011-13)   257

Prefácio

> Se o desenvolvimento continuar a se fazer com desigualdades — regionais e sociais — crescentes, o país não terá futuro.
>
> *Celso Furtado*

O estado do Rio de Janeiro me parece, cada vez mais, uma espécie de epítome, metáfora e resumo do Brasil. Grande parte das potencialidades, mazelas e desafios brasileiros aparece aí amalgamada e sintetizada-exponenciada.

Destacaria aqui aquelas questões estruturais com mais decisivas implicações para a "área do conhecimento" do desenvolvimento socioeconômico, sobretudo em sua dimensão regional/territorial: 1) a conjugação recente de potente máquina de crescimento econômico com a manutenção ou a ampliação da, não menos potente, máquina de produção e reprodução de desigualdades sociais e espaciais; 2) os processos de longa duração de marginalização, violência e desfiliação sociais de grande parcela de sua população, fruto do desmantelamento da ação estatal e da instalação, sobretudo durante as décadas de 1980 e 1990, de uma situação sociopolítica "mexicana", de convivência da máquina pública esfacelada com redes ilícitas, crime organizado e indistinção de espaços públicos e privados, o que resultou na deterioração da quantidade e qualidade da provisão de bens, serviços e infraestruturas sociais públicas; 3) a prevalência da lógica rentista-patrimonialista nas decisões de inversão de capital e o ímpeto da especulação fundiária-imobiliária desbragada; 4) os impactos concentrados no tempo e no espaço de grandes projetos "enclavados", que pouco dinamizam mesmo seu entorno mais imediato. Ou seja, há dificuldades de ultrapassar a lógica dos investimentos pontuais e que pouco repercutem em sua hinterlândia e quase não irradiam por um território mais ampliado, dificultando, mesmo com as altas taxas de crescimento agora experimentadas, constituir processos mais virtuosos e dinâmicos de encadeamentos intersetoriais, ramificações econômicas e interiorização espacial; 5) a necessidade de questionar e qualificar até que ponto há processos de "desindustrialização" ou de "reprimarização" da economia, riscos de "doença holandesa" e de não enfrentamento à chamada "maldição dos recursos naturais"; 6) a conveniência de buscar a repactuação das relações federativas, incluindo a repartição fiscal intergovernamental; 7) a dificuldade de construir o desenvolvimento supralocal etc.

Todas essas questões devem dialogar com o questionamento e a consciência da dificuldade de interpretar se há ou não nova coalizão de forças sociopolíticas no estado e na capital ou se seriam as mesmas com nova roupagem ou apenas mera versão redefinida. Portanto, são inúmeras as semelhanças das questões e indagações que se devem apontar hoje para entender o que se passa na economia e sociedade fluminenses e no Brasil.

Pelo fato de que o estado do Rio de Janeiro vive atualmente um momento inusitado e eufórico de crescimento econômico, considero fundamental lembrar os ensinamentos e alertas de Celso Furtado de que o processo de crescimento econômico é contraditório, pois "em uma economia que não cresce, todas as prioridades perdem nitidez, reduz-se o espaço para a ação". Foi o que ocorreu com a economia fluminense, que sofreu longo período de décadas de estagnação ou baixo crescimento, com perda constante de participação relativa no conjunto da riqueza nacional. Quando se inicia um processo de crescimento econômico, é possibilitada a exploração de recursos ociosos, latentes e ocultos, que só são ativados em ambiente de dinamismo. Tal momento expansivo, no entanto, geralmente funda-se na preservação de privilégios das alianças e coalizões cristalizadas, que ganharam o jogo da convenção momentânea do crescimento, o que enubla a identificação dos interesses, dificultando os tensionamentos exigidos por qualquer processo verdadeiro de desenvolvimento, que deve buscar ser durável, consistente e inclusivo. Em suma, o que distingue os processos de crescimento e desenvolvimento é que o primeiro acaba escondendo interesses e o segundo exige revelá-los e friccioná-los.

Ou seja, ao se olhar a trajetória histórica recente e ao se procurar vislumbrar as perspectivas da economia fluminense, a velha e recorrente questão de qualificar a natureza do processo atual e se perguntar até que ponto se trata de um mero processo de crescimento e até que ponto há, ou não, a possibilidade de fazer metamorfosear crescimento em desenvolvimento se coloca com toda força.

Obviamente, um único livro ou um pesquisador isolado não poderia dar conta das inúmeras facetas de todas essas problemáticas (e outras muito instigantes) aqui levantadas. Não obstante, o livro que o leitor tem em mãos pode em muito contribuir para um rigoroso mapeamento e requalificação de problemáticas que deram e "dão a tônica" hoje das dinâmicas estadual e nacional. O professor Robson já vinha dando contribuições importantes em outros estudos para tentar desvendar os movimentos sincrônicos e diacrônicos da economia fluminense em relação ao andamento cíclico da economia brasileira em décadas anteriores, mas aqui, após sintética análise da trajetória história e estrutural da economia fluminense, ele se concentra no período recente, com processos todos em pulsação, em curso, o que torna muito mais difícil, desafiante e sugestiva a análise aqui empreendida.

As marcas históricas da herança da industrialização fluminense produziram um espaço na escala "estadual" com forte participação dos serviços e empresas estatais, especialização nas indústrias de base e intermediárias e em atividades de extração mineral, marcadas por intensas heterogeneidades setoriais e microrregionais, que insuficientemente logrou articular seus subespaços urbanos interiorizados. Ocorreu, dessa forma, ao longo do tempo, uma projeção restrita e truncada do dinamismo metropolitano, com baixa capacidade de espraiamento e dinamização dos enlaces urbanos, regionais e setoriais.

O livro aponta muito bem para a necessidade de um projeto de desenvolvimento que constitua uma rede urbana ou um sistema de cidades mais equilibrado e interiorizado (dotado de centros regionais de porte médio nas diversas regiões de governo), que possa contribuir para a redução das demandas reprimidas pela saturada estrutura urbana carioca, e que seja apoiado em maior espraiamento da capacidade de geração de oportunidades de emprego e renda, habilitação pela propriedade pelos direitos, e avanço da urbanidade e da justiça ambiental e do acesso aos serviços públicos de qualidade e aos direitos sociais e urbanos (acesso à saúde, educação, seguridade social, transporte urbano de alta densidade, moradia, saneamento, aprendizado etc.). Só assim será possível enfrentar a espoliação urbano-regional, isto é, a "somatória de extorsões" e dilapidações que se realizam no território fluminense.

Os investimentos anunciados no estado certamente revolverão a economia fluminense nos próximos anos. Os impactos serão, sem dúvida, extraordinários, resultantes das inversões de grande montante de capitais em megaeventos, implantes industriais (siderúrgicos, metal-mecânicos, navais, petroquímicos etc.), suportes infraestruturais, com destaque para portos, entre muitos outros. Se lograrão superar a restrita especialização produtiva fluminense e dinamizar seus subespaços urbano-regionais são algumas das grandes questões que este livro esquadrinha.

Na medida em que os processos em curso ganharem contornos mais definidos e "definitivos", o rico material aqui disponibilizado no livro poderá dialogar permanentemente com a redivisão social do trabalho em sua expressão espacial no território fluminense e realizar um balanço dos processos de redistribuição/realocação e das redefinições incessantes de agentes, atividades, circuitos, funções etc.

Caberia dimensionar, na história recente do estado do Rio de Janeiro, em face dessas transformações estruturais em processo: qual o poder do poder público, qual o poder da grande empresa e qual o poder dos movimentos sociais.

As formas concretas em que se processará e se manifestará a reprodução social em seu espaço poderão ser captadas através das manifestações socioprodutivas, regionais e urbanas da divisão social do trabalho e poder-se-á realizar a interpelação das quatro forças e processos (conceitos que venho desenvolvendo e propondo no debate regional brasileiro) das inter-ramificações econômico-setoriais, inter-regionalidades, interurbanidades e interestatalidades no estado do Rio de Janeiro. Eu pessoalmente entendo que esse estado tem limitações estruturais e desafios a enfrentar dessas quatro forças. Procuro me explicar abaixo.

As inter-ramificações da setorialidade econômica expressam a constituição socioprodutiva interna do aparelho produtivo em dado recorte espacial, isto é, as manifestações concretas e territoriais dos processos de produção, de consumo, de distribuição, de circulação. Expressam a coerência no espaço regional de tais processos e destacam circuitos, fluxos e espaços de circulação e reprodução do capital e suas estruturas decisórias. Considero que no Rio de Janeiro as estruturas produtivas localizadas em seus espaços urbano-regionais carecem de maior densidade e complexidade intersetorial, para tecer a trama das ramificações econômicas e constituir mais permanentes e enraizadas interações dinâmicas. As coerências e complementaridades econômicas setorializadas de seu aparelho produtivo e sistema social da produção são ainda limitadas. É preciso aumentar a potência de suas forças produtivas e propulsivas, ampliando o conjunto de relações e efeitos encadeados e os seccionamentos produtivos mais adequados. É preciso analisar os elos constitutivos e faltantes de seu aparelho produtivo, identificando setores líderes que tenham capacidade de arrastar outros setores. O estado tende a seguir apenas especialização em vantagens naturais reveladas.

As inter-regionalidades representam o plano analítico inter-regional que centra a abordagem na articulação, coesão e integridade dos processos que se dão em determinado espaço e as possibilidades (e a efetividade) de sua inserção no contexto maior, explicitando seus mecanismos de coordenação e regulação: o que podemos denominar de *coerência estruturada* ou *coerência imposta* e sua articulação em uma escala espacial superior (macrorregional, nacional, por exemplo). Ou seja, procura-se, com esse conceito, capturar e apreender os vários mecanismos de coordenação — os plurais modos de integração econômica —, as formas através das quais os múltiplos elementos materiais e simbólicos são reunidos, e as diversas atividades socialmente produzidas da sociedade são reunidas em algo coerente na produção da "regionalidade". O estado do Rio de Janeiro tem dificuldade de construir fixidez em suas formas de "ancoragem espacial" de seus processos econômicos, sociais e suas estruturas decisórias. A natureza da atuação de seus agentes econômicos cruciais tem poucas relações com seus sub e supraespaços urbano-regionais.

As interurbanidades demonstram a posição de dado espaço urbano-regional no concerto de uma divisão interurbana e intraurbana do trabalho social e revelam as formas de sociabilidade urbanizada e suas posições em relações hierárquicas superiores (mas também nas inferiores). As interurbanidades expressam as relações e interações entre espaços sociourbanos e definem que tipo de formas urbanas de organização social está engendrando a reprodução social da existência da vida material que se projeta no espaço urbano-regional e seus impulsos desde dentro da rede urbana e do sistema de cidades regionais. Projeção esta que se processa desde o espaço interno da cidade e de seu *hinterland* até outras escalas espaciais superiores. A rede urbana expressa também uma hierarquia de decisões que são tomadas pela prática e projetos em disputa de seus diferentes sujeitos e agentes sociais, produzindo variados espaços urbanos, constituindo densas economias urbanas e modernas estruturas produtivas regionais e espaços de sociabilidade.

As interestatalidades exprimem as ações estatais para além do aparelho de estado, compreendendo o conjunto de relações sociais distintivas incorporadas ou expressas através das instituições do estado e que se dispõem e desdobram nas nervuras que ultrapassam as molduras estritamente públicas. Esse tipo de abordagem é fundamental para se entender o reescalonamento territorial do nível estadual de governo no Brasil e para se avançar na investigação de como o estado do Rio de Janeiro e suas estatalidades se especificam e particularizam na escala espacial infrarregional e supralocal.

Realizar esse balanço de forças para o caso específico fluminense será estimulador e este livro conduz a uma reflexão instigante nesse sentido, mesmo não tendo sido desenvolvido desse prisma analítico das quatro forças apontadas. Muitos desafios científicos, analíticos e políticos estão postos na atualidade para o entendimento do caso aqui tão bem tratado.

Esse debate deve orientar políticas públicas transformadoras. Certamente, as ações de indução pública e coletiva deverão ultrapassar a simples lógica e racionalidade dos mercados. Devem regular a ânsia rentista e especulativa, prover infraestruturas e serviços de utilidade pública que aperfeiçoem habilidades, promovam habilitações — constituindo antídotos permanentes e poderosos aos mecanismos perenes de geração e reprodução de desigualdades — e construam justiça espacial/territorial e os direitos sociais fundamentais ao desenvolvimento estadual. Será preciso explicitar os projetos em disputa e as relações de oposição/contradição/complementaridade presentes no território fluminense, e politizar as relações, construindo cidadania e buscando combater as coalizões conservadoras, que procuram preservar seus privilégios históricos nesta "miniatura-expandida" do Brasil que é o estado do Rio de Janeiro.

Neste sentido, recomendo fortemente a leitura deste livro, que se constitui em levantamento e análise rigorosos de pontos imprescindíveis da agenda de discussão do caráter atual e dos destinos da economia e sociedade fluminenses.

Carlos Brandão
Professor do Instituto Multidisciplinar da UFRRJ
Coordenador do Observatório Celso Furtado
para o Desenvolvimento Regional

Apresentação

Este trabalho dá continuidade, em grande medida, a estudos anteriores, notadamente à minha dissertação de mestrado, defendida em 2004.[1] Aquele trabalho, de caráter mais histórico, analisava a formação econômica da *região fluminense*,[2] concedendo ênfase especial à sua inserção no processo mais geral da industrialização brasileira. O objetivo principal daquele trabalho era identificar as principais transformações da estrutura econômica (agricultura, indústria e serviços) fluminense e analisar o modo de inserção regional nos ciclos da economia nacional.

Em sua parte final, a dissertação analisava a trajetória da economia fluminense durante a década de 1990, concedendo especial destaque ao contínuo aumento observado em sua taxa de participação no produto interno nacional. Cabe assinalar que, àquela época, alguns indicadores (produção, renda, investimento) apontavam certa recuperação do dinamismo econômico estadual, ensejando a elaboração de alguns estudos e análises que buscavam dar conta da existência ou não desse suposto processo de "retomada do desenvolvimento".[3]

---

[1] *Rio de Janeiro: crescimento, transformação e sua importância para a economia nacional (1930-2000)*. Dissertação de mestrado defendida em 2004, no Instituto de Economia da Universidade Estadual de Campinas (Unicamp), sob orientação do professor Wilson Cano.
[2] Porção territorial correspondente ao atual estado do Rio de Janeiro e que até 1975 abrigava duas unidades da federação: os antigos estados do Rio de Janeiro e da Guanabara.
[3] Entre as expressões mais utilizadas para designar o hipotético movimento de "retomada", se destacam "inflexão econômica", "recuperação", "reestruturação", "reconstrução" e "inversão de trajetória".

Ainda que tenha permanecido relativamente restrito a alguns círculos políticos e acadêmicos, esse "debate" se fortaleceu consideravelmente. De modo geral, as análises buscavam contribuir para o entendimento da realidade que se apresentava em fins do século passado, tendo como perspectiva a trajetória de percalços e transformações vivenciada pela economia fluminense ao longo de décadas, entendida por muitos como um processo de "esvaziamento econômico" regional.

A relativa recuperação do "dinamismo" econômico estadual, ao menos em termos estatísticos, é resultante direta do desempenho da indústria regional, notadamente (mas não exclusivamente) da produção de petróleo da bacia de Campos, que vem capitaneando a trajetória de expansão da economia estadual em face do contínuo aumento de seu produto e investimento.

Ao enfatizarmos a centralidade desse setor para a expansão econômica estadual, não podemos deixar de registrar a existência de outros processos expansivos que contribuíram, ainda que em medida bem menor, para as taxas de crescimento do produto interno bruto estadual. Entre esses processos, o mais importante é, sem dúvida, a expansão das atividades de alguns ramos da indústria de transformação (metalurgia, mecânica, siderurgia, automobilística, química), notadamente no que diz respeito à geração de emprego e à modernização produtiva do interior fluminense.

No já aludido trabalho de conclusão de mestrado, não foi possível analisar de maneira mais profunda a natureza desse processo, tampouco o grau de importância da indústria para o mesmo. Esse fato se mostra lamentável, tendo em vista que o estudo da dinâmica industrial é imprescindível para a compreensão da trajetória econômica fluminense. Como veremos ao longo do trabalho que ora se apresenta, ainda que não esteja na "indústria" a totalidade das respostas para o entendimento da trajetória recente do desenvolvimento capitalista fluminense, considerável parcela das novas dinâmicas e processos regionais se encontram nesse setor.

Assim, este trabalho parte de uma constatação apontada, mas não analisada em profundidade em minha dissertação de mestrado: *o desempenho da indústria tem provocado alterações no ritmo de crescimento da economia fluminense e ensejado transformações de ordem urbano-produtiva pelo território estadual.*

Certamente, a questão alusiva à "retomada" é de grande complexidade, tendo em vista demandar um esforço analítico mais amplo da estrutura econômica estadual, que envolveria, necessariamente, o estudo das atividades ligadas aos três grandes setores (agropecuária, indústria e serviços), bem como a observação de pontos referentes às finanças públicas, à estruturação do mercado de trabalho e à urbanização estadual.

Entretanto, embora não seja possível "reduzir" a explicação da dinâmica da economia fluminense à trajetória de sua indústria (o que não é nosso intuito), é preciso considerar a alta participação desse setor para o referido processo, tendo em mente sua contribuição para as taxas de crescimento do produto estadual. Portanto, o estudo da dinâmica industrial contribui sobremaneira para a compreensão da economia fluminense contemporânea, fundamentalmente porque esse setor tem sido o responsável por algumas das mais importantes alterações na estrutura produtiva estadual e, por conseguinte, do desenvolvimento regional.

Contudo, alertamos, a dinâmica industrial fluminense não tem se apresentado homogênea (em termos de setores) e única (considerando-se o sentido expansivo), haja vista a trajetória diametralmente oposta da indústria extrativa mineral em relação à indústria de transformação. Cabe destacar que ao passo que essa, na média, continuou seu caminho de redução relativa, aquela apresentou excepcional desempenho expansivo, aumentando em grande medida sua participação no cenário nacional.[4]

Por outro lado, ainda que sua dinâmica tenha sido marcada por percalços, a indústria manufatureira fluminense apresentou importantes transformações, oriundas de processos regionais de modernização produtiva, que se distanciaram em larga escala da trajetória da produção manufatureira metropolitana, caracterizada pela continuidade de processos delineados durante a industrialização brasileira.

---

[4] Cabe considerar, como amplamente apontado na literatura sobre o tema, que parte das "perdas" do setor industrial refere-se à terceirização de processos produtivos industriais, que resultaram em ampliação das atividades concernentes ao setor de serviços.

Essas "dinâmicas" da indústria estadual vêm resultando em processos regionais diferenciados no tocante à expansão e à estruturação produtiva. Esses processos estariam respondendo por uma possível reconfiguração do desenvolvimento regional fluminense por meio da implantação de unidades produtivas, da ampliação de parques preexistentes e, segundo algumas análises, via processos de "reestruturação produtiva" que estariam ensejando uma provável "interiorização" econômica estadual.

A partir desses apontamentos tem origem o problema de pesquisa deste trabalho, a saber: *a dinâmica industrial (pós anos 1990) vem ensejando alterações nos padrões de desenvolvimento regional do Estado do Rio de Janeiro?*

A nosso ver, a indústria tem ensejado consideráveis efeitos na dinâmica do desenvolvimento regional do estado, tanto pelos processos de ampliação da produção e da estrutura produtiva de alguns setores como também pelo retrocesso apresentado por outros.

Entendemos que, em função das trajetórias expansivas vivenciadas pelos diferentes setores de sua indústria, o estado do Rio de Janeiro vem experimentando o surgimento/consolidação de distintos *padrões regionais de desenvolvimento industrial*, caracterizados não apenas pela diferenciação dos perfis produtivos, como também pela frágil capacidade de estabelecimento e fomento de maiores encadeamentos entre os espaços urbanos, as regiões de governo e os setores que compõem a estrutura produtiva estadual.

Tendo por base a hipótese acima, destacamos que o objetivo principal do trabalho é investigar a relação entre o dinamismo industrial e o desenvolvimento regional estadual no período que se estende da década de 1990 aos anos iniciais do século XXI.

Por sua vez, os objetivos específicos são:

1) Analisar a dinâmica da indústria fluminense, destacando o desempenho de seus ramos principais e sua importância para a estruturação e o desenvolvimento das regiões de governo do estado.
2) Investigar o surgimento e/ou consolidação de padrões regionais de desenvolvimento industrial, analisando e contrapondo a trajetória das diferentes regiões de governo estaduais.

3) Verificar em que medida e de que forma a dinâmica da indústria responde (ou não) pela suposta "inflexão" econômica fluminense e, a partir do desempenho desse setor, apontar permanências e rupturas no padrão de desenvolvimento regional estadual.

Com base nesses objetivos, a tese está dividida em duas partes, cada qual composta por dois capítulos.

A primeira apresenta as linhas gerais do desenvolvimento econômico fluminense durante o período que se estende do século XX aos anos iniciais do século atual. Esta etapa centra foco no movimento expansivo e nas transformações produtivas da região, assim como em sua inserção na economia nacional. Tal esforço se divide em dois capítulos.

O capítulo 1 apresenta o desenvolvimento econômico fluminense durante a industrialização brasileira e nos anos 1980. O objetivo é analisar as mudanças sofridas pela região em sua estrutura produtiva e terciária, além de demonstrar sua trajetória em face da dinâmica econômica brasileira, tanto durante os anos de expansão da indústria nacional quanto durante a crise da "década perdida".

O capítulo 2 analisa a dinâmica econômica e a evolução urbana estadual entre a década de 1990 e o decênio atual. Com objetivos semelhantes aos do capítulo anterior, investiga o comportamento da estrutura produtiva regional diante das transformações da economia nacional.

Na segunda parte, o foco recai sobre a dinâmica industrial e o desenvolvimento regional estadual. Busca-se identificar em que medida e de que forma esses processos estão relacionados e se determinam. Essa parte é composta, também, por dois capítulos.

O capítulo 3 se debruça sobre as "desigualdades", tanto em relação ao "espaço" quanto à "produção". Primeiramente, discutimos a questão das desigualdades regionais no estado do Rio de Janeiro, ressaltando suas principais raízes e escalas, bem como quais fatores contemporâneos atuam em seu reforço ou redução. Em seguida, analisamos o comportamento das classes industriais dentro do território fluminense, em termos de investimentos, produção e geração de emprego.

O capítulo 4 analisa o surgimento e a consolidação de padrões regionais de desenvolvimento industrial no estado do Rio de Janeiro. Nesta etapa, contrapomos as principais experiências de desenvolvimento industrial no território fluminense, discutindo questões relativas à existência de processos de interiorização econômica, especialização produtiva e de desindustrialização, assim como analisamos em maiores detalhes a suposta "retomada" econômica.

Por fim, nas conclusões sintetizamos nossos principais argumentos, assinalando as principais questões estudadas ao longo do trabalho e assinalando nossos alcances ante os objetivos propostos. Ademais, levantamos alguns pontos que consideramos prioritários para a formulação de uma agenda pública que vise o estímulo ao desenvolvimento regional e ao enfrentamento das principais questões e problemas da economia e sociedade fluminenses.

Introdução

De modo geral, o debate crítico sobre a questão regional brasileira foi norteado por estudos centrados na problemática da formação de um mercado interno integrado e no modo como esse processo atuou na requalificação de distintos espaços urbano-regionais do país. A questão central, em princípio, era compreender como os distintos capitais atuaram historicamente na configuração de um determinado padrão de desenvolvimento econômico, fortemente demarcado em termos espaciais.

Consideradas essas questões, a preocupação recaía então sobre os determinantes do processo de integração do mercado nacional, no bojo de nossa específica experiência de industrialização e de concentração econômica observada na região Sudeste, especialmente em São Paulo. Sobre essa perspectiva se desenvolveu a obra de Wilson Cano que, além de promover uma rica análise sobre as raízes, determinantes e condicionantes desses processos, fomentou profícua série de estudos que avançou o debate, incorporando novas percepções e entendimentos sobre a "questão regional" brasileira.[5]

Assim, o entendimento da formação de um mercado interno ampliado e integrado se apresenta como condição necessária para explicações sobre os distintos padrões de desenvolvimento regional no país, tendo em vista que, iniciado esse processo, os fluxos econômicos entre

---

[5] Ver Cano (1998a, 1998b, 2002, 2007), Diniz (1991, 1993), Guimarães Neto (1995), Negri (1996), Pacheco (1998), Caiado (2002), Monteiro Neto (2005).

as unidades federativas se avolumaram e passaram a desempenhar o papel até então ocupado pelos fluxos estabelecidos com o exterior.

Não é nosso objetivo recuperar esse debate. Bastaria apenas lembrar que a questão do desenvolvimento econômico nacional passa, obrigatoriamente, pelo entendimento das condições históricas da inserção brasileira, enquanto economia periférica e de industrialização tardia, na divisão internacional do trabalho. O rápido desenvolvimento e modernização de parte da estrutura produtiva do país, observado a partir dos anos 1930, deve ser compreendido à luz de processos maiores ligados à acumulação capitalista mundial e ao estabelecimento de uma ordem político-monetária fortemente hierarquizada (Tavares, 2000; Fiori, 2000).

A industrialização nacional (1930-80) em pouco tempo converteu o perfil econômico do país de agroexportador em urbano-industrial. Um processo tão complexo não poderia ocorrer de modo linear, tampouco homogêneo. O avanço se deu em ritmos expansivos distintos, cada qual marcado por um perfil setorial determinado. Ou seja, embora apresente continuidade, foi marcado por um forte comportamento ciclotímico, tanto em relação ao ritmo expansivo quanto ao alcance e profundidade das transformações estruturais (Cardoso de Mello, 1998; Belluzzo e Coutinho, 1998).

Em termos espaciais, a industrialização se manifestou de forma concentrada. Ainda que se possa elencar uma ou outra exceção, o que se observou foi o aprofundamento da concentração produtiva nacional em São Paulo, tendo em vista que os principais ramos da indústria foram aí sediados. A concentração industrial em São Paulo resulta no adensamento de suas estruturas urbanas, que colabora com a ampliação e diversificação do setor primário e do terciário regional.

Salienta-se que a elevada concentração espacial da riqueza nacional deve ser compreendida a partir de marcos teóricos baseados no reconhecimento dos impasses da formação da nação e do papel do território enquanto unidade de manutenção e propagação do poderio político e econômico das elites nacionais.[6]

---

[6] Brandão (2007), Sampaio Jr. (2000), Tavares (2000).

Pode-se sintetizar o desenvolvimento capitalista brasileiro em dois vocábulos: crescimento e desigualdade. Pelo lado do primeiro, pode-se apontar o sucesso da empreitada nacional capaz de descolar o centro dinâmico da economia "para dentro", condição precípua do modelo de desenvolvimento adotado.

No tocante à desigualdade, é preciso destacá-la como uma das grandes marcas da formação socioeconômica brasileira, cujas raízes se encontram na incapacidade do país, enquanto nação, de superar estruturas arcaicas oriundas da etapa colonial e consolidadas durante o Império e a República. Provavelmente, as formas mais evidentes da desigualdade nacional sejam as que se manifestam através da renda pessoal e do território.

O rápido crescimento da economia brasileira não teve equivalente correspondente na distribuição da renda pessoal. Durante a industrialização, o cenário de alta concentração de renda pessoal não se rompeu, pelo contrário, recrudesceu, tornando-se um sério entrave à construção de um padrão de desenvolvimento baseado em princípios de justiça distributiva e resgate do atraso social.

Em outra ponta, a desigualdade cristalizada no território é formatada em um quadro de agudas injustiças regionais, delineado pela divisão espacial do trabalho, configurada a partir da consolidação do Sudeste como lócus primaz do processo de acumulação no Brasil.

O estabelecimento dessa região e, em particular, de São Paulo como espaços centrais da economia brasileira determinará a constituição de uma periferia nacional e o aniquilamento das possibilidades de industrializações espontâneas, ou seja, o movimento expansivo brasileiro havia sido moldado de forma que o crescimento das regiões periféricas não poderia mais ser "autônomo", mas sim associado à expansão da economia nacional, fortemente concentrada no núcleo (Cano, 1998a, 1999b).

Assim, a acumulação capitalista no Brasil acabou por conformar uma estrutura socioeconômica com acentuadas assimetrias regionais e de renda, concomitantemente à formação de estruturas urbanas mais sólidas e diversificadas pelo país. Não obstante ter cabido ao Sudeste o papel de principal espaço do processo de industrialização nacional, o que, por conseguinte, permitiu o aprofundamento e a ampliação de suas relações econômicas, as regiões da "periferia" nacional se beneficiaram diretamente dessa conjuntura, especializando e modernizando suas economias, ainda que de forma subordinada e complementar à lógica do capital sediado (e previamente concentrado) na região Sudeste e aquém do volume e ritmo necessário à recuperação do atraso econômico e social e de fazer frente às necessidades de absorção da população em mobilidade espacial.

Embora o Sudeste tenha se consolidado enquanto região das mais avançadas forças produtivas do país, seu desenvolvimento interno se mostrou extremamente desigual e concentrado. Ainda que em ritmo e profundidade a expansão dos estados da região tenha sido ampla, diferenças nos perfis produtivos e nas configurações urbanas se apresentaram e se aprofundaram. O caso paulista muito difere das realidades vivenciadas por Rio de Janeiro, Minas Gerais e Espírito Santo não apenas na velocidade de crescimento, mas, também, e muito especialmente, nas características das estruturas produtivas internalizadas, na forma de inserção em outros mercados e na expansão urbana.

Cabe assinalar que a observação da concentração produtiva como um fenômeno homogêneo no território do Sudeste pode proporcionar generalizações ou interpretações equivocadas sobre as variadas dimensões de seu processo de desenvolvimento. É preciso ficar claro que o desenvolvimento capitalista na região atingiu muito assimétrica e diversamente seu território, consolidando em seu interior regiões centrais e periféricas, ascendentes e decadentes, incluídas e excluídas, modernas e arcaicas.

Foi em São Paulo que ocorreu a internalização dos fluxos setoriais mais modernizantes, dotados de maior potencial de transbordamentos e encadeamentos setoriais, regionais e urbanos. Essa ressalva é importante, pois, como esclarece Fernández e Brandão (2009), o desenvolvimento de uma região passa pela forma como sua economia se estrutura/organiza sobre os pilares das relações de *intersetorialidade, inter-regionalidade e interurbanidade*. Dessa forma, a análise de padrões de desenvolvimento regional deve considerar o grau de encadeamentos (inter e intra) setoriais, a amplitude das relações com outros mercados regionais e a profundidade dos laços de solidariedade e de cooperação mercantil-produtiva de seus espaços urbanos. Portanto, é fundamental contrastar os processos ocorridos na economia com as demais regiões do país e mesmo do Sudeste.

De modo geral, as trajetórias do Rio de Janeiro, Minas Gerais e Espírito Santo, durante o processo de industrialização, convergem em pontos centrais. Destaca-se a grande participação, em suas estruturas, de unidades produtoras de bens intermediários, além daquelas baseadas em recursos naturais, inclusive a forte presença estatal nesses setores. Isso explica, em parte, a baixa capacidade de articulação interna dos espaços urbanos desses estados, assim como os mais frágeis encadeamentos intersetoriais, comparativamente a São Paulo.

Especificamente sobre o caso do estado do Rio de Janeiro, algumas considerações devem ser tecidas.

A economia fluminense viveu uma situação diametralmente oposta da paulista em relação à sua inserção no processo de industrialização nacional e ao perfil de estrutura produtiva que foi se consolidando. Ao passo que São Paulo expandiu muito consideravelmente sua participação na produção nacional, diversificando sua estrutura produtiva e internalizando alguns setores tecnologicamente de ponta, a região fluminense observou o consolidar paulatino de uma trajetória de redução de participação relativa na economia nacional.

Esse processo de redução relativa é bem complexo no que diz respeito a seus determinantes estruturais e alcances setoriais, resultando em divergências analíticas acerca de sua natureza e característica.[7]

Adiante essa questão será aprofundada, cabendo no momento sublinhar que esse caminho de perdas relativas, comumente denominado "esvaziamento", resulta, em termos estatísticos, do descompasso entre as taxas de expansão fluminense (mais baixas) em face das nacionais (mais altas) e não de um cenário de reduções reais/absolutas setorialmente generalizadas, embora essas tenham sido observadas em alguns ramos dos três setores econômicos.

Importante frisar essas considerações, pois não obstante certa trajetória de "esvaziamento relativo", a economia fluminense se expan-

---

[7] Sobre essa questão, ver Limonad (1996), Silva (2004), Sobral (2007) e Loureiro (2006).

diu, à semelhança do conjunto nacional, tendo sido palco, inclusive, de destacados investimentos industriais e logísticos que atuaram decisivamente para a efetiva inserção da região no processo modernizador nacional (Silva, 2004; Sobral, 2007). Evidentemente, a velocidade e a amplitude de seu crescimento estiveram bem abaixo daqueles alusivos ao caso paulista.

Entre os investimentos industriais observados no território fluminense entre 1930 e 1980 se destacaram aqueles ligados às indústrias de base e de bens intermediários, cujos efeitos a jusante e a montante são bem mais restritos e limitados que os observados nas indústrias de consumo final (Dain, 1990). Contudo, muitos desses investimentos localizaram-se na porção interiorana do referido território, concedendo certa densidade econômica a espaços que eram verdadeiros "vazios econômicos" (Lessa, 2000).

A cidade do Rio manteve sua liderança como espaço central da acumulação capitalista regional; no entanto, vários foram os reveses e entraves que lhe impediram experimentar melhor desempenho. Entre esses fatores destacamos a transferência da capital federal para Brasília em 1960, reduzindo em larga medida parte do gasto público que ali realizava.

Aliás, a longa presença da estrutura administrativa naquele espaço (1763-1960) propiciou à região a primeira e mais diversificada estrutura urbana do país. A primeira praça industrial e o primeiro centro financeiro do país, toda a estrutura mercantil, de serviços pessoais e apoio logístico são algumas das heranças dos tempos de capital.

Explicita-se também que a região fluminense era formada por duas unidades federativas distintas, cujas estruturas produtivas em muito se distanciavam. A fusão entre a Guanabara e o estado do Rio de Janeiro, em 1975, é outro capítulo de uma história marcada por singularidades no contexto nacional.

Vale anotar que ainda que fossem institucionalmente duas unidades políticas distintas, a cidade do Rio e seu entorno imediato (o que hoje basicamente corresponde ao recorte metropolitano estadual) conformavam uma zona geoeconômica única, porém, cercada de entraves burocráticos e legais no tocante à utilização de recursos públicos, acesso a serviços básicos e organização produtiva, tendo em vista que os gastos públicos do governo carioca se restringiam, por força de lei, ao então Município Neutro.

A situação fluminense muito se deteriorou com a ruptura do padrão histórico de desenvolvimento da economia brasileira, ocorrido nos anos 1980. Embora estivesse plenamente inserido no processo de modernização da economia nacional, o Rio de Janeiro apresentava uma situação bastante peculiar, experimentando taxas de crescimento inferiores à média nacional (Silva, 2004).

Entretanto, a mais significativa mudança observada no Rio de Janeiro na década de 1980 está no "plano das ideias". Observa-se a partir daquele período uma mudança considerável na percepção da sociedade local sobre o destino econômico da região. Talvez o crítico cenário da economia nacional tenha contribuído para tornar mais nítido o quadro, não menos grave, da situação socioeconômica fluminense.

Por outro lado, o período iniciado em meados dos anos 1990 traz algumas novidades. Entre estas se destaca a "inflexão" ou o "estancamento" do processo de perdas de participação na economia nacional, em grande medida tributário do excelente desempenho da indústria extrativa regional, mais precisamente a produção de petróleo na bacia de Campos, responsável por mais de 80% da produção brasileira. Esse cenário ajudou a fomentar uma série de estudos e reflexões em que o foco central estava situado nas recentes transformações da economia fluminense, com especial atenção para investigações acerca dos limites e das possibilidades para a constituição de uma etapa de crescimento sustentado.

Não há dúvidas de que a melhoria nos indicadores de produção fluminense tem como ponto de partida, em grande escala, o desempenho do setor industrial. O setor agrícola, não obstante algumas intervenções públicas[8] que buscaram dinamizá-lo, não alcançou resultado expansivo mais notável ou melhor posicionamento no produto interno regional. O terciário também não demonstrou nenhuma trajetória distinta em relação ao passado, salvo o crescimento de setores ligados a telecomunicações, serviços de informática, turismo e entretenimento.

---

[8] Entre as quais se destacam as ações de consolidação do polo de fruticultura no norte fluminense.

Sobre o setor industrial dois comportamentos devem ser registrados. Um referente à atividade extrativa mineral, marcado pelo acelerado e contínuo crescimento da produção. E outro relativo à indústria de transformação, mais complexo e heterogêneo. Sobre essa classe industrial nota-se a existência de dois movimentos internos, antagônicos em suas trajetórias expansivas.

O primeiro é caracterizado pela continuidade ou agravamento do pífio desempenho da maioria de seus setores, sugerindo, em alguns casos, um quadro de desindustrialização. Esse movimento atingiu a maioria dos ramos manufatureiros, e em muitos a redução da produção e o encerramento das atividades de algumas unidades não foram fatos raros.

O segundo se refere ao movimento vivenciado por alguns segmentos, cuja característica principal foi a internalização de investimentos que promoveram a reestruturação, ampliação e implantação de setores centrais para a matriz produtiva estadual. Esse movimento tem sido responsável pela dinamização econômica e urbana de algumas porções do território estadual, com destaque para regiões interioranas.

Essas transformações têm trazido uma nova realidade na composição do produto interno estadual. Desde a derrocada da cafeicultura, as atividades produtoras perderam participação na geração da riqueza fluminense, movimento consolidado durante a industrialização nacional em função do desempenho obtido pela produção secundária regional. Assim, a participação terciária na economia regional se acentuou. Poder-se-ia afirmar que, em longo prazo, o crescimento relativo terciário não é resultado de uma notável expansão intrassetorial, mas sim da debilidade estrutural das atividades primárias e do controverso desempenho da atividade industrial.

Recentemente, observou-se a alteração desse padrão, considerando-se que a atividade econômica estadual tem sido comandada pela atividade industrial, notadamente pela produção petrolífera e de alguns poucos setores da indústria de transformação. Esse fato tem trazido algumas questões cujo enfrentamento é exercício necessário não apenas ao melhor entendimento da temática, mas também à formulação de estratégias de recuperação econômica e de possível superação das desigualdades regionais.

É nessa perspectiva que se insere este trabalho: a de uma melhor compreensão dos recentes processos produtivos regionais a partir de uma visão crítica e que contemple as transformações da economia estadual *vis-à-vis* a dinâmica econômica do país.

PARTE I

Linhas gerais do desenvolvimento da economia fluminense no século XX e início do XXI

CAPÍTULO 1

A dinâmica econômica fluminense entre as décadas de 1930 e 1990

1. O Rio de Janeiro na industrialização brasileira: expansão e "esvaziamento"?

Se fosse possível sintetizar, em uma frase, o desenvolvimento capitalista fluminense entre 1930-1980, a que melhor sintetizaria esse processo seria, muito possivelmente, *crescimento e modernização com perda de importância relativa*. A assertiva presente na frase em destaque aponta duas questões centrais para a compreensão da dinâmica econômica fluminense no período.

A primeira se refere ao fato de que, semelhantemente ao movimento nacional, o Rio de Janeiro vivenciou um amplo processo de expansão-modernização de sua estrutura urbano-produtiva, se inserindo efetivamente na macrodinâmica vivenciada pela economia brasileira. A segunda, por outro lado, indica que sua trajetória se diferenciou da média alcançada por grande parte das economias estaduais do país, no que diz respeito ao ritmo expansivo, resultando, dessa forma, no longo processo de perdas de participação regional na renda nacional (tabela 1).

Essa trajetória, de velocidade e magnitude ímpares no cenário nacional, passou a ser comumente interpretada como um processo de "esvaziamento" e "decadência" econômica regional. Ou seja, apesar de ter experimentado crescimento médio anual da ordem de 6% (contra os 7,2% alcançados pelo conjunto do país), a participação da região no PIB brasileiro caiu de 21% para 13%, entre 1939-80.[9] Vale assinalar que, em todos os setores, a expansão do produto bruto fluminense foi inferior à taxa nacional, cabendo à indústria não somente a maior taxa, como também a mais distanciada da média brasileira (gráfico 1).

TABELA 1
Participação fluminense no PIB por setores — 1939-80 (em %)

Setores/Ano	1939	1949	1959	1970	1975	1980
Agropecuária	6,0	6,0	5,0	2,0	2,0	2,0
Indústria	27,0	19,0	15,0	15,0	13,0	11,9
Serviços	28,0	27,0	24,0	21,0	20,0	18,2
Total	21,0	20,0	18,0	16,0	15,0	13,2

Fontes: Ibre (1972) e IBGE (vários anos).

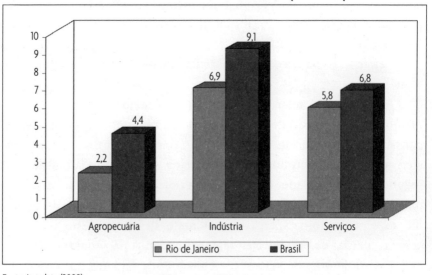

GRÁFICO 1
Taxa de crescimento médio — 1939-80 (a.a. em %)

Fonte: Ipeadata (2008).

___

[9] Silva (2004) faz uma análise mais detalhada da dinâmica econômica da região no período.

Voltando à questão do "esvaziamento", cabe assinalar que além da "contundência" do termo, chama atenção certa confusão em relação à sua interpretação, talvez originada da carência de fontes e dados que permitissem não apenas o melhor dimensionamento do processo, como também a compreensão de sua natureza e determinantes. Essas dificuldades se apresentam na forma um tanto quanto genérica e imprecisa que o termo "esvaziamento" passou a ser, muitas vezes, utilizado, sem a determinação mais específica de seu significado e alcance.

O termo "esvaziamento" traz, a princípio, a ideia de perdas reais e redução/destruição de capacidade produtiva. Desde essa constatação, fica claro que o termo não é dos mais precisos para retratar a dinâmica econômica fluminense ao longo da industrialização brasileira, tendo em vista que sua trajetória foi claramente expansiva.

É claro que a estrutura urbano-produtiva fluminense sofreu algumas importantes perdas absolutas,[10] contudo, em termos de taxas de crescimento, não se verificou redução *real* da renda regional. Assim, o termo "esvaziamento" só caberia em situações onde houvesse perdas reais e "descolamento" em relação à dinâmica de outras unidades espaciais componentes de uma mesma estrutura produtiva em um período mais longo de tempo (Magalhães, 1983).

Dessa forma, fica nítido que a *redução* da economia fluminense teve um perfil relativo, ou seja, resultou do descompasso entre suas taxas e a média do país. As determinantes desse "descompasso" são diversas, entre as quais se destacam o perfil diferenciado da estrutura produtiva instalada em território fluminense, considerando, comparativamente, o perfil da indústria paulista e o "custo do pioneirismo" em alguns setores, que foram se tornando tecnologicamente atrasados e sendo superados por unidades mais novas (e modernas) instaladas em outros estados.

---

[10] Entre as quais se destaca a transferência de vários setores da administração pública para Brasília e a desestruturação de ramos ligados à indústria têxtil, à de alimentos e à de bebidas.

Gráfico 2
Crescimento demográfico anual, RJ e BR — 1940-80 (%)

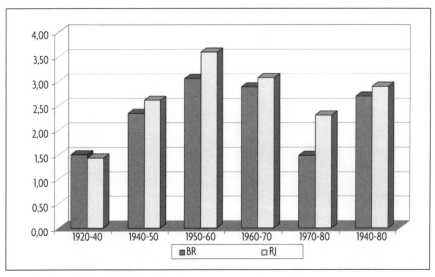

Fonte: IBGE (censos demográficos diversos).

A expansão demográfica oferece uma ideia sobre a dinâmica economia regional: durante o intervalo 1940-80, o Rio de Janeiro foi o segundo principal centro receptor de fluxos migratórios nacionais, com taxa média de crescimento populacional da ordem de 2,89%, pouco acima da nacional (2,69%) (gráfico 2). Nesse período, a população fluminense mais que triplicou, chegando a 11,3 milhões de pessoas (o equivalente a 9,4% da população brasileira à época). Adicionalmente, destaca-se que este resultado é, em grande medida, tributário do saldo migratório regional, que estava acumulado em cerca de 2,2 milhões de pessoas[11] (gráfico 3).

Dado o crescimento demográfico maior que o PIB, a renda por habitante fluminense caiu consideravelmente, notadamente quando comparada à brasileira. No período em questão, a distância relativa entre a renda *per capita* fluminense e a nacional caiu de 140% para 40% (gráfico 4).

---

[11] O saldo migratório brasileiro, no período, alcançou 18,2 milhões.

GRÁFICO 3
Evolução da população fluminense — 1940-80

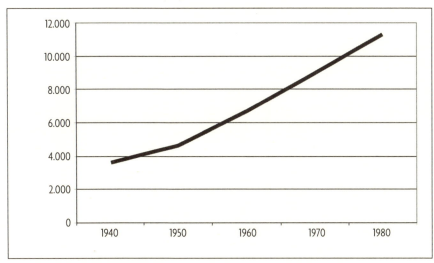

Fonte: IBGE (censos demográficos diversos).

GRÁFICO 4
Diferença entre as rendas *per capita* regionais — 1940-80

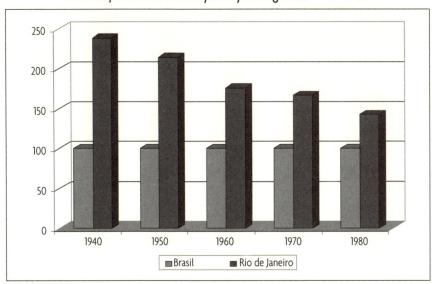

Fonte: Ibre (1972).

No que se refere à produção, assinala-se que a industrialização acabou conformando, em território fluminense, uma estrutura industrial em que os destaques passaram a ser setores das chamadas indústrias de base e de bens intermediários, diversamente do observado em São Paulo, em que os setores de ponta se projetaram.

Entre as diversas unidades empresariais instaladas em território fluminense, no período 1930-80, se destacam a Companhia Siderúrgica Nacional (CSN, 1941), a Companhia Vale do Rio Doce (CVRD, 1942), a Companhia Nacional de Álcalis (CNA, 1943), a Fábrica Nacional de Motores (FNM, 1948), a Petróleo Brasileiro S.A. (Petrobras, 1953), a Refinaria de Duque de Caxias (Reduc, 1961), a Frota Nacional de Petroleiros (Fronape, 1954), a Furnas Centrais Elétricas (1957), a Rede Ferroviária Nacional (Refer, 1958), a Centrais Elétricas Brasileiras S.A. (Eletrobras, 1961), a Companhia Brasileira de Recursos Minerais (CBRM, 1968), a *holding* Telecomunicações Brasileiras S.A. (Telebras) e a Empresas Nucleares Brasileiras S.A. (Nuclebrás, 1974).

Esses exemplos corroboram a marcante presença da indústria de base e da iniciativa estatal na estrutura produtiva regional, assim como a reduzida presença do capital privado estrangeiro. Esses investimentos mostram que, no caso fluminense, a importância estatal ultrapassou em larga escala os limites relacionados às atividades tipicamente administrativas e alcançou de modo muito direto a esfera produtiva, ao ser componente central para a estruturação de vários setores e o adensamento econômico de regiões do território, notadamente aqueles mais afastados da antiga capital federal.[12]

Das 50 maiores empresas em atuação no território brasileiro em 1970, 20 estavam sediadas no Rio de Janeiro e respondiam por 40,2% do patrimônio líquido do referido universo. A título de comparação, em São Paulo estavam sediadas 21 empresas, responsáveis por 46% do patrimônio líquido total.[13]

---

[12] Para essa questão, ver Cano (1998a, 1998b), Lessa (2000), Dain (1990), Araújo Filho (1994), Silva (2004) e Limonad (1996).

[13] Em relação ao conjunto de empresas sediadas na região fluminense, é importante assinalar que a maior parte pertencia à chamada indústria de base (30%), sendo proeminente a presença do capital estatal (80%) no patrimônio líquido desse subconjunto (Gazeta Mercantil, 1970).

Ainda sobre a estrutura produtiva regional, assinala-se que, no período 1930-80, a produção industrial fluminense era quase que exclusivamente oriunda da indústria de transformação. A participação da produção extrativa mineral para o produto industrial regional era bastante reduzida, gravitando em torno de 0,5%.[14] Entre os ramos internos, se destacavam as atividades ligadas à metalurgia, mecânica, material elétrico e de comunicação, material de transportes, química, alimentos e editorial e gráfica[15] (tabela 2).

Tabela 2
Evolução da estrutura industrial fluminense — 1949-80

Classe/Gênero	1949	1959	1970	1975	1980
Total	100,0	100,0	100,0	100,0	100,0
Extrativa mineral	0,4	0,7	0,6	0,4	0,5
Transformação	99,6	99,3	99,4	99,6	99,5
Minerais não metálicos	8,4	6,9	4,7	5,1	5,3
Metalurgia	11,7	22,2	12,9	14,7	13,3
Mecânica	1,5	2,5	6,4	7,2	8,4
Material elétrico e de comunicações	0,7	3,2	4,1	4,5	5
Material de transporte	2,9	3,9	6	6	9,8
Madeira	3,4	1	0,7	0,6	0,4
Mobiliário	1,2	1,9	2	1,7	1,2
Papel e papelão	1,8	2,8	2	1,9	2,3
Borracha	0,9	1,1	0,7	0,7	0,6
Couros, peles etc.	2,9	0,9	------	0,6	0,4

continua

[14] Realidade que se alterou sobremodo a partir dos anos 1980, quando a produção petrolífera regional passou a crescer a taxas altíssimas.
[15] Entre as perdas de participação ocorridas, se destacam as da indústria têxtil e da indústria de alimentos. Em relação à primeira, que já ocupara a mais importante posição na estrutura produtiva local, a taxa de participação, que em 1939 era de 11,2%, alcançou os 4,8% em 1980. No que se refere à indústria de alimentos, sua perda de participação está associada à forte desconcentração setorial ocorrida em meio à integração do mercado nacional e, muito especialmente, à debilidade da agricultura local, que desestimulava a consolidação de um setor agroindustrial mais pujante e articulado.

Classe/Gênero	1949	1959	1970	1975	1980
Química	7,4	5,2	14,6	13,6	13,7
Produtos farmacêuticos	3,2	6,4	6,5	5,5	4,4
Perfumaria, sabões etc.	0,3	2,7	2,2	1,5	1,3
Produtos de matérias plásticas	-------	2,2	2	2,8	3
Têxtil	11,2	9,4	6,9	4,7	4,8
Vestuário e calçados	6,5	3,7	3,3	3,6	5,5
Alimentos	13,1	11,5	9,7	8,1	7,2
Bebidas	2,2	4,1	3,1	2,9	1,4
Fumo	7,6	1,3	------	1,6	0,1
Editorial e gráfica	2,3	5,2	6,9	8,9	7
Diversas	2,1	1,3	1,9	2,3	2,8

Fonte: IBGE (censos industriais).

No tocante à importância fluminense para a indústria nacional, registra-se que a trajetória da maior parte dos setores foi de redução relativa. Não obstante ter experimentado expansão na produção de diversos setores, a indústria regional, de modo geral, não foi capaz de impedir a redução de sua participação percentual no cenário nacional (tabela 3). Durante a industrialização brasileira (1929-79), enquanto o percentual da indústria extrativa foi reduzido de 15,5% para 1,4%, a participação das atividades manufatureiras caiu de 28,2% para 10,1%.

No período referente à *industrialização restringida*,[16] os setores que obtiveram os ganhos de participação mais significativos no VTI brasileiro foram os ligados à metalurgia e à produção de bens de capital;[17] na contramão, as perdas relativas de maior amplitude foram registradas por borracha e produtos alimentares. Já na etapa da *indústria pesada*, as indústrias química, mecânica e de material de transportes ampliaram suas participações, resultado da implantação do polo petroquímico em Duque de Caxias, da FNM (Magé) e do desempenho da construção naval.

---

[16] Acerca dessas etapas, ver Cardoso de Mello (1998) e Cano (1998a).
[17] Para esse resultado muito contribuíram os investimentos e a produção na CSN.

TABELA 3
Participação fluminense no VTI brasileiro — 1939-80

Gênero	1939	1949	1959	1970	1975	1980
Total	27,9	20,3	17,3	15,3	13,2	9,7
Extrativa mineral	15,5	4,6	5,3	3,3	2,2	1,4
Transformação	28,2	20,6	17,6	15,7	13,5	10,1
Minerais não metálicos	32,8	38,7	18,6	12,6	11,1	9,4
Metalurgia	19,8	25,9	33,4	17,5	15,8	11,6
Mecânica	16,6	14,2	12,9	14,4	9,5	8,3
Material elétrico e de comunicações	--------	8,6	14,1	12,0	10,7	7,3
Material de transporte	--------	26,6	9,0	11,9	12,8	13,4
Madeira	17,6	16,9	5,3	4,2	2,6	1,4
Mobiliário	--------	11,5	15,7	15,1	11,5	6,8
Papel e papelão	20,4	17,0	16,6	12,6	10,4	8,5
Borracha	34,5	10,1	6,8	6,0	4,5	5,0
Couros, peles etc.	13,1	15,0	15,1	--------	14,7	8,1
Química	40,4	28,7	10,8	23,0	15,2	9,5
Produtos farmacêuticos	--------	23,6	45,6	30,4	29,1	27,6
Perfumaria, sabões etc.	--------	33,0	34,0	22,8	17,0	14,2
Matérias plásticas	--------	--------	45,6	16,5	16,8	13,4
Têxtil	19,1	25,2	13,9	11,7	10,3	7,7
Vestuário, calçados etc.	28,3	31,6	18,3	15,3	12,8	11,7
Produtos alimentares	24,9	20,3	12,4	11,3	9,7	6,3
Bebidas	33,0	28,7	24,9	21,2	21,7	10,5
Fumo	33,0	21,1	17,5	22,6	20,5	17,6
Editorial e gráfica	41,3	40,7	30,8	29,6	32,8	28,0
Diversas	32,6	26,7	13,0	14,5	16,0	10,8

Fonte: IBGE (censos industriais).
Obs.: --------: dado inexistente ou sigilado.

É importante assinalar que durante o período de "concentração industrial", cujo epicentro foi o território referente à atual Região Metropolitana de São Paulo, a indústria fluminense acompanhava a trajetória da chamada periferia nacional (entendida aqui como o conjunto de economias regionais localizadas fora do eixo dinâmico da indústria do Sudeste) de redução de participação relativa no produto nacional.

Iniciada a etapa de desconcentração produtiva (meados dos anos 1970), a trajetória fluminense não apenas se manteve inalterada como se aprofundou — considerando-se que sua redução percentual se mostrou mais acentuada —; entretanto, se diferenciou da trajetória de várias economias estaduais, que experimentaram ganhos de participação em função dos investimentos recebidos no âmbito do II Plano Nacional de Desenvolvimento (II PND). Na década, a participação do Rio de Janeiro na indústria nacional caiu de 15,3% para 9,7%, e exceto um único gênero (material de transportes),[18] todos os demais sofreram reveses em sua participação, em especial os produtores de bens intermediários.

A redução relativa dessa década chama atenção por alguns fatos, entre os quais se destaca o fato de o país estar vivenciando um esforço planejado de desconcentração produtiva, expresso no II PND. Vale assinalar que embora o Rio de Janeiro não pudesse ser classificado como "uma região periférica", o II PND era visto por alguns como uma alternativa de recuperação econômica da região, especialmente do interior fluminense.

Destaca-se que os investimentos programados para o interior[19] deveriam contribuir, em tese, com a redução da concentração econômica do "triângulo" (formado pelas regiões metropolitanas de São Paulo, Rio de Janeiro e Belo Horizonte), considerado "áreas de contenção" pelos formuladores do plano (Piquet, 2007:66). Por outro lado, seria uma

---

[18] O resultado do setor deve-se ao desempenho da indústria naval que vivia seu auge, com forte expansão da produção e do emprego.

[19] Segundo Lessa (2000:349), o II PND havia programado, para a economia fluminense, a modernização de sua estrutura produtiva através da instalação de investimentos em setores de ponta, com alta densidade tecnológica e de capital. Entre as inversões programadas, destacam-se a instalação da Nuclebrás, da Companhia Brasileira de Computadores (Cobra) e o fortalecimento da Fundação Oswaldo Cruz. Adicionalmente, "algumas atividades tradicionais seriam reforçadas: foi anunciada a ampliação da Companhia Siderúrgica Nacional, com uma nova usina na região de Sepetiba, foi desenvolvida a pesquisa e a exploração de petróleo na bacia de Campos e, além disso, a Companhia Vale do Rio Doce implantou a Valesul".

forma de compensar a região fluminense pela transferência da capital federal (ocorrida em 1960) e ajudaria a construir outras bases econômicas para o novo estado do Rio, criado com a fusão em 1975[20] (Lessa, 2000:349).

1.1 Algumas reflexões sobre a dinâmica regional

Apresentadas as principais linhas do desenvolvimento econômico fluminense durante o intervalo 1930-80, cabe apontar algumas das principais interpretações sobre a dinâmica regional no período, especialmente no que se refere ao possível "esvaziamento econômico".

Inicialmente, destaca-se que grande parte dessas interpretações se concentra basicamente na discussão acerca do processo de perda de participação relativa regional. De modo geral, percebe-se certa ênfase nas questões alusivas à inserção da região no processo de acumulação capitalista brasileiro e às modificações de ordem político-institucional vivenciadas no período.

Baseado na primeira perspectiva, Natal (2007:18) situa a questão do desenvolvimento econômico fluminense a partir do acelerado processo de industrialização e integração do mercado nacional, assinalando dois eixos analíticos de suma importância para a compreensão da realidade vivida pelo Rio de Janeiro no século XX.

O primeiro se refere à inserção da estrutura produtiva fluminense no processo de expansão da indústria nacional. Seu foco pairaria sobre o entendimento do papel da economia fluminense no movimento geral de acumulação capitalista brasileiro e seu posicionamento diante da divisão territorial do trabalho em consolidação e liderada pela economia paulista. O segundo, ao posicionamento da sociedade fluminense, mas particularmente da carioca, diante de suas "questões regionais". Neste ponto, o autor destaca as dificuldades enfrentadas pelas elites políticas

---

[20] No entanto, entre as inversões industriais programadas, somente a consolidação da atividade petrolífera na bacia de Campos alcançou resultados próximos aos almejados. Vale sublinhar que a CSN II, que se instalaria em Itaguaí, não se materializou e o programa nuclear brasileiro tornou-se conhecido mais por seus equívocos que por seus êxitos (Lessa, 2000:349).

e intelectuais locais de perceberem que suas "questões" não se confundem, necessariamente, com as "questões nacionais".

Nesse sentido, as perdas relativas fluminenses foram resultantes da combinação de dois movimentos distintos e associados: por um lado, a acelerada expansão industrial pelo território nacional e, por outro, perdas reais em alguns ramos da economia estadual (Silva, 2004). É preciso considerar que o processo de integração do mercado nacional incorporou novos espaços à dinâmica capitalista brasileira, o que por si só já resultaria em desconcentração (estatística) da renda. O Rio de Janeiro, como espaço pioneiro de vários setores, não conseguiu acompanhar o crescimento relativo dos novos espaços, perdendo participação relativa no total nacional.

No entendimento de Melo e Contreras (1988:423), as raízes do esvaziamento econômico fluminense estariam fincadas no início do século XX, quando a economia paulista já despontava no cenário nacional. Assim, a situação de perdas relativas vivenciada pelo Rio de Janeiro tem a ver com a trajetória do desenvolvimento industrial fluminense que se processou de modo subordinado e complementar à indústria paulista.[21]

O "esvaziamento" da economia fluminense foi tema de reflexão na *Carta do Ibre* de setembro de 1995. Após uma breve revisão do movimento econômico da região em relação ao conjunto da economia brasileira, o documento pontua os fatores que, em sua visão, explicariam o processo de perdas relativas do Rio de Janeiro. A explicação para esse processo residiria em dois grupos de fatores: aqueles que são independentes da vontade da população local e aqueles resultantes mais diretos de decisões e ações da sociedade fluminense.

No primeiro grupo destacam-se o crescimento da economia paulista — a principal beneficiária do modelo de expansão industrial adotado pelo país no período posterior a 1930 —, a perda da capital federal (1960) e a fusão entre os estados do Rio e da Guanabara[22] (1975).

---

[21] As autoras apontam que, na década de 1920, a indústria do Rio de Janeiro já operava com custos maiores que a paulista, o que acarretou, inclusive, a perda de seu próprio mercado regional para sua concorrente. No período posterior a 1930, com a aceleração da industrialização paulista, o Rio de Janeiro não consegue acompanhar o ritmo de expansão nacional, mesmo sendo palco de importantes investimentos.

[22] "Em que pesem os argumentos favoráveis à fusão em termos das inevitáveis articu-

Em relação aos fatores intrínsecos à economia e à sociedade fluminenses, o documento destaca o fraco desempenho histórico do setor agropecuário, que não é capaz de atender ao seu próprio mercado regional. Por outro lado, o setor industrial não conseguiu internalizar os setores de ponta, especializando-se na produção dos segmentos intermediários. E, por fim, a maciça presença estatal que ultrapassava os limites do terciário, materializando-se inclusive na esfera produtiva através de diversas empresas estatais.[23]

Não se pode esquecer que durante quase todo o período em análise a economia em questão se refere a duas unidades federativas distintas. Quando se trata do esvaziamento da indústria fluminense, no período 1940-80, a maioria dos trabalhos tende a focalizar suas atenções na porção carioca da estrutura manufatureira regional.

Não se pode deixar de assinalar o aumento da participação do antigo estado do Rio de Janeiro na economia nacional, em oposição à trajetória da Guanabara, de fortes decréscimos. Parte das perdas relativas da indústria carioca era compensada pela expansão da participação da indústria interiorana, ora em função dos investimentos realizados no interior, ora pela expansão industrial ocorrida nas regiões limítrofes à cidade do Rio.

Aqui há uma situação a se destacar: em razão de escassez de terras, de proximidade com mercados específicos e de escolhas referentes à logística, parte do crescimento que poderia ser tributado à indústria

---

lações das duas economias e da criação de novo e maior potencial de desenvolvimento para ambas, além de uma expressiva força política, a forma apressada como foi realizada acabou criando diversos problemas que permanecem não resolvidos até hoje" (Melo e Contreras, 1988:5).

[23] Pelo lado institucional, o documento destaca que "haveria que notar também a conspícua ausência de uma ideologia de desenvolvimento regional por parte das elites do Rio de Janeiro. Durante longos anos, tais elites se acostumaram a esperar que as soluções para seus problemas viessem por iniciativa exclusiva do governo central, mesmo quando este já não estava instalado na capital do Rio de Janeiro, e a concentrar a atenção em amplas questões nacionais, relegando para segundo plano os problemas regionais. (...) Durante anos, a ausência de uma política de desenvolvimento formulada pelos agentes do Estado fez com que tanto setores da indústria quanto do comércio fossem compelidos a mudar para outros lugares, onde tais políticas já estavam implantadas e gerando frutos" (Ibre, 1995:1).

carioca transbordava para terras contíguas, porém localizadas em outra unidade da federação.

Com base nessa observação, Magalhães (1983) afirma que é preciso considerar a peculiar característica institucional vivenciada pela economia da região fluminense até o período da fusão, pois a expansão do polo industrial dinâmico (cidade do Rio) para sua periferia resultava no crescimento da participação relativa de outra unidade da federação, muito embora se tratasse de um único espaço econômico.

Assim, é preciso sublinhar a existência de duas dinâmicas regionais distintas: uma referente à cidade do Rio, outra ao interior fluminense. A partir dessa constatação, Limonad (1996:14) afirma que "se há um esvaziamento econômico, ele não é generalizado, e está restrito à cidade do Rio de Janeiro, na medida em que é definido com base no decréscimo da participação do município na produção nacional e estadual (...)".

Segundo a autora, alguns discursos sobre o esvaziamento enfatizam a perda de influência política regional, atestada por conta de alguns investimentos em que a região foi preterida em relação a outros estados. Contudo, essas análises não dão conta de que a maioria desses projetos era objeto de disputa e interesse da cidade do Rio e não do interior fluminense.[24]

A análise de Santos (2002:35) concede especial atenção às singularidades da formação de uma *região econômica* única, não uniforme e institucionalmente separada. Em sua visão, a "separação entre núcleo e interior da economia fluminense certamente contribuiu para agravar as perspectivas já ruins dos seus dois estados".

Em relação à economia do antigo estado do Rio de Janeiro, a autora destaca a importância dos investimentos realizados ao longo das décadas

---

[24] "Os projetos onde o estado do Rio de Janeiro foi preterido pelo governo federal em favor de outros estados, em sua maior parte, estavam orientados para o município do Rio de Janeiro e sua região metropolitana, entre eles o projeto de instalação de um núcleo de indústrias de alta tecnologia e o desenvolvimento de biotecnologia, ambos no município do Rio de Janeiro, e direcionados pelo governo federal para o interior do estado de São Paulo (...); a instalação de um complexo petroquímico em Itaguaí, município da região metropolitana vizinho à capital direcionado para o Rio Grande do Sul, e atualmente em disputa pelos estados do Maranhão e Ceará, entre outras" (Limonad, 1996: 14).

de 1940 e 1950 que injetaram considerável dinamismo em um espaço econômico profundamente desestruturado desde a falência de sua cafeicultura. Salienta que a escolha do interior fluminense como palco de certos investimentos nacionais é em muito resultante de decisões estritamente políticas, ainda que estas não fossem totalmente equivocadas no que se refere aos critérios técnicos. Afirma, ainda, que a superação da estagnação do interior fluminense poderia se originar ou do crescimento da economia carioca ou de decisões que localizassem, no interior fluminense, "um bloco de investimentos público suficientemente grande para sustentar o processo de desenvolvimento" (Santos, 2002:36).

No que concerne à economia carioca, a autora destaca a maior gravidade (em termos de taxas de expansão) da situação de seu setor manufatureiro em relação ao do interior fluminense, enfatizando a reorientação do perfil da estrutura industrial que passou a ser implantada no país a partir da década de 1950 e as dificuldades físicas enfrentadas pela cidade do Rio de Janeiro para se inserir nessa nova "onda expansiva" da indústria nacional[25] (Santos, 2002:37).

Citando Magalhães (1983), Santos (2002) aponta que a cidade do Rio de Janeiro sofria com dificuldades para ofertar as áreas "reclamadas pela implantação, e posterior expansão, das novas manufaturas". Argumenta que as poucas áreas industriais já se encontravam saturadas por atividades manufatureiras pretéritas, não havendo condições de oferecer as extensas superfícies demandadas. Em sua visão, naquele momento a "solução seria a sua instalação na periferia da Região Metropolitana (...), fazendo-se sentir, pela primeira vez, as consequências negativas da separação entre o estado do Rio de Janeiro e seu polo econômico principal" (Santos, 2002:38).[26]

---

[25] "(...) na cidade do Rio de Janeiro, a perda relativa da indústria foi muito mais acentuada, o que se deve, possivelmente, ao fato de as indústrias de bens de consumo duráveis e de bens de capital, responsáveis pela notável expansão industrial ocorrida durante o governo Juscelino Kubitschek, serem caracterizadas por unidades produtivas de maior porte".
[26] "No estado de São Paulo, as indústrias da safra do Plano de Metas (1956-1961) localizaram-se nas áreas de entorno da metrópole paulistana, formando um sólido cinturão industrial. (...) Esse processo foi bloqueado no Rio de Janeiro em função da separação entre os dois entes governamentais que constituíam a economia fluminense: a Guana-

Aditivamente, Santos (2002:39) destaca a contribuição da transferência da capital federal para o "esvaziamento" econômico regional. Entende que embora a transferência não tenha sido o único elemento a contribuir para a perda de dinamismo, resultou na intensificação de "um processo que já vinha se manifestando desde o início do século XX".

Por fim, enfatiza o que denomina "formas e instrumentos de enfrentamento" da situação, utilizados pelas duas unidades federativas. Em suas palavras,

> no antigo estado do Rio de Janeiro, muito pouco foi feito. Seus administradores alimentaram a esperança de alguma iniciativa do governo federal para ressarci-los dos "prejuízos" arcados com o forte adensamento dos municípios da Baixada Fluminense, cuja população trabalhava na Guanabara, mas demandava infraestrutura nas cidades onde moravam (Santos, 2002:39).

Já em relação à Guanabara, a elevação à condição de estado da federação foi considerada uma compensação, em razão da possibilidade, peculiar em território brasileiro, de concentrar em território correspondente a um município montante oriundo de arrecadações de tributos tanto de origem estadual, como de origem municipal[27] (Santos, 2002:39-40).

Para Araújo (2005:14), a transferência da capital federal foi um marco simbólico e de certa forma sintetizador do processo de esvaziamento econômico. Assinala que os efeitos desse processo puderam ser sentidos muito antes da efetiva transferência, em 1960. Como salienta Magalhães (1983:60), "iniciadas as obras da nova capital, foram congeladas melhorias e ampliações nas instalações administrativas federais instaladas no Rio de Janeiro, o que, em si, implicava o esvaziamento de atividades locais".

A precária infraestrutura existente no interior fluminense também foi apontada como um forte entrave econômico explicativo, mas

---

bara implementou políticas conducentes à expansão econômica, porém restritas ao seu próprio território; no interior fluminense, o governo do antigo estado do Rio de Janeiro pecou por falta de iniciativa" (Santos, 2002:39).

[27] Para uma análise detalhada, ver Perez (2007).

não determinante, do esvaziamento industrial fluminense. Para Araújo (2005:9), essa realidade seria resultado do longo tempo de separação entre a economia da cidade do Rio e a do interior regional. Ressalta que no Brasil os investimentos em infraestrutura são historicamente resultantes de intervenções do Estado e que, no caso fluminense, "a concentração das atividades econômicas na capital resultava também na absorção de parte substancial dos impostos, os quais deveriam obrigatoriamente ser aplicados nos limites territoriais do Distrito Federal".

Finalizando, cabe registrar a contribuição de Oliveira (2003:101), para a qual a crise ou esvaziamento econômico fluminense estaria associado à "ascensão e queda de um modelo de industrialização centrado na cidade do Rio de janeiro", bem como à "crise internacional financeira e produtiva, que induziu o processo de reestruturação produtiva geradora de importantes mudanças na organização industrial em todo o mundo". Em suas palavras, "o modelo de industrialização centralizado na cidade do Rio de Janeiro foi superado e isso se deve ao fato de que o parque industrial ali existente deixou de ter sustentação tanto financeira quanto de geração de demanda dos poderes públicos".

2. O Rio de Janeiro na "década perdida": crise e interpretações

Para a economia brasileira, a década de 1980 foi marcada pela ruptura do padrão histórico de crescimento estabelecido durante o processo de industrialização nacional. A taxa de expansão média anual do produto interno bruto do país despencou para 2,2%, um claro indicador do ambiente econômico do país à época, no qual se destacaram o recrudescimento inflacionário, os desequilíbrios externos e o baixo crescimento da renda nacional. De maneira geral, excetuando-se alguns breves momentos de recomposição parcial da renda interna, o cenário econômico nacional foi de severa instabilidade macroeconômica.[28]

---

[28] O principal período de recuperação da economia brasileira durante os anos 1980 foi entre 1984-86, em função, inicialmente, do bom desempenho das exportações e, em seguida, dos efeitos da política econômica adotada a partir do Plano Cruzado.

Nesta década, em meio ao desajuste vivenciado pela economia brasileira, a economia fluminense continuou sua trajetória de redução de participação na produção nacional, tendo seu produto interno bruto crescido somente 2,65% (acumulados) e sua participação no PIB brasileiro declinado para 12,3% (tabelas 4 e 5).

Em relação à dinâmica demográfica, é possível apontar uma importante alteração na trajetória expansiva estadual diante da nacional: o crescimento populacional fluminense passou a ser inferior ao nacional. Enquanto o crescimento nacional foi da ordem de 1,93% ao ano, a taxa estadual ficou em 1,15%.[29] Em termos absolutos, o contingente fluminense alcançou o patamar de 12,8 milhões de pessoas, o que equivalia a 8,7% da população brasileira.[30] Por outro lado, acentuou-se o já elevado grau de urbanização estadual (de 91,8% para 95,3%), superando, em muito, o percentual brasileiro (75,4%).

Embora tenha apresentado menor crescimento demográfico, o estado do Rio de Janeiro não conseguiu sustentar seu produto por habitante, em função do pífio desempenho de seu produto interno total. Assim, acentuou-se a convergência entre sua renda *per capita* e a nacional: em 1991, a renda por habitante do estado era 23,6% maior que a brasileira, percentual bem abaixo do registrado em 1980 (39,5%).[31]

No que se refere à participação na economia nacional, deve-se destacar que as perdas de participação foram observadas em seus três grandes setores, tendo sido mais intensa a redução relativa do terciário (tabela 4). Em relação a esse setor, cabe assinalar que seu desempenho (de 18,2% para 15,4%) foi diretamente afetado pela queda da renda real

---

[29] É necessário frisar que o contexto socioeconômico da região, à época, acentuou a migração de pessoas naturais da região para outros territórios do país. Como salienta Cano (1996:51), "a desaceleração econômica e o agravamento da crise social no RJ, que desde a década de 1970 já vinha dando mostras de seus efeitos sobre as migrações, tornaram o quadro ainda mais grave no período recente. Entre 1970 e 1980, admitiu 531 mil imigrantes, mas perdeu 189 mil de seus naturais".

[30] Entre os censos de 1980 e 1991, a população fluminense saltou de 11,3 para 12,8 milhões de habitantes, enquanto a brasileira atingiu os 147 milhões em 1991, algo em torno de 28 milhões de pessoas a mais que o contingente registrado em 1980.

[31] No mesmo período, o produto *per capita* paulista aumentou sua distância em relação ao brasileiro (de 69,7% para 72,4%), embora o crescimento demográfico paulista (2,12% a.a.) tenha sido superior ao nacional (1,93% a.a.).

do trabalhador e pela diminuição do gasto público na região, resultante do desarranjo das finanças públicas do país no período e da transferência de algumas atividades para a nova capital federal.[32]

TABELA 4
Participação do estado do Rio de Janeiro no PIB brasileiro — 1980-90 (em %)

Setores/Ano	1980	1985	1990
Agropecuária	2,0	1,4	1,8
Indústria	11,9	11,8	10,5
Serviços	18,2	13,9	15,4
Total	13,2	12,4	12,3

Fonte: Ibre (1972), IBGE (vários anos).

O setor primário, por sua vez, reduziu um pouco mais sua já diminuta participação (de 2% para 1,8%) na produção agropecuária nacional, em função de sua debilidade estrutural e da expansão da produção experimentada pela fronteira agrícola brasileira, estimulada por políticas de promoção às exportações.

No que diz respeito à indústria, a baixa na participação relativa (11,9% para 10,5%) se explica tanto pela desestruturação de importantes setores da indústria regional — especialmente da estrutura situada na região metropolitana —, quanto pelos efeitos advindos do processo de desconcentração produtiva nacional, iniciado em meados do decênio anterior.

É importante assinalar que ao longo da década observou-se uma maior diferenciação, em termos de taxas de crescimento, entre a dinâmica do interior fluminense e da porção metropolitana do território estadual (tabela 5).

É possível ver que o melhor dinamismo do produto interno interiorano se estabeleceu a partir de meados da década, período que coincide

---

[32] Sistema financeiro.

com a expansão da produção petrolífera da bacia de Campos.[33] Por outro lado, o desempenho da região metropolitana se explica pelas dificuldades enfrentadas pelos setores terciários e pela desarticulação de parte de seu parque manufatureiro.

TABELA 5
Índice do produto real do estado do Rio de Janeiro, interior e Região Metropolitana do Rio de Janeiro (RMRJ) — 1981-89

Região	1981	1982	1983	1984	1985	1986	1987	1988	1989
Estado	95,6	97,7	87,6	95,4	88,8	101,8	99,3	99,1	102,7
Interior	95,1	99,2	102,0	95,5	107,7	101,1	105,3	105,1	107,6
RMRJ	95,7	97,4	84,7	83,4	85,0	102,0	98,1	97,9	101,7

Fonte: Fibge e Cide apud Gurvitz (1992).
Base: 1980 = 100.

Esses resultados indicam o começo do estabelecimento de um importante padrão de desenvolvimento da indústria fluminense: a contínua expansão da importância relativa da indústria extrativa na composição do produto interno industrial estadual.

Embora a participação da indústria fluminense, na produção nacional, tenha se mantido praticamente inalterada entre 1980-85, deve-se assinalar a ocorrência de mudanças significativas nas trajetórias de crescimento de suas duas classes, ou seja, a indústria extrativa e a de transformação.

Enquanto na primeira metade da década a importância relativa da indústria de transformação fluminense reduziu-se (de 10,1% para 9,5%), o percentual referente à indústria extrativa sofreu forte expansão, saltando de 1,4% para 13,3%. No intervalo 1985-90, a indústria de transformação foi beneficiada pelos momentos de relativa recuperação

---

[33] Não está sendo negado o bom desempenho de outras atividades pelo interior fluminense, mas apenas se assinalando que, em termos de "volume expansivo", a produção de petróleo foi o grande diferencial entre a dinâmica da Região Metropolitana do Rio de Janeiro e do restante do território estadual.

da atividade econômica nacional e sua taxa de participação se elevou para 10,2%. No mesmo sentido, contudo em velocidade muito maior, a indústria extrativa aumentou sua participação para 48,5%.[34]

Assim, o baixo crescimento da economia fluminense, ao longo dos anos 1980, foi resultado, em parte, do baixo dinamismo apresentado por sua indústria em geral, cujo desempenho pode ser explicado, em grande medida, por seu perfil, caracterizado pela concentração de setores de bens intermediários que atuavam de modo complementar à estrutura produtiva nacional e, por conseguinte, fortemente determinado pela demanda do mercado interno.[35] Por outro lado, o baixo dinamismo das atividades terciárias contribuiu para este cenário econômico, tendo em vista sua importância para a estrutura urbana metropolitana regional, responsável por grande parte da renda e do emprego estaduais.

Efetivamente, a situação econômica fluminense durante os anos 1980 se deteriorou vis-à-vis a do período 1930-80. Como discutido em Silva (2004), a trajetória de perdas de participação relativa vivenciada pela economia fluminense durante a industrialização brasileira se aprofundou e ganhou contornos de "crise real" durante a "década perdida".

A realidade econômica fluminense durante os anos 1980 ensejou vários trabalhos sobre a trajetória do desenvolvimento regional, e a grande maioria se concentrou na identificação e análise das determinantes desse processo. No entanto, observa-se considerável divergência no que se refere à tipificação desse movimento, assim como ao entendimento sobre o significado da "crise" fluminense.

Segundo Natal (2005:28), naquela década, consolidou-se na sociedade fluminense, notadamente em sua porção carioca, o sentimento da vivência de uma "crise real, profunda e longeva" que alcançaria praticamente todos os setores da economia regional. Em seu entendimento, os efeitos dessa crise ultrapassaram a esfera econômica convertendo-lhe

---

[34] Entre 1985 e 1990, o crescimento acumulado do valor da produção da indústria extrativa brasileira foi de 12,7%, bem abaixo do percentual fluminense (21,5%).

[35] Os dados relativos à alocação setorial da população ocupada (PO) também apontam a perda de dinamismo da indústria estadual: entre 1980 e 1991, a participação fluminense na PO da indústria nacional caiu de 12,1% para 9,2%, e em números absolutos a redução da indústria de transformação chegou a 31,2 mil.

inegavelmente em uma crise da sociedade fluminense. Enxerga a sociedade fluminense como "portadora de um conjunto superposto de crises", entre as quais se destacam "a decadência e falta de competitividade da indústria fluminense (...), a efetiva redução dos gastos do governo federal no estado (...), o agravamento da chamada questão social, os conflitos de natureza federativa (...) e o inegável 'estiolamento' moral da população fluminense".

Possivelmente coube a Dain (1990), na expressão *Rio de todas as crises econômicas*, o melhor resumo acerca das dificuldades enfrentadas pela sociedade fluminense e das múltiplas facetas do movimento econômico regional. Em sua visão, a explicação da crise fluminense passaria pelo entendimento da natureza do desenvolvimento capitalista brasileiro e da concentração econômica em São Paulo.

Dain (1990:1) chama atenção para o fato de o

> Rio de Janeiro se caracterizar por deter uma estrutura industrial peculiar, que o vai tornando depositário daqueles setores que começaram a industrialização — que são os setores obsoletos nas sucessivas revoluções industriais (...) —, sem conseguir se apropriar da "ponta" de bens de consumo durável.

A seu ver, ao passo que alguns dos mais importantes setores da indústria regional foram se tornando relativamente "ultrapassados", a indústria paulista conseguia incrementar seus ganhos e possibilidades de expansão ao abarcar unidades pertencentes aos setores tecnologicamente mais dinâmicos, fomentando a constituição de diversos complexos industriais articulados.[36]

Já para Oliveira (2003:101), a explicação para o movimento da economia fluminense nos anos 1980 repousaria sobre o "processo de reestruturação produtiva" vivenciado pelas economias capitalistas à época. Em sua perspectiva, o "esvaziamento" econômico do período teria sido

---

[36] No mais, Dain (1990) destaca que, enquanto grande produtora regional de bens-salários, a indústria fluminense era consideravelmente dependente do movimento cíclico da economia nacional.

resultante, em parte, da desestruturação sofrida por setores fundamentais da indústria estadual (naval, químico e metalúrgico, por exemplo), originada de uma suposta queda de suas demandas em função de atrasos tecnológicos diante da concorrência internacional.

Vale destacar que a estagnação econômica e a percepção de que parte das promessas realizadas no bojo da fusão (1975) não se realizaria atuaram consideravelmente no sentido de potencializar as discussões sobre o "esvaziamento" e promover o reconhecimento — ainda que embrionário — da existência de uma "questão regional" fluminense, que se apresenta como um salto para uma sociedade detentora de uma agenda pública até então fortemente enviesada e moldada pelas chamadas "questões de ordem nacional" ou de sentido "cosmopolita" (Natal, 2005 e 2007).

Claro que essa assertiva está fortemente baseada na experiência "guanabarina", tendo em vista que o referido "viés" se fazia perceber no território cuja "capitalidade" teve papel preponderante no delineamento da formação socioeconômica e na estruturação urbana. Ademais, no que se refere ao antigo estado do Rio de Janeiro, não apenas o "pensar regional" era um exercício mais presente, como a questão do "esvaziamento" não fazia tanto sentido, considerando-se que sua participação na economia nacional havia experimentado expansão, embora ainda permanecesse diminuta.

O paulatino fortalecimento do debate sobre a realidade socioeconômica fluminense e, em especial, do suposto esvaziamento, teve fundamental importância para o "alargamento" da pauta de estudos regionais que, além de pequena, se mostrava estreita em relação às perspectivas analíticas, considerando-se que, salvo poucas exceções, os estudos sobre a economia da região se limitavam a setores e espaços específicos, sendo diminuto o número de esforços de maior profundidade e com visão mais ampla da estrutura e das inter-relações produtivas regionais.

Destaca-se que a maioria das análises sobre o "esvaziamento" tendia a associá-lo a eventos históricos que teriam atingido setores-chave do nível de atividade econômica regional. Como exemplos máximos desses eventos figurariam, sem dúvida, a transferência da capital federal (1960) e a fusão entre os estados da Guanabara e do Rio de Janeiro (1975).

Chama-se atenção a estas questões porque elas trazem à tona uma particularidade do "pensamento regional fluminense" que, de certo modo, persiste até o presente. Referimo-nos à persistência de tentar se compreender a economia fluminense a partir (quando não exclusivamente) da dinâmica econômica da cidade do Rio de Janeiro. Ainda que, pelo peso relativo da economia carioca, o "resultado total" regional mantenha grande representatividade, essas análises tendem a ocultar ou não contemplar movimentos estruturantes em regiões fora do recorte referente à atual região metropolitana estadual.[37] Ainda que, pelo peso relativo da economia carioca, o "resultado total" regional não seja invalidado, essas análises tendem a ocultar movimentos distintos presentes no interior do estado.

Cabe ressaltar que o discurso sobre o "esvaziamento econômico" esteve muitas vezes norteado por interesses de classes, notadamente aquelas que compõem a elite regional. A partir da constatação de que o conceito de esvaziamento deve ser bem especificado, para o preciso entendimento da crise regional, Limonad (1996) analisa alguns importantes traços sobre os discursos do esvaziamento, bem como os valores e interesses neles contidos.

A autora aponta o uso da questão do "esvaziamento" fluminense como instrumento político e ideológico que traz em si um regionalismo, no sentido estrito, que tem por fim maior pensar o ocorrido a partir dos interesses e lógicas estritos da elite da cidade do Rio e não do estado como um todo (Limonad, 1996:11). Em seu entendimento, a maior contribuição do "esvaziamento" à compreensão da problemática estadual é "esvaziar" a complexidade das transformações que ocorreram e ocorrem no atual território do estado, que não estariam limitadas à capital e sua região metropolitana.[38]

---

[37] É observado que o Rio de Janeiro muito perdeu com a transferência da capital para o Planalto Central. Porém, é preciso destacar que os efeitos foram sentidos mais efetivamente na cidade do Rio e seu entorno, e bem menos no interior fluminense. No mais, assinala-se que, em alguma medida, os resultados negativos foram postergados com a elevação da cidade do Rio à condição de estado da federação (Guanabara); "alento" que, no entanto, teve curta duração, sendo extinto com a fusão.

[38] "É este discurso que estabelece as bases ideológicas para o regionalismo, no sentido estrito, que visa desfazer a fusão e recriar o estado da Guanabara, (...) além de tentativas do 'Poder Público' para o município do Rio de Janeiro retomar sua proeminência e voltar a ser distrito federal" (Limonad, 1996:12).

Concluindo, cabe apontar que, para Limonad (1996:12-14), a persistência do discurso do esvaziamento constitui-se "em uma bandeira política com forte comprometimento ideológico", o que é "interessante para as elites da capital do estado que projetam os problemas desta como se fossem uma característica da totalidade do estado". Com isso perde-se atenção na realidade do interior fluminense e nas transformações produtivas por que esse vem passando nos últimos anos.

CAPÍTULO 2

Economia e desenvolvimento urbano no estado do Rio de Janeiro (1990-2008)

1. Demografia e desenvolvimento urbano fluminense (1990-2008)

O estado do Rio de Janeiro, em sua atual configuração político-administrativa, é formado por 92 municípios que estão distribuídos por uma faixa territorial de aproximadamente 44 mil km². Esses municípios, por sua vez, compõem oito regiões de governo, marcadas pela presença de profundas diferenças no que se refere às estruturas urbanas e produtivas e à distribuição da população estadual (anexos A, B, C e D).

Excetuando-se a Costa Verde, as demais regiões de governo são formadas por, no mínimo, 10 municípios, e a maior (a Região Metropolitana do Rio de Janeiro) possui 17 (anexo J e quadro 1). No que se refere à dimensão física, a maior é a região Norte Fluminense, cuja extensão corresponde a quase um quarto do território estadual.

A organização político-administrativa fluminense sofreu importantes mudanças ao longo da década de 1990, especialmente em função da criação de novos municípios. De 1990 a 2002, o quantitativo de municípios fluminenses cresceu consideravelmente, saltando de 70 para 92 (gráfico 1 e quadro 2). Essa expansão, como assinala Santos (2003:104), resultou da "febre" emancipacionista vivida pelo país após a promulgação da atual Carta Magna (em 1988), que elevou o número de municípios de 3.974 para 5.507.[39]

---

[39] Valor referente ao ano 2000. Vale apontar que, segundo Santos (2003:104), a motivação precípua dessa "febre" é a criação de "artifício para estabelecer mais prefeituras

Para o estado do Rio de Janeiro, o primeiro efeito desse processo foi a expansão do número de municípios "pequenos e médios" em sua estrutura urbana, quase sempre localizados fora da região metropolitana. Ademais, chamamos atenção para a velocidade desse processo, que fez com que em pouco mais de uma década a expansão do número de municípios fosse superior ao montante registrado no meio século anterior (gráfico 1).

GRÁFICO 1
Número de municípios fluminenses — 1940-2005

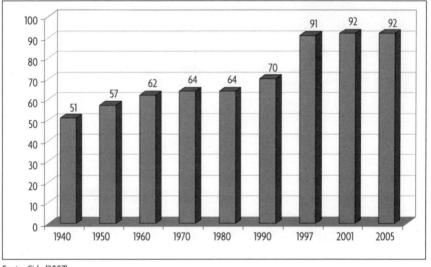

Fonte: Cide (2007).

e todo o aparato administrativo delas decorrentes". A autora lembra que "a elevação de um distrito à condição de município envolve uma transferência de recursos federais e estaduais, dada a obrigatoriedade das transferências constitucionais, isto é, o Fundo de Participação dos Municípios (FPM) e a cota-distribuição do ICMS".

Quadro 1
Regiões de governo e municípios do estado do Rio de Janeiro

Metropolitana	Norte Fluminense	Baixadas Litorâneas
Belford Roxo	Campos dos Goytacazes	Araruama
Duque de Caxias	Carapebus	Armação dos Búzios
Guapimirim	Cardoso Moreira	Arraial do Cabo
Itaboraí	Conceição de Macabu	Cabo Frio
Japeri	Macaé	Cachoeiras de Macacu
Magé	Quissamã	Casimiro de Abreu
Nilópolis	São Fidélis	Iguaba Grande
Niterói	São Francisco de Itabapoana	Maricá
Nova Iguaçu	São João da Barra	Rio Bonito
Mesquita		Rio das Ostras
Paracambi	**Serrana**	São Pedro da Aldeia
Queimados	Bom Jardim	Saquarema
Rio de Janeiro	Cantagalo	Silva Jardim
São Gonçalo	Carmo	
São João de Meriti	Cordeiro	**Médio Paraíba**
Seropédica	Duas Barras	Barra do Piraí
Tanguá	Macuco	Barra Mansa
	Nova Friburgo	Itatiaia
Noroeste Fluminense	Petrópolis	Pinheiral
Aperibé	Santa Maria Madalena	Piraí
Bom Jesus do Itabapoana	São José do Vale do Rio Preto	Porto Real
Cambuci	São Sebastião do Alto	Quatis
Italva	Sumidouro	Resende
Itaocara	Teresópolis	Rio Claro
Itaperuna	Trajano de Moraes	Rio das Flores
Laje do Muriaé		Valença
Miracema	**Centro-Sul Fluminense**	Volta Redonda
Natividade	Areal	

continua

Porciúncula	Comendador Levy Gasparian
Santo Antônio de Pádua	Engenheiro Paulo de Frontin
São José de Ubá	Mendes
Varre-Sai	Miguel Pereira
	Paraíba do Sul
Costa Verde	Paty do Alferes
Angra dos Reis	Sapucaia
Itaguaí	Três Rios
Mangaratiba	Vassouras
Parati	

Fonte: Cide (*Anuário estatístico do Rio de Janeiro*, diversos anos).

QUADRO 2
Municípios criados no estado do Rio de Janeiro a partir de 1985

Novo município	Emancipou-se
Mesquita	Nova Iguaçu
Quissamã	Macaé
Cardoso Moreira	Campos
Belford Roxo	Nova Iguaçu
Guapimirim	Magé
Queimados	Nova Iguaçu
Quatis	Barra Mansa
Varre-Sai	Natividade
Japeri	Nova Iguaçu
Comendador Levy Gasparian	Três Rios
Aperibé	Santo Antônio de Pádua
Rio das Ostras	Casimiro de Abreu
Areal	Três Rios
São Francisco de Itabapoana	São João da Barra
Iguaba Grande	São Pedro de Aldeia
Pinheiral	Piraí
Carapebus	Macaé
Seropédica	Itaguaí
Porto Real	Resende

continua

Novo município	Emancipou-se
São José do Ubá	Cambuci
Tanguá	Itaboraí
Macuco	Cordeiro
Armação de Búzios	Cabo Frio
Arraial do Cabo	Cabo Frio
Italva	Campos
Paty do Alferes	Vassouras
São José do Vale do Rio Preto	Petrópolis
Itatiaia	Resende

Fonte: Santos (2003:103).

Dois em cada três municípios fluminenses podem ser classificados como pequenos, ou seja, com população inferior a 100 mil habitantes. Contudo, observa-se a baixa participação (12%) desses municípios na distribuição da população estadual, já que 58,8% dos habitantes fluminenses residem nos chamados municípios "grandes", aqueles de população superior aos 500 mil habitantes.[40] Por outro lado, cabe registrar o notável aumento das chamadas cidades médias (que possuem entre 100 mil e 500 mil habitantes) no território fluminense, cujo total saltou de 10 para 22 entre 1980 e 2009 (tabela 1).

Santos (2003:104) registra que a partir dos anos 1980 o maior crescimento populacional no estado do Rio de Janeiro tem sido observado nessa classe de cidades. Em sua visão, esse "dado é muito importante por sugerir que, finalmente, começam a surgir centros regionais no interior do estado, com possibilidade de constituírem relevantes "nós" na malha urbana estadual, tornando-a mais densa e menos desequilibrada espacialmente".

---

[40] Cabe destacar que somente cinco municípios fluminenses (Rio de Janeiro, São Gonçalo, Duque de Caxias, Nova Iguaçu e Belford Roxo) alcançam essa faixa populacional.

TABELA 1
Municípios fluminenses por tamanho da população (2009)

Faixa de tamanho	Municípios	% Total	População	% Total
Mais de 1 milhão	1	1,1	6.186.710	38,6
500 a 1 milhão	4	4,3	3.230.777	20,2
300 a 500 mil	4	4,3	1.698.338	10,6
100 a 300 mil	18	19,6	2.964.671	18,5
50 a 100 mil	9	9,8	693.380	4,3
30 a 50 mil	14	15,2	531.036	3,3
15 a 30 mil	24	26,1	515.732	3,2
Menos de 15 mil	18	19,6	189.785	1,2
Total	92	100,0	16.010.429	100,0

Fonte: IBGE (2009).

A despeito de suas exíguas dimensões territoriais,[41] o estado do Rio de Janeiro tem considerável participação da população brasileira (8,4%) e abriga o terceiro maior contingente demográfico do país, inferior apenas aos de São Paulo e Minas Gerais. Por conta disso, possui um das mais altas taxa de densidade demográfica do país (365 habitantes para cada quilômetro quadrado), em grande medida superior à média nacional e, comparativamente às demais unidades federativas, inferior apenas à do Distrito Federal.[42]

Estimativas mais recentes indicam que em 2008 a população fluminense já havia ultrapassado os 16 milhões de habitantes, majoritariamente residentes (96%) em áreas classificadas como urbanas (IBGE, 2009). Segundo essa mesma fonte, a taxa de crescimento demográfico fluminense, no intervalo 2000-08, foi de 1,21% a.a., pouco abaixo da taxa nacional (1,32% a.a.). Essas taxas apontam uma maior convergência entre o crescimento estadual e o nacional, notadamente se levarmos em conta os percentuais registrados no intervalo 1991-2000, quando

---

[41] Seu território corresponde a tão somente 0,5% do território nacional.
[42] A taxa brasileira, em 2009, é de 22,6 habitantes por km², ao passo que a do Distrito Federal aproximava-se de 450 habitantes por km².

a média de crescimento da população fluminense foi de 1,28% a.a. e a brasileira atingiu os 1,63% a.a.[43]

Por outro lado, há que se destacar que internamente a expansão se mostrou diferenciada, haja vista a população interiorana ter crescido, em média, 2,53% ao ano e a RMRJ somente 0,76%. Essas dinâmicas são explicadas, basicamente, por dois fatores. De um lado, destacamos o desempenho econômico vivenciado por alguns municípios do interior fluminense que passaram a atrair fluxos migratórios provenientes de outros estados, como também da porção metropolitana estadual. De outro, devemos lembrar que após o Censo de 2000 três municípios se autoexcluíram da RMRJ e passaram a integrar regiões interioranas (Costa Verde e as Baixadas Litorâneas), não por acaso aquelas que apresentaram maior crescimento percentual no período.

Ainda que lentamente, vem-se observando um contínuo processo de desconcentração populacional no território fluminense. Em 2008, aproximadamente 72,5% da população fluminense residiam na RMRJ, percentual abaixo dos 76,5% de 1991. Assim, podemos ver que, não obstante representar 89,3% do território fluminense, o interior abriga tão somente 27,3% da população estadual.

Essa macrocefalia (a acentuada participação da região metropolitana na população estadual) dá surgimento a realidades totalmente antagônicas no que se refere à ocupação do território estadual, facilmente verificadas pelas taxas de densidade regionais. Ao passo que na RMRJ residem 2.483 habitantes para cada quilômetro quadrado, no interior a taxa é de apenas 112 habitantes para cada quilômetro quadrado.

No entanto, em termos municipais, a situação se revela mais extrema: enquanto Santa Maria Madalena (município serrano) é o menos povoado do estado, com aproximadamente 13 habitantes para cada quilômetro quadrado, São João de Meriti (município metropolitano) ostenta a maior taxa de densidade demográfica do país, em torno de 13.600 habitantes para cada quilômetro quadrado.

---

[43] Assinala-se a importância do saldo migratório líquido para esses resultados. Em 2000, o saldo acumulado fluminense era de 1.639.488, pouco acima do montante registrado em 1991 (1.586.458).

Vejamos, nos subitens seguintes, alguns traços da dinâmica urbana da RMRJ e do interior fluminense no período de análise desse capítulo.

1.1 Dinâmica urbana na Região Metropolitana do Rio de Janeiro

A Região Metropolitana do Rio de Janeiro foi instituída em 1974, paralelamente à fusão entre os antigos estados da Guanabara e do Rio de Janeiro. Como observa Lago (2009), não foi possível institucionalizar a RMRJ em 1973, ano de criação das primeiras regiões metropolitanas brasileiras, dado que o "Grande Rio" correspondia a duas unidades federativas distintas, situação superada junto à criação do novo estado do Rio de Janeiro.

Em sua configuração original, a região possuía 14 municípios, que ocupavam cerca de 6.500 km². De 1980 em diante, sua organização político-administrativa se alterou consideravelmente em função de processos de "autoexclusão" e emancipações.

No que diz respeito às "autoexclusões", é preciso destacar que quatro municípios deixaram a RMRJ, passando a integrar outras regiões de governo. Primeiramente, Petrópolis (em 1984) se associou à região Serrana; mais recentemente, em 2002, Maricá passou a integrar as Baixadas Litorâneas, enquanto Itaguaí e Mangaratiba, a região da Costa Verde.[44] Em relação às emancipações, assinala-se que a RMRJ foi uma das principais contempladas com esse processo, tendo em vista abrigar um terço do total de municípios criados a partir de 1990 no estado do Rio de Janeiro.[45]

Atualmente, a RMRJ é formada por 17 municípios e ocupa uma faixa de terra que representa aproximadamente 11% do território esta-

---

[44] Segundo Lago (2009:13), "além das possíveis vantagens para captação de investimentos no setor turismo, se afastar da identificação de 'município periférico' pode ter sido um critério relevante na estratégia territorial desses municípios, no sentido de uma mudança de status".

[45] Vale apontar que entre esses municípios, quatro eram distritos de Nova Iguaçu (Belford Roxo, Japeri, Queimados e Mesquita); Tanguá, Seropédica e Guapimirim foram emancipados, respectivamente, de Itaboraí, Itaguaí e Magé. Lago (2009:2) assinala que esses municípios têm em comum "um baixíssimo desempenho econômico e um alto grau de precariedade nas condições de reprodução dos seus habitantes e na capacidade de gestão pública local".

dual. Localizada às margens da baía de Guanabara, apresenta acentuadas assimetrias em relação à dimensão física de seus municípios: enquanto a cidade do Rio de Janeiro (maior município) mede 1.206 km², Nilópolis (o menor) ocupa somente 19,4 km².

Estimativas apontam que em 2008 a população da RMRJ ultrapassou a marca de 11,6 milhões de habitantes, pouco acima dos montantes referentes aos anos 1991 (9,8 milhões) e 2000 (10,9 milhões). Entre 1991 e 2000, sua taxa de crescimento demográfico foi de 1,14%, consideravelmente acima dos 0,76% registrados entre 2000-08.

Cabe registrar que esse desempenho é, em grande medida, influenciado pela dinâmica da cidade do Rio (onde residem 53,2% do contingente metropolitano), cujo crescimento entre 2000-08 foi de apenas 0,6% a.a. O desempenho carioca, contudo, não representa de modo algum um processo de "esvaziamento" populacional, tendo em vista que sua variação absoluta (335 mil habitantes), no período, corresponde a 35,4% da variação total metropolitana.

Esses valores confirmam a existência de um cenário de "concentração dentro da concentração", tendo em vista o peso da cidade do Rio de Janeiro na chamada macrocefalia estadual. E mais: ao desconsiderarmos a participação carioca, verificaremos que há forte concentração populacional no conjunto formado pelos municípios de São Gonçalo, Niterói, Nova Iguaçu e Duque de Caxias.[46]

Por fim, destaca-se que esse quadro de concentração populacional, aliado às diminutas extensões de alguns municípios, resulta em altas taxas de densidade demográfica. Municípios como São João de Meriti, Nilópolis, Belford Roxo e Rio de Janeiro estão entre os mais densamente povoados do país (anexo E).

1.2 Dinâmica urbana no interior fluminense

O interior fluminense é formado por sete regiões de governo (Norte, Noroeste, Baixadas Litorâneas, Serrana, Centro-Sul, Médio Paraíba e

---

[46] Esses municípios respondem, em conjunto, por 27,5% da população metropolitana.

Costa Verde) que, por sua vez, abrigam 75 municípios. Em 2008, sua população girava em torno dos 4,4 milhões de habitantes, montante corresponde a quase 26% do total estadual. Comparativamente aos padrões da RMRJ, possui baixa densidade demográfica (112 habitantes por quilômetro quadrado), e a maior taxa entre suas regiões cabe às Baixadas Litorâneas (168 habitantes por quilômetro quadrado), ao passo que a menor pertence à região Noroeste, com seus 60 habitantes por quilômetro quadrado (IBGE, 2009) (anexo E).

Entre 1991 e 2000, a população interiorana fluminense cresceu 1,77%, percentual inferior aos 2,53% obtidos entre 2000 e 2008. Destaca-se que, neste último intervalo, seu crescimento não foi maior que o metropolitano apenas em termos relativos, mas também em números absolutos (881 mil pessoas contra 762 mil). Entre as regiões, as maiores taxas[47] foram das Baixadas Litorâneas (5,6% a.a.) e da Costa Verde (9,7% a.a.) e as menores, do Noroeste (0,9% a.a.) e da Serrana (1% a.a.).

Devemos salientar que as taxas das regiões mais dinâmicas foram impactadas pela incorporação de municípios que se autoexcluíram da RMRJ. Por outro lado, é preciso ter em mente que essas regiões vêm se tornando alternativas regionais aos "problemas metropolitanos" (Natal, 2005:127). No que se refere ao crescimento percentual do Médio Paraíba e do Norte Fluminense, apontamos que eles podem ocultar a grande dinâmica regional que facilmente se revela através da análise das variações brutas.[48]

No que se refere às participações, cabe destacar que a distribuição da população no interior fluminense é relativamente equânime. Baixadas

---

[47] Das 20 maiores taxas de crescimento populacional, nove pertencem a municípios das Baixadas Litorâneas. Destacam-se os percentuais de Armação de Búzios (8,67% a.a.), Rio das Ostras (8,13% a.a.), Iguaba Grande (7,17% a.a.), Cabo Frio (5,81% a.a.) e Maricá (5,68% a.a.). No Médio Paraíba chamam atenção as taxas de Itatiaia (4,9% a.a.), Porto Real (4,23% a.a.) e Pinheiral (4,17% a.a.), municípios diretamente afetados pela dinâmica da indústria automobilística (Volkswagen, PSA Peugeot Citröen e Guardian).

[48] Em relação à dinâmica do Médio Paraíba e, em menor grau, da Costa Verde, ressaltamos sua posição de destaque dentro da estrutura manufatureira fluminense, notadamente nas atividades relacionadas aos setores metalúrgico, siderúrgico, automobilístico, de construção naval e laminados. Em relação ao Norte (e também às Baixadas Litorâneas), evidencia-se que a dinâmica demográfica está associada, em grande medida, à expansão observada nas atividades do setor petrolífero e do turismo.

Litorâneas, Médio Paraíba, Norte e Serrana têm participações próximas a 20%, enquanto as demais giram em torno dos 7% (tabela 2).

TABELA 2
Participações regionais na população do interior fluminense
— 1940-2008 (em %)

Ano	1940	1950	1960	1970	1980	1991	2000	2008
Noroeste	22,1	18,9	15,6	11,7	9,6	9,1	8,5	7,4
B. Litorâneas	9,9	9,4	9,8	11,4	12,0	13,0	16,0	20,9
Médio Paraíba	11,6	14,6	18,3	21,2	23,8	23,2	22,5	20,3
Centro-Sul	8,8	9,5	9,1	8,5	8,1	7,6	7,3	6,2
Costa Verde	2,0	2,0	2,2	2,7	3,1	3,7	4,3	7,8
Norte	24,9	24,5	23,5	22,4	20,4	20,4	19,9	18,5
Serrana	20,7	20,9	21,4	22,2	23,0	22,9	21,5	18,8
Interior	100,0	100,0	100,0	100,0	100,0	100,0	100,0	100,0

Fonte: IBGE (censos demográficos).

Por fim, vale assinalar que, em uma perspectiva de longo prazo (1940-2008), podemos notar que a porção sul do território fluminense ganhou participação no total populacional estadual, diversamente do ocorrido com a porção setentrional, que perdeu espaço, muito em função do desempenho da região Noroeste, marcada pelas baixas taxas de expansão.[49] Enquanto o aumento da população meridional é resultado direto da dinamização urbano-industrial vivida pela região ao longo do processo de industrialização, a redução observada na porção setentrional é explicada pela desestruturação e fragilidade das atividades primárias tradicionais.

---

[49] Entre 1980 e 2009, a população da região cresceu, em média, 0,74% a.a.

2. A economia fluminense entre 1990 e 2008

Não obstante as perdas relativas sofridas durante a industrialização nacional, o Rio de Janeiro se manteve como a segunda mais importante economia do país. Dados da Fundação Cide indicam que o PIB fluminense ultrapassa os R$ 350 bilhões,[50] correspondendo, portanto, a 11,6% do produto interno nacional.[51] Segundo essa mesma fonte, em pouco mais de um decênio (1996-2007), o produto estadual cresceu 38,1%, superando em grande medida a expansão do produto por habitante (19,7%) (tabela 3).

TABELA 3
Produto Interno Bruto do Estado do Rio de Janeiro — 1996-2007

Ano	PIB Corrente (1.000 R$)	PIB 2007 (R$ 1000)	Produto real Índice	Produto real % a.a.	PIB per capita Corrente (R$)	PIB per capita 2007 (R$)
1996	99.144.243	251.678.742	100,00	–	7.255,53	18.418,25
1997	107.217.005	252.401.487	100,29	0,29	7.745,34	18.233,43
1998	115.966.071	258.088.053	102,55	2,25	8.269,56	18.404,29
1999	129.790.046	261.715.389	103,99	1,41	9.136,23	18.422,78
2000	146.081.096	273.420.324	108,64	4,47	10.150,67	18.999,02
2001	167.640.759	286.056.442	113,66	4,62	11.498,86	19.621,26
2002	196.518.447	298.574.893	118,63	4,38	13.306,17	20.216,37
2003	225.644.050	296.478.163	117,80	-0,70	15.081,63	19.816,05
2004	253.004.938	309.185.703	122,85	4,29	16.692,76	20.399,45
2005	289.767.166	322.329.926	128,07	4,25	18.872,22	20.993,00
2006	320.257.732	336.532.275	133,72	4,41	20.589,61	21.635,91
2007	347.590.056	347.590.056	138,11	3,29	22.059,23	22.059,23

Fonte: Cide (2009).
Nota: Valores para 2006 e 2007 sujeitos à retificação.

---

[50] Preços de 2007. Essa mesma fonte aponta que o produto *per capita* estadual era de R$ 22 mil.
[51] A primeira economia nacional é São Paulo, responsável por 33,8% do PIB brasileiro. Logo após o Rio figura Minas Gerais, cuja taxa de participação é de 9% (IBGE, vários anos).

A estrutura econômica estadual é relativamente diversificada, cabendo às atividades terciárias e industriais a quase totalidade do PIB. Como indicado na tabela 4, vem ocorrendo, no Rio de Janeiro, um forte e acelerado processo de convergência das rendas setoriais, tendo em vista que, entre 1996 e 2006, a participação dos serviços na economia estadual foi reduzida de 70,5% para 49,9%, ao passo que a importância relativa da indústria saltou de 28,7% para 49,6%.

TABELA 4
Participação setorial no PIB fluminense — 1996-2006 (em %)

Setores	1996	1998	2000	2002	2004	2006
Agropecuária	0,5	0,4	0,4	0,4	0,4	0,4
Indústria	30,1	29,5	37,7	42,4	47,2	49,7
Serviços	69,4	70,0	61,9	57,2	52,4	49,9
Total	100,0	100,0	100,0	100,0	100,0	100,0

Fonte: IBGE (vários anos).

O quadro 3 dimensiona um pouco a importância da economia fluminense para o conjunto nacional apresentando as participações estaduais no grupo composto pelas "100 maiores empresas" do país em 2008. Observa-se que a participação fluminense é superada apenas pela de São Paulo e que o conjunto de empresas sediadas no Rio é marcado pela presença de setores ligados à indústria de base e aos serviços industriais de utilidade pública, diferentemente do caso paulista, no qual o predomínio é das indústrias de consumo durável.

Nesse conjunto, se destacam as empresas estatais e algumas ex-estatais, neste último, notadamente concentradas nos serviços industriais.[52] Em termos setoriais, as maiores participações estão nas atividades de exploração/produção petrolífera (7), de telecomunicações (3), de geração/distribuição de energia elétrica (3), mínero-siderurgia (3) e comércio varejista (3).

---

[52] Entre as estatais, têm destaque as empresas do Complexo Petrobras e Furnas. Em relação às ex-estatais, figuram Telemar, Vale do Rio Doce, Embratel, CSN, Light e Cerj.

Quadro 3
Empresas pertencentes ao grupo das "100 maiores empresas" com sede no estado do Rio de Janeiro em 2008

POSIÇÃO	EMPRESA	CONTROLE ACIONÁRIO
1	Petrobras	Estatal
2	BR Distribuidora	Estatal
4	Ipiranga	Brasileiro
6	Telemar	Brasileiro
8	Vale do Rio Doce	Brasileiro
10	Shell	Anglo-holandês
14	Chevron	Americano
22	Embratel	Mexicano
27	Esso	Americano
31	CSN	Brasileiro
32	Souza Cruz	Inglês
35	Light Sesa	Brasileiro
38	Gerdau	Brasileiro
49	Furnas	Estatal
56	Globo	Brasileiro
59	Oi	Brasileiro
60	PSA Peugeot Citroën	Francês
69	Ponto Frio	Brasileiro
72	MBR	Brasileiro
88	Transpetro	Estatal
92	Lojas Americanas	Brasileiro
93	Ampla Cerj	Espanhol
97	Sendas	Brasileiro

Fonte: Exame (2009).

Ainda que esses dados indiquem certa robustez econômica fluminense, não podemos esquecer que sediar uma empresa não significa necessariamente internalizar sua estrutura produtiva, mas sim seu centro de comando, o que implica profundas diferenças no tocante à capacidade de geração de emprego, renda e formação de encadeamentos produtivos. Essa questão remete diretamente ao apontamento feito por Davidovich (2001:70), para o qual uma das marcas mais proeminentes do desenvolvimento regional fluminense era a separação geográfica entre a *empresa*, sediada na cidade do Rio de Janeiro, e o *estabelecimento*, localizado fora da metrópole e, em alguns casos, bem longe do território estadual.[53]

Algumas dessas empresas têm contribuído sobremaneira com os indicadores de comércio exterior estadual, tendo em vista atuarem em ramos com alto grau de abertura ao internacional.[54] De 1996 a 2008, o Rio de Janeiro experimentou um notável aumento de participação nas exportações brasileiras (3,9% para 9,5%),[55] o que não impediu que sua pauta continuasse estreita e fortemente concentrada na comercialização de produtos básicos, especialmente de petróleo e derivados que respondem por pouco mais de 75% das exportações estaduais.[56] Em nível nacional, o Rio de Janeiro responde por 17,2% das exportações de produtos básicos, sendo menor sua presença nas exportações de bens manufaturados (5,4%) e semimanufaturados (0,7%).

Apesar do recente aumento das exportações de produtos mais elaborados (especialmente das indústrias siderúrgica e automobilística), fica claro que o crescimento das exportações ligadas ao setor petróleo é a pedra angular do desempenho do estado, basta para isso notar que a participação desse setor nas exportações estaduais era de 8,6% em 2000.

Por outro lado, entre as importações, tem especial projeção a comercialização de produtos ligados à indústria de material de transporte

---

[53] Os exemplos mais claros são, indubitavelmente, os da Companhia Vale do Rio Doce e da Souza Cruz.
[54] As principais empresas exportadoras do estado do Rio de Janeiro são, respectivamente, Petrobras, Shell, FSTP (Keppel Fels Setal e Technip), CSN, Volkswagen, Michelin, PSA Peugeot Citroën, Rio Polímeros e BR Distribuidora.
[55] Em US$ FOB.
[56] Os principais produtos da pauta de exportação fluminense são, respectivamente, óleos brutos de petróleo, combustíveis, plataformas de extração de petróleo, pneus e componentes automotores.

(especialmente componentes para automóveis), de material elétrico e de química fina. Vale mencionar que, embora a pauta de importações seja menos estreita que a de exportações, há uma considerável presença dos setores ligados à indústria de petróleo, especialmente por conta da importação de óleos e derivados especiais.

Em relação ao setor industrial, a participação fluminense na produção nacional vem apresentando alterações e movimentos que merecem maior atenção. Em 2006, o Rio respondia por 9% do PIB industrial brasileiro, ao passo que as taxas para a indústria de transformação e extrativa mineral ficaram em 6,1% e 51,7%, respectivamente. Esses valores confirmam que, em relação a 1985, a trajetória da indústria fluminense foi de perdas relativas, conquanto devamos destacar leve recuperação do patamar, observada a partir de meados dos anos 1990.[57]

É preciso destacar que a relativa recuperação da participação estadual na indústria nacional foi fruto do desempenho obtido pela produção extrativa mineral a partir dos anos 1980. A trajetória dessa classe industrial foi suficiente para atenuar os efeitos oriundos do fraco desempenho da indústria de transformação (que perdeu participação) e permitir certo ganho de participação.

Evidenciam-se, então, as trajetórias opostas vividas pelas classes da indústria fluminense: ao passo que a extrativa crescia em forte e contínuo ritmo, a indústria manufatureira observava o agravar de sua realidade delineada nos anos 1970-80. Conforme indicado no gráfico 2, em 1985, a participação fluminense no valor da produção da indústria de transformação brasileira girava em 9,4%, ao passo que a taxa da indústria extrativa ficava em 40%. Em 2004, o valor da indústria extrativa ultrapassara os 73%, enquanto o referente ao setor manufatureiro estava em 8,1%.[58]

---

[57] Em 1985, a participação estadual no valor da produção da indústria brasileira era de 11,1%, caindo para cerca de 8% em 1996.
[58] Importante destacar que esses valores se referem às *Contas regionais* de 2004, que faziam uso de outra metodologia de cálculo. A partir de 2006, o IBGE passou a utilizar nova metodologia, com cálculos retroativos apenas ao ano de 2002.

GRÁFICO 2
Participação do estado do Rio de Janeiro na indústria brasileira
— CR 2004 (em %)

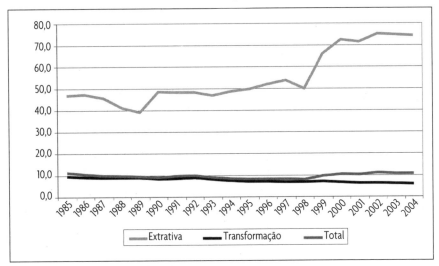

Fonte: IBGE (Contas regionais do Brasil, 2004).

O cenário indicado anteriormente é confirmado pela Pesquisa Industrial Anual (PIA-IBGE).[59] Segundo essa fonte, em 1996, a taxa de participação do Rio de Janeiro no valor da transformação industrial brasileira era 8,7%, bem aquém da paulista (49,4%) e próxima da mineira (9%). Em 2006, a indústria fluminense já havia retornado à segunda posição, alcançando percentual de 10,9%, pouco acima de Minas Gerais (10,4%) e bem abaixo de São Paulo (39,3%).

No tocante ao número de unidades produtivas, em 1996, São Paulo liderava o cenário nacional com quase 48 mil unidades (38,5% do total nacional), seguido por Minas Gerais e Rio Grande do Sul. O Rio de Janeiro aparecia a seguir, com suas 10.600 unidades locais e respon-

---

[59] A pesquisa iniciada em 1996 abrange unidades e setores classificados segundo a Classificação Nacional de Atividades Econômicas (CNAE) e se estabeleceu como a melhor fonte de dados sobre a indústria nacional desde a elaboração do último Censo Industrial, em 1985.

dendo por 8,7% do total nacional. Em 2006, as três primeiras posições se mantiveram e o Rio de Janeiro passou a ocupar a sexta posição, tendo em vista que Paraná e Santa Catarina ultrapassaram seu quantitativo de unidades produtivas.[60]

Concluindo, chama-se atenção para o fato de que os percentuais anteriormente indicados oferecem uma visão sintética da indústria fluminense, considerando-se que são valores médios e agregados. Sua real situação só se desnuda quando analisamos, separadamente, seus ramos internos. Isto posto, nos próximos subitens, analisaremos a estrutura e a dinâmica das indústrias extrativa mineral e de transformação, visando construir um quadro mais nítido acerca do desenvolvimento setorial na região.

2.1 A expansão da indústria extrativa estadual

Desde fins dos anos 1980 a indústria extrativa mineral brasileira vem apresentando forte ritmo expansivo, o que vem acarretando o aumento de sua importância relativa no produto interno nacional. Cano (2007) assinala que esse aumento de participação (de 1,1% para 4,6% entre 1989 e 2004) é resultado, por um lado, da notável expansão física do volume produzido e, por outro, é tributário da elevação de preços no mercado internacional, sobretudo do petróleo e de alguns minerais metálicos.[61]

A expansão física da produção mineral tem relação direta com a maturação de importantes investimentos realizados entre 1970 e 1980

---

[60] No período 1996-2006, em números absolutos, o quadro foi o seguinte: São Paulo experimentou aumento de 7.925 unidades locais, enquanto o Rio perdeu 973 unidades. Minas Gerais e Rio Grande do Sul expandiram seus montantes em 7.892 e 5.541 unidades. Cabe destacar que em território nacional a variação de unidades locais foi de 49.215.

[61] A produção brasileira de petróleo (anual) saltou de 10,5 milhões para 105,5 milhões de metros cúbicos entre 1980 e 2008, ao passo que o preço do barril, que girava em torno de US$ 20 em fins dos anos 1970, alcançou a marca dos US$ 140 em 2008.

e (*a posteriori*) a ampliação do parque produtivo existente; enquanto o aumento de preços é em grande medida tributário do crescimento acelerado experimentado pela economia chinesa.

A maior importância relativa do setor se reflete nas estruturas produtivas de diversas regiões do país, que passaram a ter na produção mineral um dos sustentáculos de suas rendas. Cabe destacar que o setor ampliou sua participação em quase todas as principais regiões mineradoras do país, entre as quais o Amapá e Minas Gerais foram exceções[62] (Cano, 2007:132).

Em direção oposta, os maiores ganhos de participação foram registrados no Rio de Janeiro (3,7% para 28,2%), no Rio Grande do Norte (6,8% para 17,8%) e em Sergipe (9,2% para 19,8%), não por acaso, os estados onde estão localizadas as principais províncias petrolíferas do país.

Tendo por base as Contas regionais 2004, notamos que a expansão acumulada, em nível nacional, do valor adicionado bruto (VAB) da indústria extrativa foi da ordem de 131,9%, de 1985 a 2002. Entre as regiões, somente a Norte (189,3%) e a Sudeste (179%) apresentaram crescimento acima dessa média (tabela 5). Considerando-se os estados, as maiores taxas foram, respectivamente, alcançadas pelos estados de Pernambuco (316,8%), Rio de Janeiro (266,9%), Pará (251,3%) e Amazonas (195,1%).

Embora o crescimento da participação fluminense na indústria extrativa date de fins dos anos 1970, foi somente a partir da década seguinte que a produção regional se avolumou e intensificou seu ritmo expansivo. Vale anotar que, em 1980, a participação fluminense na produção mineral brasileira era de 4,2% e que em 1989 já atingia os 40%.

---

[62] No caso do Amapá, cuja redução, entre 1989 e 2004, foi de 15% para 3%, a explicação se assenta na exaustão da produção de manganês. Em Minas, o decréscimo de 2,8% para 2,2% é resultado do crescimento mais acelerado dos demais setores e do baixo crescimento da produção do minério de ferro, carro-chefe do setor no estado.

TABELA 5
Índice de expansão do VAB da indústria extrativa mineral: 1985-2002

Regiões/Estados	1985	1989	1994	1999	2002
NORTE	100,0	173,1	198,1	241,8	289,3
Rondônia	100,0	129,7	127,1	189,3	189,6
Amazonas	100,0	149	171,1	189,5	295,1
Pará	100,0	244,1	284,5	362,9	351,3
Amapá	100,0	72,3	84,6	17,6	19,2
NORDESTE	100,0	107,9	106,5	109,5	102,2
Ceará	100,0	70,4	67,2	61,7	66,6
Rio Grande do Norte	100,0	145	150,7	180,6	153,5
Pernambuco	100,0	144,4	187,9	359,1	416,8
Sergipe	100,0	119,1	121,4	161,5	151,3
Bahia	100,0	94,2	88,3	66,6	64,9
SUDESTE	100,0	105,3	123,1	200,8	279
Minas Gerais	100,0	93,6	86,7	96	99,6
Espírito Santo	100,0	117,2	104,2	119,4	190,6
Rio de Janeiro	100,0	107,8	139,6	258,6	366,9
São Paulo	100,0	119,5	106,4	113,9	109,9
SUL	100,0	76,5	38,1	49	49,1
Paraná	100,0	51,7	34,8	28,3	24
Santa Catarina	100,0	67,6	21,7	23,9	26,3
Rio Grande de Sul	100,0	103,7	71,1	112,1	108,3
CENTRO-OESTE	100,0	124,4	146,1	135,6	141,7
Mato Grosso do Sul	100,0	125,6	197,3	187	250,9
Mato Grosso	100,0	98,3	101,7	64,7	65,1
Goiás	100,0	121,9	131,5	152,2	160,7
Distrito Federal	100,0	112,5	112,5	183,7	171,2
BRASIL	100,0	109,0	121,6	176,5	231,9

Fonte: IBGE (Contas regionais do Brasil, 2004).

O acelerado crescimento da produção fluminense acarretou profundas alterações nas participações regionais. Como assinala Cano (2007:132), "a forte mudança da participação do PIB setorial das principais regiões produtoras sobre o PIB setorial nacional merece esclarecimentos adicionais face à altíssima participação do RJ (...), que, estatisticamente, diminui a das demais regiões".

As Contas regionais 2006 apontam que o crescimento acumulado da indústria extrativa fluminense foi de 18,4%, entre 2002 e 2006, pouco abaixo da média nacional (24,6%) e bem distanciado das taxas paraenses (62,9%) e mineiras (50,2%). Vale assinalar que essa mesma fonte aponta uma considerável redução da magnitude relativa da indústria extrativa fluminense, ao fixar sua taxa de participação na produção nacional em 46,9% e não mais nos 78,3% indicados pelas Contas de 2004.

TABELA 6
Participação regional na indústria extrativa do Brasil — 1970-2006 (em %)

Regiões/Estados	1970*	1980	1985	1989	1996	2004**	2004***	2006
NO	7,0	10,6	6	11,1	6,5	4,4	10,2	6,8
NE	43,2	18,9	25	19,9	17,6	10,9	11,2	9,7
MG	27,4	29	12,6	23,5	15,4	4,5	17,5	10,1
ES	1,8	1,4	2,0	1,7	1,5	0,8	7,2	7,8
RJ	2,9	4,2	50,5	40,2	54,6	78,3	46,9	62
Demais	17,7	23,9	3,9	3,6	4,4	1,1	6,9	3,6

Fonte: Censos Industriais 1970 e 1980; Contas regionais 1985-2004 apud Cano (2007).
* Valores entre 1970 e 2000 foram extraídos de Cano (2007). Para 2006, cálculo próprio com base em informações das Contas regionais de 2006. Necessário destacar que para antes de 1985, os dados para o Setor Petróleo só existiam para Brasil. Com os dados estaduais da produção física, Cano (2007) estimou os percentuais correspondentes ao Nordeste e ao Rio de Janeiro.
** O cálculo tem por base a metodologia antiga das Contas regionais do Brasil.
*** A fonte de 2004 e 2006 é: Contas regionais 2006.

Ademais, cabe destacar que a Pesquisa Industrial Anual (PIA) revela que, entre 1996 e 2006, a participação relativa fluminense no número de unidades nacionais foi reduzida para 6,8%, enquanto a taxa para o pessoal ocupado aumentou consideravelmente (de 11,6% para 17,8%), caminhando na mesma direção da massa salarial, que subiu de 21,6% para 39,4%.[63]

O desempenho fluminense é resultado da expansão petrolífera. Contudo, ainda que o estado do Rio possua outros produtos da pauta mineral, esses têm pouco peso no cenário nacional, embora desempenhem importante papel em nível regional, especialmente no que se refere à geração de emprego e massa salarial.

Segundo o Departamento de Recursos Minerais do Estado do Rio de Janeiro, órgão vinculado à Secretaria de Estado de Energia, da Indústria Naval e do Petróleo, as taxas de participação das Regiões Metropolitana (31%), Noroeste (19%), Baixadas Litorâneas (14%) e Norte (12%) na localização das empresas do setor mineral do estado refletem uma distribuição espacial "fortemente determinada pela rigidez locacional e indutora da interiorização do desenvolvimento" (Sedeis, 2009).

A pauta produtiva mineral fluminense é bem estreita e, excetuando o petróleo, concentra-se na produção de minerais de baixo valor e que têm o mercado regional como destino. Enquanto a RMRJ — municípios de Seropédica, Itaguaí e Nova Iguaçu — destaca-se pela produção de alguns minerais não metálicos (areia, feldspato e rochas para construção civil), o Noroeste, Norte e Baixadas Litorâneas se destacam pela produção de pedras de revestimento, rochas ornamentais, argila e areia.

A região Serrana, importante polo estadual de produção de água mineral, divide com a região Sul o destaque no que se refere à produção de cimento, com a atuação de importantes empresas do cenário nacional, tais como Cimento Portland, Lafarge, Holcim e Rio Branco (em Cantagalo).

Em se tratando da estrutura interna, cabe destacar que, em 2006, a produção mineral respondia por 31,5% do VTI e por 20,2% dos salários pagos na indústria fluminense. A título de ilustração, para o país, esses percentuais eram de 8,4% e 4,6%, respectivamente (tabela 8).

---

[63] Em números absolutos, o Rio de Janeiro sofreu acréscimo de 39 unidades locais em sua indústria extrativa, ao passo que o pessoal ocupado foi reduzido em 5.528 unidades. A título de comparação, em nível nacional, a variação das unidades locais foi de 950, enquanto o número de trabalhadores cresceu 34.906.

Se considerarmos somente o VTI, veremos que a indústria extrativa fluminense é majoritariamente composta pela extração de petróleo e serviços correlatos (99%), sendo ínfima a participação da extração de minerais metálicos e da extração de minerais não metálicos.[64] No entanto, se levarmos em conta as participações nas "remunerações" e no "pessoal ocupado", identificaremos a baixa participação da indústria de petróleo no número de unidades (21,4%), e importância mais elevada para PO (75,2%) e Salários (88,4%) (tabela 7).

A extração de minerais não metálicos concentra quase 75% das unidades produtoras da indústria extrativa fluminense. Contudo, seus ramos de exploração são notadamente aqueles nos quais predominam unidades de porte médio ou pequeno, bem como o trabalho de menor qualificação, o que acarreta uma baixa participação nos salários (2,2%). Por seu turno, a extração de minerais metálicos tem percentuais mais reduzidos, embora menos discrepantes (3,9% das unidades locais, 10,7% do pessoal ocupado e 9,4% dos salários).[65]

Embora seja questão discutida adiante, assinala-se que esses números revelam que, embora seja intensiva em capital, tendo, pois, limitações no que tange à geração de empregos quando comparada a outras atividades econômicas, a indústria extrativa tem desempenhado papel fundamental na estruturação do mercado de trabalho estadual, com a criação de postos de trabalho e formação da massa salarial.

2.2 O desempenho da indústria de transformação

De modo geral, diferentemente da trajetória da indústria extrativa, o movimento da indústria de transformação fluminense foi marcado por

---

[64] Em nível nacional, as ordens de importância são mantidas, ainda que em percentuais diferentes: a extração de petróleo e serviços correlatos representa quase 55% do VTI, ao passo que a produção de minerais metálicos responde por 37,2% e minerais não metálicos, ao restante (IBGE, 2006).
[65] Ainda que tenham baixa participação no VTI, esses gêneros da indústria extrativa fluminense têm certa importância no que se refere à geração de postos de trabalho em algumas regiões do interior fluminense marcadas pela baixa densidade econômica.

resultados preocupantes. Nos anos 1990, vários ramos dessa indústria sofreram fortes reveses, à semelhança do ocorrido na década anterior.

Para alguns ramos, esse período foi caracterizado pelo fechamento de unidades produtivas ou pela redução do volume (físico e financeiro) produzido, bem como pela incapacidade de oferecer uma resposta efetiva às dificuldades apresentadas, derivadas do cenário de maior concorrência capitalista e rápida abertura comercial vivenciado pelo país.

TABELA 7
Estrutura interna da indústria extrativa mineral —
Brasil e Rio de Janeiro — 1996 (em %)

Classe de atividades	Brasil				Rio de Janeiro			
	UL	PO	SAL.	VTI	UL	PO	SAL.	VTI
Indústrias extrativas	100,0	100,0	100,0	100,0	100,0	100,0	100,0	100,0
Carvão mineral	1,1	3,5	1,9	0,8	1,1	0,0	0,0	—
Petróleo e serviços	3,3	24,3	59,3	54,8	21,4	75,2	88,4	99,0
Petróleo e gás natural	0,5	13,5	44,0	50,4	1,4	36,6	59,2	92,3
Serviços de ext. petróleo	2,8	10,8	15,3	4,4	19,6	38,6	29,3	6,7
Minerais metálicos	8,8	25,6	23,1	37,2	3,9	10,7	9,4	0,3
Minério de ferro	4,2	18,5	18,2	31,8	2,9	8,2	7,7	0,0
Minerais met. não ferrosos	4,6	7,1	4,9	5,4	1,1	2,5	1,7	0,3
Minerais não metálicos	86,8	46,6	15,6	7,2	73,6	14,0	2,2	0,7
Pedra, areia e argila	71,6	33,9	11,0	4,6	57,9	9,6	1,4	0,4
Outros	15,2	12,6	4,6	2,6	15,7	4,4	0,8	0,3

Fonte: IBGE. PIA (vários anos).

Portanto, houve a continuidade e o recrudescimento do processo de perdas relativas da indústria de transformação fluminense, e sua participação na produção nacional foi reduzida de 10,7% para 8,1%, entre 1980-2006. Contudo, esse processo não se deu de modo monolítico. Seu movimento geral não excluiu (ou inviabilizou) o surgimento de alguns microprocessos, responsáveis por importantes transformações, apesar de não terem, *ainda*, força para modificar a trajetória no cenário nacional.

TABELA 8
Estrutura interna da indústria extrativa mineral
— Brasil e Rio de Janeiro — 2006 (em %)

Classe de atividades	Brasil				Rio de Janeiro			
	UL	PO	SAL.	VTI	UL	PO	SAL.	VTI
Indústrias extrativas	100,0	100,0	100,0	100,0	100,0	100,0	100,0	100,0
Carvão mineral	2,4	2,3	4,6	8,4	2,9	6,8	20,2	31,5
Petróleo e serviços	0,0	0,1	0,1	0,1	0,0	0,0	0,0	–
Petróleo e gás natural	0,1	0,5	2,7	4,6	0,6	5,1	17,8	31,2
Serviços de ext. petróleo	0,0	0,3	2,0	4,2	0,0	2,5	11,9	29,1
Minerais metálicos	0,1	0,2	0,7	0,4	0,6	2,6	5,9	2,1
Minério de ferro	0,2	0,6	1,1	3,1	0,1	0,7	1,9	0,1
Minerais met. Não ferrosos	0,1	0,4	0,8	2,7	0,1	0,6	1,6	0,0
Minerais não metálicos	0,1	0,2	0,2	0,5	0,0	0,2	0,3	0,1
Pedra, areia e argila	2,1	1,1	0,7	0,6	2,1	1,0	0,4	0,2
Outros	1,7	0,8	0,5	0,4	1,7	0,7	0,3	0,1

Fonte: IBGE. PIA (vários anos).

Salienta-se então a existência de um conjunto de ações demonstrando que, em meio à continuidade das perdas de participação, alguns elementos de "ruptura" foram gestados no seio da indústria de transformação fluminense, e que estes abrem um novo leque de possibilidades e oportunidades que já se fazem sentir no desenvolvimento de algumas localidades.

Essa é uma questão debatida adiante. No entanto, é importante assinalar que, nesse processo, chama atenção o movimento de implantação/modernização/recuperação de setores da indústria de ponta que vêm ensejando novas oportunidades socioeconômicas a determinadas regiões do território fluminense, no qual o exemplo mais emblemático seja, talvez, os investimentos realizados no Sul e em algumas áreas das regiões Serrana e Metropolitana.

Esse movimento regional não foi dissociado das transformações observadas em nível nacional, marcado, entre 1970 e 2006, por importantes alterações no cenário do desenvolvimento regional brasileiro. A característica maior desse período é, sem embargo, o processo de desconcentração produtiva, marcada pela forte perda de participação de São Paulo na produção nacional (tabela 9).

Para Cano (2007), o processo de desconcentração produtiva foi marcado por etapas de ritmos e perfis distintos.[66] O período 1970-1980 é caracterizado pelo autor como de *desconcentração virtuosa*, no qual as perdas de participação paulista resultaram de políticas de crescimento e modernização da periferia nacional em um contexto de ampla expansão da economia nacional, incluindo a de São Paulo. Por exemplo, no período, o crescimento anual médio desse estado foi de 8,2%, enquanto para a porção "Brasil exclusive São Paulo" a taxa foi de 9%. Para o autor, ao caráter positivo que marca as raízes da desconcentração na década de 1970, se opõem os determinantes da desconcentração observada a partir da década de 1980. Em 1980 e 1990, os ganhos da desconcentração são explicados mais pelas altas quedas dos setores produtivos de São Paulo do que por maiores altas da produção dos demais estados. Enquanto estado mais industrializado e de matriz produtiva mais complexa, os efeitos da Crise (anos 1980) e das políticas neoliberais (anos 1990) parecem ter afetado mais duramente a economia paulista (Cano, 2007:46).

Importante destacar que, neste período, além de São Paulo, somente os estados do Rio de Janeiro, Pernambuco e Amapá perderam participação na indústria de transformação nacional. Ao passo que a participação paulista caiu de 58,1% para 42,7%, a de Pernambuco foi reduzida de 2,2% para 1,2%, e a fluminense, de 15,7% para 8,1%.

Embora Rio e Pernambuco tenham contribuído com a "desconcentração" para outras regiões, seus processos de perdas relativas são anteriores às políticas de "desconcentração" dos anos 1970. Ou seja, seus movimentos têm raízes distintas daquelas que explicam a desconcentração paulista.

---

[66] Para mais detalhes sobre a desconcentração produtiva no Brasil, ver Cano (1998b, 2007).

TABELA 9
Participação regional na indústria de transformação brasileira — 1970-2006 (em %)

Região	1970	1980	1985	1996	2006
BRASIL	100,0	100,0	100,0	100,0	100,0
Norte	0,8	2,4	2,5	4,2	5,5
Rondônia	0,0	0,1	0,2	0,1	0,2
Acre	0,0	0,0	0,0	0,0	0,0
Amazonas	0,3	1,5	1,7	3,4	4,1
Roraima	0,0	0,0	0,0	0,0	0,0
Pará	0,4	0,7	0,6	0,7	1,1
Amapá	0,2	0,0	0,0	0,0	0,0
Tocantins	—	—	0,0	0,0	0,0
Nordeste	5,7	8,1	8,6	7,3	9,8
Maranhão	0,2	0,2	0,3	0,3	0,5
Piauí	0,1	0,1	0,1	0,1	0,2
Ceará	0,7	0,9	1,0	1,2	1,2
Rio Grande do Norte	0,2	0,3	0,4	0,3	0,2
Paraíba	0,3	0,4	0,4	0,4	0,4
Pernambuco	2,2	2,0	2,0	1,6	1,2
Alagoas	0,4	0,4	0,4	0,6	0,5
Sergipe	0,1	0,2	0,3	0,2	0,3
Bahia	1,5	3,5	3,8	2,6	5,4
Sudeste	80,7	72,6	70,8	68,5	62,1
Minas Gerais	6,5	7,7	8,3	8,4	9,7
Espírito Santo	0,5	0,9	1,2	1,1	1,6
Rio de Janeiro	15,7	10,6	9,5	8,1	8,1
São Paulo	58,1	53,4	51,9	50,9	42,7
Sul	12,0	15,8	16,7	17,9	19,0
Paraná	3,1	4,3	4,9	5,4	7,1
Santa Catarina	2,6	4,1	3,9	4,6	4,8
Rio Grande do Sul	6,3	7,3	7,9	7,9	7,1
CO-DF	0,8	0,9	1,2	2,0	3,6
Mato Grosso do Sul*	—	0,2	0,2	0,4	0,5
Mato Grosso*	0,3	0,1	0,2	0,5	0,9
Goiás	0,4	0,6	0,7	1,1	1,9
Distrito Federal	0,0	0,2	0,2	0,2	0,3

Fontes: IBGE. Censos Industriais do Brasil (vários anos).

* Em 1970, Mato Grosso do Sul e Mato Grosso estavam juntos.

É necessário considerar que, embora tenham perdido considerável espaço na indústria brasileira, São Paulo e o Sudeste mantiveram altos percentuais de participação na produção brasileira (gráficos 3 e 4). Em relação ao Sudeste, deve-se salientar que as perdas de São Paulo e Rio de Janeiro foram, ainda que parcialmente, atenuadas pelo aumento de participação de Minas e Espírito Santo.

GRÁFICO 3
Variação na participação da indústria de transformação brasileira por região — 1970-2006 (em p.p.)

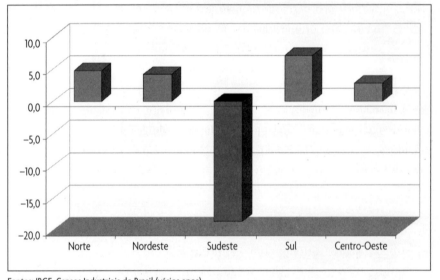

Fontes: IBGE. Censos Industriais do Brasil (vários anos).
* Em 1970, Mato Grosso do Sul e Mato Grosso estavam juntos.

As perdas relativas do Rio de Janeiro e de São Paulo (mais de 20 pontos percentuais) correspondem, conjuntamente, a quase o ganho total dos demais estados da federação (gráfico 4). Contudo, apesar de apresentar trajetória semelhante no sentido, a realidade fluminense é mais crítica que a paulista em função dos seguintes fatores.

As perdas relativas do Rio de Janeiro e de São Paulo (mais de 20 pontos percentuais) correspondem, conjuntamente, a quase o ganho total dos demais estados da federação (gráfico 4). Contudo, apesar de apresentar trajetória semelhante no sentido, a realidade fluminense é mais crítica que a paulista em função dos seguintes fatores.

GRÁFICO 4
Variação na participação da indústria de transformação brasileira por estado — 1970-2006 (em p.p.)

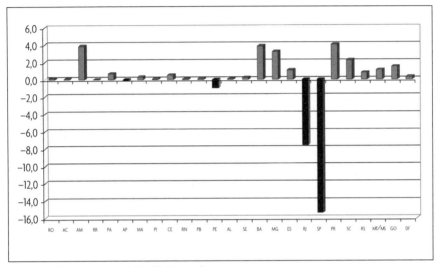

Fontes: IBGE. Censos Industriais do Brasil (vários anos).
* Em 1970, Mato Grosso do Sul e Mato Grosso estavam juntos.

Em primeiro lugar, a redução fluminense foi, em vários momentos, resultante de perdas "reais" e não apenas "relativas". De fins dos anos 1970 em diante, alguns setores da indústria fluminense fecharam unidades produtivas e tiveram cortes na produção. Essa situação foi agudizada em decorrência de sua frágil articulação interna vis-à-vis a outras estruturas produtivas do país. Em segundo, a forte especialização industrial de algumas regiões fluminenses tornava a geração de emprego e renda, nesses espaços, muito sensível e dependente de certos setores. Para agravar, esses setores, em sua maioria, dependiam umbilicalmente da dinâmica econômica nacional e de encomenda e insumos de outras regiões.

O caso paulista, entre outros aspectos, se diferencia por uma particularidade. Embora a RMSP tenha perdido participação, algumas regiões do interior paulista aprofundaram a industrialização, fortalecendo a interiorização econômica e a rede urbana estadual. O aumento de participação paulista na produção brasileira se deu, notadamente, em setores industriais tecnologicamente mais avançados e dinâmicos.[67]

A Pesquisa Industrial Mensal — Produção Física (PIM-PF IBGE) aponta que a indústria (total) brasileira teve crescimento acumulado de 78,1%, entre 1991 e 2008. O Rio de Janeiro, por sua vez, apresentou crescimento consideravelmente menor, em torno de 53,8% (tabela 10). No entanto, a trajetória da indústria estadual só se torna nítida quando se observa o crescimento em cada classe.

Enquanto no período assinalado a indústria extrativa estadual cresceu 290,9%, a indústria de transformação teve seu volume de produção reduzido em 6,6%. Em nível nacional, vale anotar, a taxa da indústria extrativa alcançou os 192,5%, enquanto o crescimento da indústria de transformação foi bem mais modesto (54,8%).

Dos 11 ramos em que é possível comparar o desempenho regional com o nacional, somente quatro (extrativa, bebidas, minerais não metálicos e veículos automotores) cresceram acima da média nacional.[68] Entre esses, se destacam os percentuais de bebidas, maior que o dobro da média brasileira, e de veículos automotores, quase o quíntuplo do percentual nacional (tabela 10).

Na direção oposta, se destacam os ramos que apresentaram crescimento inferior ao nacional, com especial atenção para aqueles em que as taxas apontam decréscimo do volume produzido, casos das indústrias de alimentos (-11,5%), farmacêutica (-52,2%), outros produtos químicos (-39,7%) e borracha e plástico (-49,8%). Ainda pela PIM-PF, é possível verificar que resultados anuais negativos foram quase que uma constante para alguns setores, não sendo raras taxas de mais de um dígito. Entre as taxas anuais, destacam-se, positivamente, algumas alcançadas pelos ramos bebidas (1995, 2000 e 2004), minerais não metálicos (2004, 2005

---

[67] Sobre o assunto, ver Cano (2007), Cano (1998 e 2007), Diniz (1991 e 1993) e Azzoni (1986a e 1986b).
[68] Desconsiderando o pífio desempenho dos têxteis que, não obstante o péssimo resultado, ainda foi superior ao nacional.

e 2006) e veículos automotores, neste último, notadamente no ano de 1997, quando a expansão foi de quase 140%.

TABELA 10
Crescimento industrial por setor RJ e BR, entre 1991-2008 (%)

SETOR	RJ	BR
Indústria	53,8	78,1
Extrativa	290,9	192,5
Transformação	-6,6	54,8
Alimentos	-11,5	30,4
Bebidas	67,6	31,2
Têxtil	-3,9	-10,8
Refino de petróleo e álcool	2,6	42,4
Farmacêutica	-52,2	38,6
Perfumaria e limpeza	-6,8	35,4
Outros produtos químicos	-39,7	21,5
Borracha e plástico	-49,8	27,0
Minerais não metálicos	52,2	36,0
Metalurgia básica	34,1	82,7
Veículos automotores	945,7	170,5

Fonte: IBGE. PIM-PF (vários anos).

Tabela 11
Crescimento anual da produção industrial – ERJ 1992-2008 (em %)

Setor	1992	1993	1994	1995	1996	1997	1998	1999	2000	2001	2002	2003	2004	2005	2006	2007	2008
Indústria geral	-3,4	3,4	4,3	0,1	4,2	1,8	7,2	6,1	6,7	1,6	2,7	-1,0	2,4	2,0	2,1	1,6	2,4
Indústria extrativa	-0,9	4,0	8,3	5,0	14,4	10,2	19,3	17,1	15,5	5,7	19,0	0,3	-3,6	15,0	16,2	3,4	-2,2
Indústria de transformação	-4,4	3,2	2,6	-2,2	-0,8	-3,0	-0,6	-2,6	-1,7	-3,0	0,5	-1,3	3,8	-0,6	-0,7	1,2	3,5
Alimentos	-9,0	-4,0	1,7	6,9	-6,8	-8,8	2,7	-10,3	-4,0	-7,6	3,0	-0,8	3,1	10,4	10,7	9,0	-4,4
Bebidas	-28,3	5,6	9,3	33,3	11,7	5,4	0,0	-6,1	23,2	4,1	-12,2	-4,3	11,0	2,0	1,9	4,7	5,7
Têxtil	-12,4	18,0	6,9	-20,4	-20,4	-23,9	-9,4	5,4	33,6	13,1	0,2	-4,7	20,2	15,9	14,1	-7,8	-10,8
Refino de petróleo e álcool	-0,2	0,0	-4,1	-7,7	29,7	-3,2	9,3	3,9	-11,7	-0,8	-2,6	-0,4	6,2	-2,1	-3,3	-3,1	-1,7
Farmacêutica	-12,6	0,2	-4,4	15,9	-8,0	-8,0	-8,2	-16,6	-18,1	6,5	16,3	-2,6	-0,1	-3,8	-6,9	9,9	-21,6
Perfumaria e limpeza	2,6	10,5	-5,6	-12,4	-1,4	24,5	-4,6	-7,7	14,4	0,6	1,9	-3,6	9,4	-13,9	-15,9	-4,0	6,9
Outros produtos químicos	-3,4	-9,8	-0,4	6,8	-11,9	-1,4	-0,1	9,7	-11,5	-22,2	-4,2	0,0	-4,0	-2,0	-3,5	4,0	9,7
Borracha e plástico	-8,8	0,6	1,0	16,9	9,8	3,1	-5,8	-6,9	-10,3	-9,2	0,1	-4,3	-5,5	-25,8	-25,6	-0,1	14,7
Minerais não metálicos	-13,3	0,0	-2,6	4,0	7,3	5,5	-4,9	-2,0	-2,1	-10,5	-1,0	3,8	23,2	20,1	17,5	-1,2	6,3
Metalurgia básica	7,1	9,5	6,8	-5,0	-4,7	6,9	-5,6	-1,2	3,7	2,0	3,6	13,5	1,0	-7,2	-4,6	-5,7	13,0
Veículos automotores	-9,1	12,4	10,5	6,1	-20,3	138,7	20,0	2,5	41,3	22,4	-2,1	12,4	23,2	14,9	16,5	-7,0	27,8

Fonte: IBGE. PIM-PF (vários anos).

TABELA 12
Crescimento anual da produção industrial — BR 1992-2008 (em %)

Setor	1992	1993	1994	1995	1996	1997	1998	1999	2000	2001	2002	2003	2004	2005	2006	2007	2008
Indústria geral	-3,7	7,5	7,6	1,8	1,7	3,9	-2,0	-0,7	6,6	1,6	12,4	0,0	8,3	3,1	2,8	6,0	3,1
Indústria extrativa	0,7	0,5	4,8	3,2	9,6	6,9	12,2	8,5	11,8	3,4	14,5	4,7	4,3	10,2	7,3	5,9	3,8
Indústria de transformação	-4,1	8,1	7,8	1,7	1,1	3,6	-3,3	-1,6	6,1	1,3	2,0	-0,2	8,5	2,7	2,6	6,0	3,1
Alimentos	-0,2	0,4	2,2	7,9	5,4	1,0	1,3	3,1	-2,1	4,9	-4,6	-1,4	4,1	0,6	1,8	2,6	0,5
Bebidas	-16,7	8,7	10,4	17,2	-3,3	-0,3	-2,2	0,0	4,0	0,3	-6,6	-4,1	5,8	6,4	7,1	5,4	0,3
Têxtil	-4,6	0,1	3,8	-5,8	-5,8	-6,4	-6,8	2,1	6,1	-5,4	6,4	-4,5	10,1	-2,1	1,5	3,8	-1,9
Refino de petróleo e álcool	0,8	1,5	5,6	0,0	7,3	3,8	5,6	-0,5	-1,8	4,0	3,5	-2,2	2,3	1,5	1,6	3,1	0,4
Farmacêutica	-11,3	12,4	-2,5	18,1	-8,6	11,4	4,0	-0,4	-2,0	-1,0	-7,9	-7,6	1,0	14,4	4,4	1,9	12,7
Perfumaria e limpeza	-0,1	4,5	2,6	5,4	4,2	5,5	3,3	7,3	2,7	-1,2	-18,9	0,9	11,9	3,7	2,0	5,1	-4,8
Outros produtos químicos	-2,3	11,5	10,7	0,2	2,2	5,1	1,1	3,8	6,0	-8,3	-18,1	3,0	7,0	-1,3	-0,9	5,7	-1,4
Borracha e plástico	-6,1	8,3	4,1	5,6	5,6	3,8	-5,7	-1,8	4,1	-4,5	-0,8	-3,5	7,8	-1,2	2,1	5,9	2,2
Minerais não metálicos	-7,5	5,1	3,0	3,7	6,2	8,0	-0,5	-2,9	1,7	-2,3	-1,9	-3,6	4,9	2,8	2,6	5,3	8,3
Metalurgia básica	0,3	6,7	8,3	-2,5	2,1	6,7	-3,7	-1,3	9,2	0,2	17,1	6,0	3,3	-2,0	2,8	6,7	3,3
Veículos automotores	-5,0	26,1	12,4	7,0	2,2	13,7	-19,3	-9,3	18,5	0,0	2,1	4,3	29,9	6,8	1,3	15,0	8,1

Fonte: IBGE. PIM-PF (vários anos).

A Pesquisa Industrial Anual (PIA) oferece outras informações que corroboram o quadro descrito anteriormente (tabela 13). Primeiramente, chamamos atenção para as taxas de participação do estado na produção nacional.

Em 2006, a indústria de transformação respondia por 8,1% do VTI da produção manufatureira nacional, mesmo percentual de 1996. No que se refere aos ramos internos, vemos que, dos 23 grupos de atividade industrial investigados, em 12 o Rio teve a participação reduzida. Por outro lado, somente três grupos ("fabricação de máquinas e equipamentos", de "equipamentos de instrumentação médica e de precisão" e de "veículos automotores") ganharam participação, e para os demais não é possível tecer maiores conclusões em razão de sigilo estatístico.[69]

Sobre os setores que perderam participação, é preciso levar em conta que aqueles que produzem os chamados *bens-salário* são mais sensíveis às oscilações econômicas. Além do mais, a aceleração da urbanização e da integração dos mercados nacionais alarga o mercado de atuação desses setores pelo território nacional, incorrendo em certa desconcentração produtiva. Não se pode desconsiderar, no mais, que seus critérios de localização são mais flexíveis e tendem a obedecer a lógicas específicas; especialmente aquelas referentes à proximidade com mercados consumidores e de matérias-primas.

Assim, o ramo regional de "alimentos e bebidas" sofreu forte impacto resultante do ambiente macroeconômico mais estável e concorrencial. Por outro lado, ocorreu considerável incremento da produção nacional, notadamente em regiões fora do eixo Rio-São Paulo. Importante destacar que esse setor teve dinâmicas bem distintas, o que se refere à produção de alimentos e à de bebidas, como mostrado pela PIM-PF.

---

[69] Entre as perdas, os destaques foram os setores "alimentos e bebidas", "artigos de vestuário e acessórios", "produtos químicos", "metalurgia básica", "outros equipamentos de transporte", "móveis e indústrias diversas" e "reciclagem".

Tabela 13
Participação setorial do RJ na indústria nacional por variável selecionada — 1996 a 2006 (em %)

Grupo de atividades	1996 UNID.	1996 PO	1996 Salários	1996 VTI	2006 UNID.	2006 PO	2006 Salários	2006 VTI
Total	8,7	7,9	9,1	8,7	5,6	5,9	9,0	10,9
Indústrias extrativas	7,6	11,6	21,6	25,4	6,8	17,8	39,4	41,1
Indústrias de transformação	8,7	7,8	8,6	8,1	5,6	5,6	7,5	8,1
Fabricação de produtos alimentícios e bebidas	8,9	7,4	7,1	6,3	5,2	4,1	4,6	4,0
Fabricação de produtos do fumo	11,3	9,8	17,7	0,9	5,5	12,9	16,5	0,9
Fabricação de produtos têxteis	4,4	4,4	4,1	3,9	3,2	3,2	3,0	2,5
Confecção de artigos do vestuário e acessórios	12,5	12,3	11,0	10,9	8,0	8,9	7,9	6,9
Preparação e fabricação de artefatos de couro	5,2	3,0	3,0	2,8	1,8	1,1	1,0	0,8
Fabricação de produtos de madeira	2,4	2,1	1,7	1,3	1,7	1,2	1,1	0,6
Fabricação de celulose, papel e outros	8,0	6,7	4,3	3,7	5,8	5,5	3,2	2,4
Edição, impressão e reprodução de gravações	13,0	15,2	17,3	18,5	8,8	10,5	13,4	15,1
Fab. de coque, refino de petróleo, combustíveis nucleares e álcool	3,8	(x)	(x)	(x)	8,6	19,1	48,4	18,1
Fabricação de produtos químicos	11,4	13,7	13,4	12,7	7,1	8,6	9,4	8,6
Fabricação de artigos de borracha e plástico	8,5	8,7	7,1	8,0	5,0	5,1	6,0	6,6
Fabricação de produtos de minerais não metálicos	8,7	7,4	7,5	7,5	6,5	6,0	6,3	7,1
Metalurgia básica	7,1	12,8	16,2	18,6	4,9	8,2	8,5	15,1
Fab. de produtos de metal — exclusive máq. equipamentos	8,4	8,6	9,4	9,3	5,4	5,9	5,9	7,2
Fabricação de máquinas e equipamentos	6,0	5,0	4,4	3,5	4,6	4,5	4,8	4,7
Fab. de máquinas para escritório e equipamentos de informática	5,1	(x)	(x)	(x)	21,7	16,9	22,2	14,0
Fabricação de máquinas, aparelhos e materiais elétricos	6,1	4,3	3,3	3,8	0,6	xx	xx	xx
Fabricação de material eletrônico e de ap. comunicação	8,4	4,2	2,7	1,0	2,3	0,3	0,1	0,1
Fab. de equip. de instrumentação médica e precisão	12,1	13,0	10,8	8,2	7,4	11,0	10,2	9,6
Fabricação e montagem de veículos automotores etc.	6,6	2,5	1,4	1,1	4,3	2,8	2,3	5,7
Fabricação de outros equipamentos de transporte	22,8	24,2	23,4	23,4	17,0	26,0	21,7	13,6
Fabricação de móveis e indústrias diversas	8,2	7,0	6,1	7,2	5,1	4,1	4,4	2,8
Reciclagem	7,9	16,9	21,1	15,6	6,0	6,6	8,9	3,7

Fonte: IBGE. PIA (vários anos).

Sobre "artigos de vestuário e acessórios" pesam as mesmas considerações anteriores, cabendo destacar que em alguns municípios da região Serrana, notadamente Nova Friburgo, essa atividade vem se robustecendo a ponto de já se destacar no cenário nacional. Os demais setores (produtos químicos, metalurgia básica, outros equipamentos de transporte, móveis e indústria diversa e reciclagem) sofreram perdas que são fruto da combinação de reduções do montante produzido e da acelerada expansão dessas atividades em outras unidades da federação.

Por fim, é preciso assinalar (embora seja assunto mais bem tratado no capítulo seguinte) que entre os ramos da indústria fluminense (dois dígitos), somente um, fabricação e montagem de veículos automotores, aumentou sua participação (de 1,4% para 2,3%) na variável Pessoal Ocupado (PO) nacional. Os demais perderam "espaço" no montante setorial do país, não obstante apresentarem variações positivas na geração de emprego.

O comportamento dinâmico da indústria é de suma importância para a compreensão da trajetória do desenvolvimento urbano-regional estadual. Na segunda parte desse trabalho analisamos as relações apresentadas em território fluminense no que se refere à expansão industrial e ao desenvolvimento das regiões de governo estaduais.

No próximo capítulo, especificamente, o foco de investigação são as disparidades regionais e setoriais. Mostraremos o comportamento dinâmico das regiões de governo e dos setores industriais a partir da década de 1990, buscando determinar as raízes dessas disparidades em território fluminense.

PARTE II

Dinâmica industrial e desenvolvimento regional no estado do Rio de Janeiro da década de 1990 aos anos iniciais do século XXI

CAPÍTULO 3

Dinâmica industrial e desenvolvimento regional no Rio de Janeiro

Indubitavelmente, as acentuadas desigualdades regionais estão entre as heranças mais marcantes do processo de desenvolvimento capitalista brasileiro. Esse processo, em razão de fatores históricos e de questões relativas à sua própria natureza, acabou por conformar, no país, uma estrutura socioeconômica moldada por profundas assimetrias, tanto no que se refere à geração de renda e emprego quanto à formação/consolidação/distribuição de "lugares" urbanos mais bem estruturados.

No Rio de Janeiro a história não foi diversa. As desigualdades se apresentam como uma das mais proeminentes marcas do processo de desenvolvimento capitalista no território fluminense. E onde estariam as raízes dessas disparidades na região? No entender de Limonad (1996:149), elas se encontrariam na etapa de formação econômica regional, mais especificamente, na forma como se estabeleceu o povoamento local, nos fatores constituintes das atividades produtivas e no modo de articulação entre a metrópole e sua hinterlândia.

As disparidades regionais do estado do Rio de Janeiro podem ser observadas em diversas escalas, porém a de maior destaque é, sem dúvida, a que contrapõe as estruturas urbano-produtivas da Região Metropolitana do Rio de Janeiro às do interior estadual. Portanto, de um lado temos a "região econômica" diretamente influenciada pela infraestrutura urbana que servia à ex-capital brasileira; de outro, o espaço heterogêneo e fragilmente articulado, correspondente à quase totalidade territorial do antigo estado do Rio de Janeiro.

Vejamos mais detalhadamente cada um desses espaços.

No que concerne à RMRJ, cabe assinalar que seu território concentra a mais diversificada estrutura urbano-produtiva do estado, na qual se sobressaem atividades ligadas ao terciário e a alguns segmentos industriais (tabela 1). Sua participação no produto interno bruto fluminense (dados de 2006) girava em torno de 58%, ao passo que seu percentual relativo para a população estadual se aproximava dos 70%.

Em relação à contribuição para a economia estadual, destaca-se sua elevada participação no terciário (80,8%) e na indústria (34,6%). Em sentido contrário, é pouco relevante sua contribuição para a atividade primária estadual (4,8%) (Cide, 2008). Ademais, a RMRJ se destaca por suas funções sofisticadas de metrópole nacional, cujo raio de influência alcança outros estados da federação.[70]

TABELA 1
Participação no PIB estadual e estrutura setorial do PIB (2006)

Municípios	% PIB ERJ			% PIB Interno		
	Agr.	Ind.	Ser.	Agr.	Ind.	Ser.
Estado	100,0	100,0	100,0	0,4	49,7	49,9
RMRJ	4,8	34,6	80,8	0,0	29,8	70,1
Rio de Janeiro	0,5	21,0	62,0	0,0	25,2	74,8
Belford Roxo	0,0	0,8	1,2	0,0	38,4	61,6
Duque de Caxias	0,2	7,8	4,5	0,0	63,4	36,6
Guapimirim	0,5	0,0	0,1	2,1	23,9	73,9
Itaboraí	0,2	0,2	0,6	0,3	21,1	78,7
Japeri	0,1	0,0	0,2	0,2	5,7	94,1
Magé	1,1	0,1	0,7	1,1	11,9	87,0
Mesquita	—	0,6	0,5	—	54,6	45,4

continua

[70] O estudo "Regiões de Influência das Cidades — 2007" (Regic) classifica a cidade do Rio de Janeiro como um das duas "metrópoles nacionais", ao lado de Brasília, e hierarquicamente abaixo de São Paulo, considerada "grande metrópole nacional". O estudo aponta que a área de influência da cidade do Rio se estende a municípios dos estados de Minas Gerais e Espírito Santo, envolvendo 264 municípios e mais de 20,7 milhões de habitantes.

Municípios	% PIB ERJ			% PIB Interno		
	Agr.	Ind.	Ser.	Agr.	Ind.	Ser.
Nilópolis	—	0,2	0,4	—	28,7	71,3
Niterói	0,0	1,1	3,3	0,0	24,9	75,1
Nova Iguaçu	1,1	0,9	2,5	0,2	25,3	74,5
Paracambi	0,1	0,0	0,1	0,6	16,2	83,2
Queimados	0,1	0,1	0,4	0,1	17,7	82,2
São Gonçalo	0,4	1,1	2,6	0,1	28,9	71,0
São João de Meriti	0,0	0,7	1,3	0,0	34,3	65,7
Seropédica	0,3	0,1	0,2	0,9	21,0	78,1
Tanguá	0,1	0,0	0,1	1,1	19,8	79,1

Fonte: Cide (2008).

A produção agrícola da RMRJ é muito frágil e estreita em relação à pauta produtora. Verifica-se sua pulverização entre vários municípios, embora caiba a Magé e a Nova Iguaçu o papel de principais centros produtores. Entre as culturas, têm destaque a produção de hortaliças, verduras, mandioca e banana, quase que exclusivamente realizada em pequenas propriedades familiares.

É preciso salientar que, apesar do setor primário ter pequeno peso na riqueza material da economia metropolitana (e estadual), ele desempenha papel fundamental no que se refere à sobrevivência e à reprodução social de expressivo número de pessoas que residem (ou gravitam) nos espaços rurais e perimetropolitanos.

A indústria, por sua vez, possui importância bem mais acentuada para a economia da região. A estrutura manufatureira da RMRJ é a mais diversificada do estado, concentrando 64,3% dos estabelecimentos da indústria de transformação fluminense, entre os quais se destacam as indústrias gráficas, de alimentos, bebidas, petroquímica, química, farmacêutica e têxtil (Rais, 2008).

No entanto, existe uma forte concentração do produto industrial dentro do território metropolitano, tendo em vista que Rio de Janeiro e

Duque de Caxias respondem por mais de 80% da produção regional.[71] Ainda que detenham importantes unidades produtivas, certa representatividade no conjunto estadual, os municípios de Niterói, São Gonçalo e Nova Iguaçu não perfazem, em conjunto, nem 4% do produto industrial regional.

O distanciamento geográfico em relação à cidade do Rio parece conferir maior fragilidade industrial, levando-se em conta que nos municípios de Japeri, Paracambi, Queimados, Seropédica e Tanguá vêm cabendo às atividades terciárias a sustentação da dinâmica econômica local. De fato, o grande sustentáculo da economia metropolitana é o setor terciário, que representa mais de 69,5% do produto interno bruto regional, que é, em grande medida, resultante das atividades ligadas ao comércio, transportes, alojamento, aluguéis, comunicações e serviços pessoais.

É importante assinalar que, observando-se as estruturas municipais, nota-se que, à exceção de Mesquita (45,4%) e Duque de Caxias (36,6%), todos os demais municípios metropolitanos têm nas atividades terciárias a origem de mais da metade de seus respectivos produtos. E mais: em alguns municípios, como Japeri (94,1%), Magé (87%), Paracambi (83,2%) e Queimados (82,2%), a presença terciária é preponderante (tabela 1).

Assim, os serviços corroboraram o caráter da macrocefalia fluminense e deixam claro que embora em nível estadual ela se apresente como "metropolitana", é, de fato, muito mais "carioca", considerando-se os pesos de participação relativa da cidade do Rio de Janeiro tanto no conjunto estadual, quanto na RMRJ.[72]

---

[71] A indústria carioca, apesar de alguns reveses ao longo dos últimos tempos, manteve sua importância regional, notadamente em alguns setores da indústria de transformação. Duque de Caxias, por sua vez, é um excelente exemplo das potencialidades dinâmicas da indústria petrolífera no *upstream*. A indústria local é fortemente estruturada na indústria de derivados de petróleo e química fina (petroquímica, matérias plásticas, metalúrgico e gás), tendo como mais importante unidade a Refinaria de Duque de Caxias.

[72] A título de ilustração, destaca-se que na RMRJ estão localizados 77,4% das agências bancárias e 58,6% das unidades hospitalares do estado. E mais: na região são recolhidos mais de 80% do IPVA fluminense, além de responder por 77,8% do consumo de energia elétrica do estado. Para agências bancárias os dados se referem a 2005. Para hospitais os dados são de 2003. Os valores referentes ao IPVA são de 2004, enquanto os de consumo de energia elétrica são de 2005.

Cabe mencionar que a renda real média do trabalhador na RMRJ é uma das mais altas do país. Segundo a PNAD, em 2007, a renda metropolitana fluminense era de R$ 1.168,00, superior à média metropolitana nacional (R$ 1.134,00) e abaixo apenas das rendas do Distrito Federal (R$ 1.851,00) e da RMSP (R$ 1.282,00).

É reconhecidamente sabido que essa média é bastante influenciada pelos salários e ganhos das funções ligadas aos setores modernos da economia nacional, bem como às funções burocrático-administrativas. Esses setores, de grande peso na estrutura econômica estadual, dividem a cena no tocante à ocupação no mercado de trabalho, com setores de baixo dinamismo, notadamente aqueles marcados pelas precarização e informalidade nas relações trabalhistas.

As acentuadas assimetrias relativas à "qualidade" do trabalho e à remuneração têm expressão, em termos espaciais, na forma de ocupação e organização do espaço urbano das cidades metropolitanas, onde se tornou característica a convivência de regiões fisicamente próximas, porém largamente distanciadas no que se refere à qualidade de vida e ao acesso à infraestrutura e serviços urbanos. Dessa forma, vem se consolidando marcante segregação socioespacial, em que parte das classes mais abastadas busca residência em locais mais nobres, enquanto as camadas mais pobres ocupam algumas áreas da periferia carioca e de demais municípios metropolitanos.[73]

Dentro dessa última classe, tem destaque a questão da favelização. Como apontado por Oliveira e colaboradores (2006), o fenômeno da favelização é uma das mais preocupantes faces do crescimento urbano fluminense.[74] Em 2000, a população residente em favelas correspondia a 18,7% da população total da cidade do Rio de Janeiro (tabela 2). Vale assinalar que, enquanto o crescimento acumulado da população da cidade do Rio foi de 6,9% (entre 1991 e 2000), o percentual referente à população residente em favelas chegou aos 23,8%.

---

[73] Sobre essa questão ver Ribeiro (1999), Lago (2007) e Cardoso (2007).
[74] Segundo o Instituto Pereira Passos, em 2009, a cidade do Rio de Janeiro já possuiria 1.020 favelas. Cabe lembrar que este não é um fenômeno exclusivo da metrópole, tendo em vista que já se faz sentir por todo o território estadual. No entanto, desconhecemos levantamento sobre a realidade desse fenômeno para além do espaço metropolitano.

TABELA 2
Evolução da população da cidade do Rio de Janeiro — 1950-2000

Ano	Cidade RJ	Variação	Favelas	Variação	Participação
1950	2.384.577	—	169.305	—	7,1
1960	3.284.931	37,8	335.063	97,9	10,2
1970	4.249.135	29,4	565.135	68,7	13,3
1980	5.090.790	19,8	718.210	27,1	14,1
1991	5.480.778	7,7	882.483	22,9	16,1
2000	5.857.904	6,9	1.092.783	23,8	18,7

Fonte: Oliveira e colaboradores (2006).

Em relação ao interior do estado do Rio de Janeiro é necessário, primeiro, enfatizar que sua economia é bem menos diversificada e possui base produtiva mais estreita que a metropolitana. Por não ser um espaço homogêneo e uniforme, em termos econômicos e populacionais, suas taxas de participação na produção estadual apresentam fortes discrepâncias, tanto em relação aos setores, quanto aos municipais (quadro abaixo).

QUADRO
Regiões de governo e municípios do interior fluminense

Região	Municípios	Principais Atividades Econômicas
Noroeste	Aperibé, Bom Jesus de Itabapoana, Cambuci, Italva, Itaocara, Itaperuna, Laje de Muriaé, Miracema, Natividade, Porciúncula, Santo Antônio de Pádua, São José de Ubá, Varre-Sai	Agricultura, agroindústria, água mineral, bebidas, confecções, fruticultura, mármores e granitos, pecuária, piscicultura de água doce e turismo
Norte	Campos, Carapebus, Cardoso Moreira, Conceição de Macabu, Macaé, Quissamã, São Fidélis, São Francisco de Itabapoana, São João da Barra	Agricultura, agroindústria, bebidas, biotecnologia, fruticultura, móveis, pecuária, petróleo, portuário, piscicultura e turismo
Serrana	Bom Jardim, Cantagalo, Carmo, Cordeiro, Duas Barras, Macuco, Nova Friburgo, Petrópolis, Santa Maria Madalena, São João do Vale do Rio Preto, São Sebastião do Alto, Sumidouro, Teresópolis e Trajano de Morais	Agricultura, agroindústria, água mineral, confecções, eletroeletrônico, metal-mecânico, minerais não metálicos, móveis, piscicultura, tecnologia da informação, têxtil e turismo

continua

Região	Municípios	Principais Atividades Econômicas
Médio Paraíba	Barra do Piraí, Barra Mansa, Itatiaia, Pinheiral, Piraí, Porto Real, Quatis, Resende, Rio Claro, Rio das Flores, Valença, Volta Redonda	Agroindústria, avicultura, bebidas, metal-mecânico, pecuária, piscicultura, químico e farmacêutico, têxtil e turismo
Baixadas Litorâneas	Araruama, Búzios, Arraial do Cabo, Cabo Frio, Cachoeiras de Macacu, Casimiro de Abreu, Iguaba Grande, Maricá, Rio Bonito, Rio das Ostras, São Pedro da Aldeia, Saquarema e Silva Jardim	Agricultura, agroindústria, bebidas, confecções, maricultura, móveis, náutico, pecuária, portuário, piscicultura e turismo
Centro-Sul	Areal, Comendador Levy Gasparian, Engenheiro Paulo de Frontin, Mendes, Miguel Pereira, Paraíba do Sul, Paty do Alferes, Sapucaia, Três Rios e Vassouras	Agricultura, agroindústria, avicultura, confecções, metal-mecânico, pecuária, piscicultura e turismo
Costa Verde	Angra dos Reis, Itaguaí, Mangaratiba e Parati	Indústria naval, maricultura, náutico, portuário e turismo

Fonte: Codin (2007).

O interior fluminense responde por 42,5% do PIB estadual. Entre os grandes setores, pertencem às atividades primárias e secundárias as maiores participações no produto estadual (tabela 3). A região é espaço por excelência da agropecuária fluminense, respondendo por mais de 95% do produto interno primário fluminense. No que se refere à indústria e ao terciário, as taxas de participação são, respectivamente, 65,4% e 19,2%.

TABELA 3
Participação regional no PIB fluminense — 2006 (em %)

Região	Agropecuária	Indústria	Serviços	PIB Total
Estado	100,0	100,0	100,0	100,0
Metropolitana	4,8	34,6	80,8	58,9
Interior	95,2	65,4	19,2	42,5
Noroeste	14,1	0,3	0,8	0,6
Norte	20,2	48,4	5,3	25,0
Serrana	29,5	2,2	3,0	2,7
Baixadas Litorâneas	6,6	0,9	3,0	2,0
Médio Paraíba	15,6	12,4	3,8	8,3
Centro-Sul	8,4	0,3	0,9	0,7
Costa Verde	0,9	1,0	2,4	1,7

Fonte: Cide (2008).

Entre as diversas regiões que compõem o interior fluminense, as maiores participações no PIB estadual pertencem ao Norte (25%) e ao Médio Paraíba (8,3%), enquanto as menores correspondem ao Noroeste (0,6%) e ao Centro-Sul (0,7%).

Observando-se os setores, verificamos que as maiores participações pertencem às regiões Serrana e Norte. A produção primária da primeira é fundamentalmente baseada em pequenas propriedades e representa 29,5% do produto interno bruto do setor no estado. Na região Norte, importante centro agrícola estadual, a taxa gira em torno dos 20,2%, e a produção é marcada pela presença de unidades de maior porte, especialmente aquelas ligadas ao setor sucroalcooleiro. Ainda que em menor grau, o Médio Paraíba (15,6%) e o Noroeste (14,1%) se destacam como importantes centros agrícolas regionais, notadamente nas atividades de pecuária leiteira, fruticultura e hortaliças.[75]

Na indústria, as maiores contribuições vêm do Norte (48,4%) e do Médio Paraíba (12,4%). Na primeira, a estrutura produtiva é predominada pelas atividades extrativas minerais, ao passo que na segunda compete à indústria manufatureira o papel principal. As demais regiões apresentam baixíssimas participações no PIB estadual, embora o setor tenha relativa importância para a estruturação dos mercados de trabalho locais.

Por fim, no tocante aos serviços, cabem poucas considerações, tendo em vista que o setor, conforme já mostrado, é fortemente concentrado na RMRJ. Entre as regiões interioranas, tem algum destaque o Norte, cuja taxa de participação (5,3%) é, em muito, tributária da estrutura de apoio logístico à atividade petrolífera.

1. A produção de petróleo e as desigualdades regionais

Quaisquer análises sobre a estrutura industrial e o desenvolvimento regional fluminense devem levar em conta que o volume financeiro mobilizado pela indústria petrolífera tende a impactar fortemente as taxas de partici-

---

[75] Para maiores detalhes sobre a dinâmica agrícola fluminense, ver Marafon e Ribeiro (2006), Sobral (2008) e Flexor e Benavides (2009).

pação relativa (tanto as setoriais quanto as regionais), o que, sem a devida atenção, pode resultar em "distorções" ou imprecisões analíticas.

Essa observação deve ser compreendida à luz das análises sobre o potencial dessa atividade no que concerne à promoção do desenvolvimento regional em uma perspectiva de mais longo prazo, tendo em vista que muitas das considerações sobre suas limitações decorrem de sua baixa capacidade técnica de promoção de "transbordamentos" e de ter como base a exploração de recurso natural não renovável.

Assim, é importante avaliar o crescimento econômico do estado do Rio de Janeiro a partir da dinâmica imprimida pela atividade extrativa, contudo, não se pode restringir o campo de análise a tão somente esta atividade, sob pena de não contemplarmos outros processos e dinâmicas de desenvolvimento regional que, embora mobilizem escala menor de recursos financeiros, atuam diretamente na estruturação econômica de diversas localidades estaduais.

Atentos a isto, chamamos atenção para o exercício executado neste *item*, que busca revelar a dimensão da concentração econômica fluminense, tanto em termos regionais quanto setoriais. Primeiramente, avaliaremos a composição da estrutura produtiva (setorial e regional) fluminense sem a "economia" da bacia de Campos. Nesse exercício, objetivamos salientar o peso desse setor para a economia estadual e identificar como ficariam as participações regionais e setoriais sem sua presença.

Primeiramente, cabe destacar que, em 2006, o PIB *per capita* fluminense era de R$ 20.590,00, pouco acima, portanto, do valor referente à RMRJ (R$ 16.456,00) e bem abaixo do valor correspondente ao interior estadual (R$ 32.162,00). Esses números, por si só, corroboram a maior velocidade de expansão econômica do interior em relação ao espaço metropolitano, especialmente se levarmos em conta que o crescimento de seu produto *per capita* se deu em uma conjuntura de maior crescimento de sua população em relação à metropolitana.

Ainda que não seja o único setor a apresentar forte dinamismo na estrutura produtiva do interior, a atividade petrolífera é, indubitavelmente, a de maior magnitude, em função dos valores monetários mobilizados e da velocidade de expansão que tem alcançado. É preciso salientar que a produção da bacia de Campos gira em torno de R$ 70,4 bilhões (2006), o que corresponde a 22% do produto interno fluminense e a 53,5% do produto interiorano (Cide, 2007).

Em relação às assimetrias dentro da escala interiorana, há mais o que se revelar. Ao passo que o Norte ostentava um produto *per capita* anual de R$ 105.103,00, o Médio Paraíba, importante região industrial do estado, chegava aos R$ 31.162,00. Por outro lado, em situação mais delicada, se encontravam o Centro-Sul e o Noroeste, se posicionando nos últimos lugares, com R$ 8.017,00 e R$ 6.416,00, respectivamente (Cide, 2007).

Tabela 4

Produto interno bruto *per capita* das regiões de governo do estado do Rio de Janeiro "com bacia de Campos" e "sem bacia de Campos" (2006)

Com bacia de Campos		Sem bacia de Campos	
Região	(em R$)	Região	(em R$)
Norte	105.103	Médio Paraíba	31.162
Médio Paraíba	31.162	Costa Verde	18.199
Costa Verde	18.199	Metropolitana	16.456
Metropolitana	16.456	Norte	12.728
Serrana	10.998	Serrana	10.998
Baixadas Litorâneas	8.120	Baixadas Litorâneas	8.120
Centro-Sul	8.017	Centro-Sul	8.017
Noroeste	6.416	Noroeste	6.416

Fonte: Cide (2008).

No entanto, os valores acima se alteram sobremaneira quando a produção petrolífera da bacia de Campos é excluída dos cálculos. Procedendo-se a isso, o produto *per capita* do interior seria reduzido para R$ 14.950,00, ao passo que o Norte e o estadual cairiam para R$ 12.728,00 e R$ 16.059,00, respectivamente. Como apresentado na tabela 4, sem a bacia de Campos, o Médio Paraíba passaria a ter o maior produto interno *per capita* entre as regiões de governo, seguido à distância pela Costa Verde e pela Região Metropolitana.

Em relação ao produto interno, devemos registrar que, com a produção de petróleo, a região Norte ostenta um produto interno bruto próximo a R$ 80 bilhões. Em escala estadual, esse montante só é superado pelo PIB metropolitano, de pouco mais de R$ 188 bilhões. A região do Médio Paraíba, o mais importante centro da indústria de transformação estadual, se situa em terceiro lugar, com seu produto interno da ordem de R$ 26,5 bilhões em 2006 (tabela 5).

TABELA 5
Produto interno bruto das regiões de governo do estado do Rio de Janeiro "com bacia de Campos" e "sem bacia de Campos" (2006)

	Com bacia de Campos			Sem bacia de Campos	
Região	(R$1.000,00)	% ERJ	Região	(R$1.000,00)	% ERJ
Metropolitana	188.589.037	58,89	Metropolitana	188.589.037	75,50
Interior	131.668.690	41,11	Interior	61.201.815	24,50
Norte	80.176.032	25,03	Médio Paraíba	26.549.335	10,63
Médio Paraíba	26.549.335	8,29	Norte	9.709.157	3,89
Serrana	8.797.037	2,75	Serrana	8.797.037	3,52
Baixadas Litorâneas	6.375.051	1,99	Baixadas Litorâneas	6.375.051	2,55
Costa Verde	5.556.843	1,74	Costa Verde	5.556.843	2,22
Centro-Sul	2.188.220	0,68	Centro-Sul	2.188.220	0,88
Noroeste	2.026.172	0,63	Noroeste	2.026.172	0,81
Total ERJ	320.257.727	100,00	Total ERJ	249.790.852	100,00

Fonte: Cide (2008).

Por outro lado, deduzindo-se o valor da produção da bacia de Campos, o PIB do Norte Fluminense seria tão somente de R$ 9,7 bilhões, pouco acima do produto da região Serrana. Assim, o Médio Paraíba assumiria a segunda posição em nível estadual e a primeira no interior. E mais: a exclusão reduziria o PIB estadual para aproximadamente R$ 249 bilhões e o do interior para pouco mais de R$ 61 bilhões. Cabe destacar um importante detalhe: a economia "bacia de Campos" supera a economia "interior fluminense sem petróleo" (tabela 5).

E como ficaria nossa análise a partir da perspectiva dos setores econômicos?

Computando-se a bacia de Campos, a indústria permanece como carro-chefe da economia da região Norte, mesma posição assumida no Médio Paraíba e na região Serrana. No caso das duas primeiras, a participação da indústria nos produtos internos ultrapassa a marca de 75% e na região Serrana chega a 40% (tabela 6).

TABELA 6
Estrutura interna do PIB do estado do Rio de Janeiro, por setor e região de governo, incluindo "bacia de Campos" — 2006 (em %)

Região	Agropecuária	Indústria	Serviços
Estado	0,4	49,7	49,9
Metropolitana	0,0	29,8	70,1
Noroeste	9,1	23,6	67,4
Norte	0,3	89,8	9,9
Serrana	4,4	40,0	55,6
Baixadas Litorâneas	1,3	21,8	76,9
Médio Paraíba	0,8	76,0	23,3
Centro-Sul	5,0	25,8	69,2
Costa Verde	0,2	29,7	70,1

Fonte: Cide (2008).

Deduzindo o "petróleo", a estrutura setorial do PIB estadual se alteraria sobremaneira, tendo em vista o aumento da participação dos serviços (para 65,1%) em detrimento da participação da indústria, que cairia para 34,4%. Na região Norte o quadro se alteraria de modo ainda mais radical, tendo em vista que a participação da indústria cairia de 89,8% para 21,8%, elevando a participação das atividades terciárias de 9,9% para 75,9% (tabela 7).

TABELA 7
Estrutura interna do PIB do estado do Rio de Janeiro, por setor e região de governo, excluindo "bacia de Campos" — 2006 (em %)

Região	Agropecuária	Indústria	Serviços
Estado	0,5	34,4	65,1
Metropolitana	0,0	29,8	70,1
Noroeste	9,1	23,6	67,4
Norte	2,3	21,8	75,9
Serrana	4,4	40,0	55,6
Baixadas Litorâneas	1,3	21,8	76,9
Médio Paraíba	0,8	76,0	23,3
Centro-Sul	5,0	25,8	69,2
Costa Verde	0,2	29,7	70,1

Fonte: Cide (2008).

2. Investimentos, estrutura industrial e desenvolvimento regional no Rio de Janeiro

A indústria fluminense vem sendo marcada, desde a década de 1990, pelas trajetórias antagônicas vivenciadas por suas duas classes principais no que se refere aos seus movimentos expansivos. Se, por um lado, a região se beneficia da acelerada expansão da indústria extrativa mineral, por outro, ela sente os efeitos oriundos do fraco desempenho da indústria manufatureira.

Esse quadro traz à tona duas questões muito importantes para a compreensão das disparidades regionais fluminenses. A primeira concerne à desarticulação de setores centrais para a estrutura produtiva estadual, responsáveis em grande medida pela geração de emprego e renda. A outra se refere à dinamização de algumas atividades que, no entanto, se encontram em posição aquém da necessária à promoção mais efetiva de laços urbanos, regionais e setoriais.

Dessa forma, a compreensão das disparidades regionais fluminenses passa imperiosamente pela observação do papel da indústria como setor estruturante da renda e do emprego estadual. Acerca desse ponto, devemos destacar inicialmente que a expansão da produção extrativa não vem se traduzindo, de modo linear, em desenvolvimento das regiões produtoras, ainda que essas estejam experimentando algumas importantes transformações sociais e econômicas, em função dos impactos oriundos da referida atividade.

Por outro lado, a "crise" da indústria de transformação não pode ser entendida como um processo setorialmente homogêneo, tendo em vista o paulatino surgimento de "movimentos industriais", que têm contribuído de forma muito especial para a dinamização de algumas regiões do território fluminense.

Cabe assinalar que as escalas analíticas, no caso fluminense, podem apontar realidades regionais consideravelmente distintas, tanto no que se refere às regiões de governo e municípios quanto aos setores produtores. Estas, em última instância, podem indicar a existência (através de permanências, surgimentos ou consolidação) de padrões diferenciados de desenvolvimento industrial pelo território estadual.

Assim, torna-se necessário analisar a dinâmica industrial nas diferentes regiões fluminenses a fim de compreender mais nitidamente a forma de "inserção" das atividades industriais na estrutura produtiva estadual e seus rebatimentos territoriais. Para isso, no próximo subitem, analisaremos dados referentes aos principais investimentos realizados na indústria de transformação estadual[76] no período 1996-2006. Em seguida, daremos ênfase à produção petrolífera e seus impactos nas estruturas econômicas das regiões produtoras.

2.1 A dinâmica espacial da indústria de transformação

O desenvolvimento industrial fluminense foi diretamente condicionado pelo processo de industrialização nacional, se estabelecendo de

---

[76] Optamos por incluir na análise da RMRJ os investimentos no setor de telecomunicações que, a rigor, são classificados como serviços industriais de utilidade pública. Nossa opção se baseia no fato de ter sido um dos setores de maior dinamismo da economia metropolitana fluminense.

modo complementar à dinâmica expansiva nacional que, por seu lado, foi capitaneada pela estrutura que se consolidava na Região Metropolitana de São Paulo.

No Rio de Janeiro, é possível identificar a existência de dois padrões principais de crescimento industrial: um alusivo ao espaço correspondente à RMRJ, outro ao interior estadual. No núcleo metropolitano, mais precisamente na cidade do Rio, a industrialização foi marcada pela maior diversificação setorial e pela existência de estruturas mais articuladas entre si, entre as quais se destacavam as produtoras de bens-salário. No interior, a estrutura industrial implantada tinha perfil mais especializado, particularmente aqueles ligados às atividades intermediárias e de base e com forte participação do capital estatal.

O baixo grau de articulação observado entre as estruturas industriais do interior fluminense e da RMRJ é resultado dos distintos perfis setoriais consolidados ao longo da industrialização nacional, tendo em vista que o objetivo primeiro da estrutura "interiorana" era o atendimento das demandas "nacionais" e não o atendimento dos setores já implantados no território fluminense.

Quanto à industrialização metropolitana, cabe assinalar que ela se processou a partir da cidade do Rio e avançou em direção ao seu entorno imediato. No entanto, o grau de espraiamento da indústria local foi fraco, considerando que a cidade do Rio tinha forte predominância na localização dos setores e plantas produtivas.[77]

No restante do território fluminense, a industrialização se efetivou a partir de dinâmicas bastante pontuais, territorialmente delimitadas e quase sempre baseadas em grandes unidades produtivas. Muitos desses empreendimentos alteraram sobremodo as estruturas produtivas e a realidade social das regiões em que foram instalados, ao conferirem densidade econômica através da implantação de setores modernos, responsáveis pela atração de fluxos migratórios e por melhorias das infraestruturas urbanas, notadamente das vias de comunicação com a cidade do Rio com São Paulo.

---

[77] Aos demais municípios da região, couberam alguns poucos ramos para os quais os fatores locacionais se mostravam mais rígidos ou cuja produção tinha forte componente regional.

Assim, o movimento de implantes industriais no interior teve trajetória própria e quase que "autônoma" (descolada) em relação à estrutura industrial da cidade do Rio, à medida que seus maiores determinantes não estavam assentados nas demandas regionais, mas sim nas nacionais. É possível citar o polo metal-mecânico do Sul Fluminense, a indústria química do Norte e a indústria de transporte em regiões diversas do interior como exemplos de projetos orientados para o atendimento do mercado nacional e não formados, primeiramente, para a inserção na "engrenagem" regional.

Assim, não é raro notar na estrutura industrial do interior fluminense setores/unidades cuja inserção regional se assemelha a enclaves, com forte densidade econômica e tecnológica, porém reduzido alcance (inter e intra) setorial, o que explicaria, em boa medida, a inexistência de uma rede urbana mais efetiva nessa porção territorial.

Destaca-se, também, a participação de setores cujos determinantes de localização são mais rígidos e influenciados por fatores e condições exógenos ao mercado. É o caso de indústrias ligadas à produção de base mineral e energia, como Petrobras, Companhia Nacional de Álcalis e Complexo Nuclear de Angra.

Assim, durante o processo de industrialização nacional, enquanto alguns setores da indústria "metropolitana" não conseguiam acompanhar as taxas de expansão nacional, perdendo, assim, participação relativa, o interior se expandia, incorporando à sua estrutura produtiva setores mais robustos e modernos, cuja articulação maior era estabelecida com estruturas localizadas fora do território fluminense. Como resultado desse processo, o interior fluminense acabou por se conformar em um espaço econômico heterogêneo, fragilmente integrado e de baixa diversificação produtiva.

Na RMRJ a realidade foi bem distinta. Iniciada a industrialização nacional (1930), esta região já possui uma das estruturas mais diversificadas do país. O processo nacional atuou no sentido de confirmar essa diversificação, porém, transformou essa característica em um dos calcanhares de aquiles da região perante outras economias regionais, pois sua estrutura era amplamente tomada por unidades produtoras marcadas pela fragilidade e pulverização.

A análise da estrutura produtiva mostra que, em termos de setores produtores, a indústria fluminense pode ser considerada diversificada. Porém, se consideramos a distribuição do seu VTI, fica evidente a concentração da produção em poucos ramos. Além da reconhecida produção petrolífera, a indústria estadual se destaca nas atividades ligadas aos setores metal-mecânico, siderúrgico, de transporte, químico, refino de petróleo, têxteis, alimentos, bebidas e gráficas.

Pela Pesquisa Industrial Anual (IBGE, PIA, vários anos) vemos que, embora a extração de petróleo responda por apenas 0,6% das unidades locais da indústria fluminenses, é alto seu percentual no que se refere ao VTI (31,2%). Entretanto, é baixa sua participação no pessoal ocupado (5,1%), contrastando com a participação na remuneração (17,8%) (tabela 8).

Por outro lado, a indústria de transformação responde por quase 97,1% das unidades locais e por 68,5% do VTI. Contudo, nesta classe, há uma considerável concentração do VTI, tendo em vista que seus 11 setores principais respondem por 72% do VTI total da classe.[78]

TABELA 8
Estrutura industrial do estado do Rio de Janeiro: principais setores por variável selecionada — 2006 (em %)

Setores	Unidades	PO	Remunerações	VTI
	100,0	100,0	100,0	100,0
Indústrias extrativas	2,9	6,8	20,2	31,5
Extração de petróleo e serviços	0,6	5,1	17,8	31,2
Indústrias de transformação	97,1	93,2	79,8	68,5
Produtos alimentícios e bebidas	14,7	14,1	7,5	5,8
Confecção de vestuário etc.	18,9	11,6	2,8	1,0
Edição, impressão e gravações	8,6	5,6	5,2	4,0

continua

---

[78] Esses setores (total de 11) representam 67% das unidades da indústria de transformação. Em relação ao pessoal ocupado e às remunerações, as participações são de 75,2% e 70,9%, respectivamente.

Setores	Unidades	PO	Remunerações	VTI
	100,0	100,0	100,0	100,0
Coque, refino de petróleo, álcool etc.	0,3	5,1	18,2	20,4
Produtos químicos	5,2	7,6	10,6	7,8
Artigos de borracha e plástico	4,2	4,4	3,1	2,1
Produtos de minerais não metálicos	9,1	5,2	2,7	2,1
Metalurgia básica	1,4	4,3	4,8	10,8
Siderurgia	0,2	2,6	3,3	10,0
Montagem de veículos automotores etc.	1,6	2,7	2,6	4,2
Outros equipamentos de transporte	1,7	6,6	5,7	2,3
Construção de embarcações	1,2	5,4	4,4	1,7

Fonte: IBGE. PIA (vários anos).

Por fim, no que se refere à indústria de transformação, analisando sua estrutura por Grupos de Uso Industrial, constata-se a predominância dos setores produtores de bens intermediários (Grupo II), responsáveis, em 2006, por 63,4% do VTI estadual. As participações dos setores referentes aos Grupos I e III, por outro lado, são bem mais modestas, ficando em torno de 21,6% e 14,9%, respectivamente[79] (tabela 9).

---

[79] Cabe salientar que de 1970 em diante a estrutura da indústria fluminense se "intermediarizou", tendo em vista que naquele ano a participação do GII era de 37,7%. Esse aumento ocorreu fundamentalmente em cima da redução de importância das indústrias do GI, que representavam 45,2% do VTI estadual. No GIII, a participação na estrutura industrial fluminense é historicamente restrita, tendo em mente que sua taxa girava em 17,1%. Importante frisar que, em relação ao sentido, a trajetória da estrutura industrial fluminense se assemelhou à brasileira no que se refere ao GI e ao GII. O descolamento estadual ocorreu justamente no grupo formado pelos setores tecnologicamente mais modernos e dinâmicos que ganharam importância na estrutura nacional.

TABELA 9
Estrutura industrial, por grupo de uso, BR e ERJ 2006 (% VTI)

Grupo	Brasil	RJ
GI	30,8	21,6
GII	46,1	63,4
GIII	23,1	14,9

Fonte: IBGE (Censos industriais e PIA).

Nos anexos L e M temos a indicação da localização dos principais setores produtores do estado. Primeiramente, devemos alertar que essas atividades estão agrupadas em conjuntos bem generalistas[80] que, em alguns casos, incluem a localização de setores ligados à atividade primária.

Pelo mapa, observamos que as regiões localizadas nas porções "centro" e "sul" do território estadual possuem estrutura produtiva mais diversificada e baseada em setores tecnologicamente mais dinâmicos, diferentemente da estrutura das regiões mais ao norte, onde há certo predomínio de setores ligados à extração de recursos naturais e intensivos em mão de obra.

Um bom indicador da dinâmica regional do estado do Rio de Janeiro é o conjunto de investimentos recebidos por sua indústria de transformação, apresentados em levantamento realizado pela Companhia de Desenvolvimento Industrial do Estado do Rio de Janeiro (Codin, 2007). O referido levantamento aponta os principais investimentos executados na indústria de transformação fluminense no período de uma década (1996-2006) e especifica os investimentos por setor, além de apresentar o montante gerado de empregos diretos e sua localização (município) (anexo F).

Tendo como base a metodologia de classificação das atividades industriais expressas na Classificação Nacional das Atividades Econômicas (CNAE 1.0), separamos esses investimentos por setores da indústria e, em seguida, fizemos o agrupamento por localização geográfica, usando as regiões de governo. Vejamos os resultados.

---

[80] Por exemplo, "metal-mecânico", que no Sul Fluminense abarca atividades ligadas à siderurgia, metalurgia, mecânica e indústria automobilística.

Inicialmente, destacamos as participações por setor produtivo. Dos 24 setores que tiveram investimentos registrados, as maiores participações, em número de investimentos locais, couberam às indústrias de minerais não metálicos, metalúrgica, farmacêutica, alimentícia, bebidas, química, automotiva, borracha, metal-mecânica e siderúrgica. Se considerarmos o volume de emprego gerado, além dos setores assinalados, se destacam indústrias de telecomunicações e petroquímica (Tabela 3.10). Vale anotar que esses setores ratificam a baixa participação dos setores de ponta na estrutura produtiva fluminense e o grande peso das indústrias de base e intermediária.

Tabela 10
Participação nos investimentos industriais por setor — 1996-2006 (em %)

Setores	Unidades	%	Empregos	%	E/U*
Minerais não metálicos	25	13,8	2.487	5,1	95,7
Metalurgia	20	10,6	3.215	6,6	160,8
Farmacêutico	15	8,5	2.215	4,6	138,4
Produtos alimentares	16	8,5	3.884	8,0	242,8
Bebidas	13	6,9	2.946	6,1	226,6
Automotivo	11	5,8	1.376	2,8	125,1
Químico	8	4,8	265	0,5	29,4
Borracha	8	4,2	1.235	2,5	154,4
Metal-mecânico	8	4,2	4.775	9,8	596,9
Siderúrgico	8	4,2	7.076	14,5	884,5
Material elétrico e telec.	7	3,7	2.022	4,2	288,9
Telecomunicações	7	3,7	6.680	13,7	954,3
Perfumaria, sabões etc.	6	3,2	940	1,9	156,7
Plástico	11	5,8	2247	4,7	204,2
Papel e papelão	5	2,6	760	1,6	152,0
Petroquímico	5	2,1	2.900	6,0	725,0
Têxtil	4	2,1	314	0,6	78,5
Material de transporte	3	1,6	980	2,0	326,7

continua

Setores	Unidades	%	Empregos	%	E/U*
Confecções	2	1,1	550	1,1	275,0
Diversos	2	1,1	1.020	2,1	510,0
Editora e gráfica	1	0,5	500	1,0	500,0
Eletroeletrônico	1	0,5	267	0,6	267,0
Reciclagem	1	0,5	49	0,1	49,0
Total	187	100,0	48.703	100,0	260,4

Fonte: Codin (2007).
*E/U: Relação emprego por unidade.

Em termos regionais, constata-se a centralidade das regiões Metropolitana, Médio Paraíba e Norte no que se refere à localização das novas plantas. Aliás, essas regiões concentram cerca de 90% das "unidades" e do "emprego" gerados, cabendo posição de destaque a RMRJ, dado que concentrou mais de 60% dos investimentos (tabela 11).

A análise por setor e por região confirma a existência de padrões industriais diferenciados dentro do território fluminense, notadamente quando cotejadas as escalas "metropolitana e interior". Ao perfil industrial mais diversificado da região Metropolitana se contrapõe a estrutura mais especializada do interior estadual.

TABELA 11
Participação nos investimentos industriais por região — 1996-2006 (em %)

Região de governo	Unidades	%	Empregos	%	E/U*
Metropolitana	117	63,0	29.398	61,0	251,3
Médio Paraíba	29	15,4	10.707	18,5	369,2
Norte	22	11,6	3.956	8,1	179,8
Serrana	6	3,2	956	2,0	159,3
Centro-Sul	5	2,6	3.404	7,0	680,8
Baixadas Litorâneas	4	2,1	1.225	2,5	306,3
Noroeste	3	1,6	195	0,4	65,0
Costa Verde	1	0,5	262	0,5	262,0
Total	187	100,0	50.103	100,0	257,7

Fonte: Codin (2007).
* E/U: Quociente "Emprego por Unidade".

No que concerne à RMRJ, fica nítida sua maior diversificação em relação à estrutura industrial do interior, especialmente quando observada a variedade de setores implantados em cada região. Coube à RMRJ não apenas a maior quantidade de investimentos, como também o maior número de setores presentes. Somente dois setores (confecções e eletroeletrônicos) entre os listados não apresentaram investimentos nessa região. Em sentido oposto, os setores minerais não metálicos (14), metalúrgico (14), farmacêutico (12) e de matérias plásticas (11) foram os que obtiveram as maiores participações (tabela 13).

Pudemos verificar uma acentuada concentração dos investimentos no espaço metropolitano, tendo em vista que 99 das 117 unidades foram implantadas em apenas três municípios (Rio de Janeiro, Duque de Caxias e Queimados). Ainda que a cidade do Rio tenha mantido centralidade na atração desses investimentos (52 unidades), observa-se uma relativa desconcentração produtiva na região, indicada pela maior presença de municípios perimetropolitanos no montante de investimentos (tabela 12).[81]

Na microrregião da Baixada Fluminense,[82] por exemplo, foram instaladas 51 unidades industriais, resultando não apenas em seu fortalecimento no cenário nacional, como em certo processo de "espraiamento" do crescimento industrial em direção a regiões que apresentem menores "custos metropolitanos" e proximidade com centros consumidores e fornecedores de matérias-primas.[83]

Cabe assinalar que, muito possivelmente, o maior quantitativo de investimentos recebidos pelos municípios metropolitanos (exclusive cidade do Rio de Janeiro) situados à margem ocidental da baía de Guanabara, em relação ao valor referente à porção situada na porção oriental, é resultado de seu posicionamento diante das principais vias de comuni-

---

[81] Duque de Caxias e Queimados receberam 24 e 23 unidades industriais, respectivamente.
[82] Região formada pelos seguintes municípios: Belford Roxo, Duque de Caxias, Guapimirim, Japeri, Magé, Mesquita, Nilópolis, Nova Iguaçu, Paracambi, Queimados e São João de Meriti.
[83] Sobre a formação e o processo de desenvolvimento econômico da Baixada Fluminense ver Rodrigues (2005).

cação do estado, que o conectam a dois dos mais importantes mercados consumidores do país, no caso, São Paulo e Belo Horizonte.[84]

Por fim, no que se refere ao montante de empregos, os investimentos metropolitanos geraram cerca de 29 mil postos de trabalho (entre 1996-2006), valor que, em termos percentuais, corresponde a 58,7% do total estadual. Internamente, as maiores contribuições couberam aos setores de telecomunicações, siderurgia, petroquímica, plástico, metal-mecânico e metalúrgico.

TABELA 12
RMRJ: investimentos industriais por setor — 1996-2006

Município	Setor	Unidades	Emprego
Queimados	Bebidas	2	280
	Farmacêutico	1	25
	Metalurgia	5	670
	Minerais não metálicos	7	443
	Plástico	2	58
	Químico	1	8
	Têxtil	1	60
	Papel e papelão	1	22
	Alimentos	1	40
Rio de Janeiro	Borracha	1	100
	Farmacêutico	6	1.127
	Plástico	4	1.044
	Metal-mecânico	3	390
	Metalurgia	5	550
	Minerais não metálicos	5	387
	Perfumaria etc.	4	860
	Alimentos	4	578
	Bebidas	2	0
	Borracha	3	700
	Material de transporte	1	(*)
	Material elétrico e tel.	2	225
	Papel e papelão	3	368
	Petroquímico	1	1.060
	Químico	1	(*)
	Reciclagem	1	49
	Siderúrgico	2	4.000
	Telecomunicações	5	2.880
	Têxtil	1	80

continua

---

[84] Cabe ressaltar que pela Baixada Fluminense passam as rodovias que ligam o Rio aos estados de São Paulo e Minas Gerais. A região também se conecta à cidade do Rio por via férrea e tem ligação direta com o principal aeroporto estadual e os portos do Rio e Sepetiba.

Município	Setor	Unidades	Emprego
Duque de Caxias	Diversos	2	1.020
	Editora e gráfica	1	500
	Material elétrico e tel.	2	1.180
	Metalurgia	4	810
	Plástico	4	1.070
	Químico	4	75
	Farmacêutico	2	56
	Minerais não metálicos	1	80
	Alimentos	2	384
	Automotivo	1	400
	Têxtil	1	24
São Gonçalo	Farmacêutico	3	498
	Metal-mecânico	1	145
	Plástico	1	75
Magé	Material elétrico e tel.	1	92
	Bebidas	2	400
Niterói	Metal-mecânico	1	200
	Material de transporte	1	300
	Petroquímico	1	(*)
	Telecomunicações	1	2.500
Nova Iguaçu	Têxtil	1	150
	Minerais não metálicos	1	112
	Perfumaria etc.	2	80
Seropédica	Minerais não metálicos	1	43
Itaboraí	Petroquímico	1	1.700
Total		117	29.398

Fonte: Codin (2007).
* Informação não disponível.

A economia do interior fluminense tem sido marcada por maior dinamismo produtivo e aumento do ritmo expansivo. Esse processo é tributário do desempenho da indústria regional que, em algumas frentes, vem apresentando trajetória modernizante, com a reestruturação de tradicionais setores e com a implantação de unidades produtivas de setores até então inexistentes ou de baixa expressão para a economia estadual.

As determinantes desse processo são objeto de análise no próximo capítulo. No momento nos interessa identificar os principais setores/investimentos recebidos por região.

O Médio Paraíba e o Norte são as principais regiões industriais do interior fluminense. A primeira abriga o que poderíamos chamar de "núcleo duro" da indústria de transformação estadual, formado por setores e empresas de maior porte e presença no cenário nacional. Já o Norte é marcado pela produção da indústria extrativa, o que não impede o reconhecimento da contribuição da indústria de transformação para sua economia. A produção manufatureira regional é basicamente composta por setores bens-salário e pela presença de unidades de pequeno e médio porte.

Durante o intervalo 1996-2006, o Médio Paraíba recebeu 31 unidades produtivas em 12 diferentes setores, cabendo às indústrias automotiva (7), siderúrgica (4) e metalúrgica (4) as maiores participações (tabela 13). Entre os municípios diretamente beneficiados com esses investimentos se encontram Resende, Porto Real, Itatiaia, Volta Redonda e Piraí, cabendo anotar o fortalecimento da complementaridade entre suas estruturas produtivas, em muito propiciada pela proximidade física dos municípios e pela infraestrutura de comunicações.

Esses investimentos não apenas apontam a consolidação do perfil "metal-mecânico" da indústria regional, como também evidenciam a ocorrência de especialização produtiva em atividades cujos eixos transitam entre a produção de aço e a indústria automobilística, encabeçada pela unidade da Volkswagen, em Resende, e da PSA Peugeot Citröen, em Porto Real.

Devemos assinalar que, no processo acima, se inserem as ampliações da Companhia Siderúrgica Nacional (Volta Redonda) e da antiga Siderúrgica Barra Mansa (na homônima cidade), assim como a implantação de uma nova unidade dessa empresa e os investimentos no setor de produtos de borracha (anexo F). Por fim, cabe registrar a importância das indústrias de alimentos, de bebidas e químico-farmacêutica, que possuem forte interface com a agropecuária regional, especialmente no segmento de laticínios.

No tocante ao volume de empregos gerados, destaca-se que os investimentos no Médio Paraíba contribuíram com aproximadamente 11 mil postos de trabalho, o equivalente a 21,4% do total estadual. Setorialmente, os destaques foram as indústrias metal-mecânica, siderúrgica, de bebidas, automotiva e metalúrgica.

TABELA 13
Investimentos industriais na região do Médio Paraíba — 1996-2006

Município	Setor	Unidades	Emprego
Resende	Metal-mecânico	1	1.500
	Automotivo	1	400
	Produtos alimentares	1	359
Porto Real	Automotivo	6	420
	Metal-mecânico	1	2.500
	Metalurgia	2	280
	Bebidas	1	400
	Minerais não metálicos	1	200
Itatiaia	Bebidas	1	250
	Borracha	1	200
	Farmacêutico	1	90
Volta Redonda	Metalurgia	1	380
	Siderúrgico	2	860
Piraí	Produtos alimentares	1	200
	Farmacêutico	1	168
	Material elétrico e tel.	1	500
	Metalurgia	1	50
	Bebidas	1	500
Barra Mansa	Siderúrgico	2	700
Valença	Borracha	1	120
	Confecções	1	180
Pinheiral	Minerais não metálicos	1	330
Barra do Piraí	Químico	1	120
Total		31	10.707

Fonte: Codin (2007).

No Norte Fluminense, os investimentos foram acentuadamente concentrados no município de Campos dos Goytacazes. Dos 22 investimentos apurados, somente dois não foram ali instalados, ficando um (borracha) em São João da Barra e outro (material elétrico e de telecomunicações) em Macaé. Entre os setores, os maiores destaques, em unidades, foram as indústrias de minerais não metálicos, de alimentos e petroquímica. No que se refere ao montante de empregos diretos gerados, coube à produção de alimentos e à de telecomunicações o maior volume (tabela 14).

TABELA 14
Investimentos industriais na região Norte — 1996-2006

Município	Setor	Unidades	Emprego
São João da Barra	Borracha	1	15
Macaé	Material elétrico e tel.	1	25
	Telecomunicações	1	1.300
Campos	Automotivo	1	50
	Bebidas	1	63
	Eletroeletrônico	1	267
	Farmacêutico	1	151
	Metal-mecânico	1	40
	Metalurgia	2	475
	Minerais não metálicos	6	200
	Petroquímico	1	140
	Produtos alimentares	4	1.208
	Químico	1	22
Total		22	3.956

Fonte: Codin (2007).

Nas demais regiões, os investimentos foram bem mais tímidos, além de pulverizados por diversos setores, não conformando nenhuma estrutura regional com maior grau de especialização, a exemplo do Médio Paraíba.

Na região Serrana, os principais investimentos vêm dos setores de bebidas e minerais não metálicos que, embora não apresentem a dimensão financeira de outros setores (tecnologicamente mais dinâmicos) da indústria fluminense, têm revelado importante participação na estruturação do mercado de trabalho regional, corroborada pelo quantitativo de empregos gerados (tabela 15).

Na região Centro-Sul, o principal polo é o município de Três Rios, cujos setores principais são material de transporte, alimentos e papel e papelão. A estrutura produtiva da região, em razão da proximidade física do Rio, se assemelha muito à do Médio Paraíba e lhe complementa em boa medida. Assinala-se que essas duas regiões mais a da Costa Verde formam uma região industrial na porção sul do estado relativamente homogênea no que tange à produção setorial, marcada pelas atividades ligadas às cadeias metal-mecânica, siderúrgica e de material de transportes (tabela 16).

TABELA 15
Investimentos industriais na região Serrana — 1996-2006

Município	Setor	Unidades	Emprego
Nova Friburgo	Automotivo	1	26
Teresópolis	Bebidas	1	400
Petrópolis	Bebidas	1	153
	Confecções	1	370
Carmo	Minerais não metálicos	1	7
Cantagalo	Minerais não metálicos	1	(*)
Total		6	956

Fonte: Codin (2007).
(*) Informação não disponível.

Na Costa Verde, os municípios de Itaguaí e Angra dos Reis são os que apresentam as estruturas industriais mais densas e de maior porte. Porém, a região recebeu somente uma unidade de investimento (siderurgia), em Itaguaí, que resultou em mais de 200 postos de trabalho. Devemos salientar, ademais, que a formação produtiva regional seguiu lógicas distintas nos dois municípios em questão.

Em Itaguaí fica nítida que sua formação industrial foi moldada pelo movimento e lógica expansiva da RMRJ, da qual fazia parte até começo da década de 2000. Sua capacidade de atração de investimentos está diretamente associada à proximidade que tem com a zona oeste carioca (com a qual faz limite) e pela função portuária, tendo em vista que abriga o segundo maior porto do estado (porto de Sepetiba).

Em Angra dos Reis a indústria se estruturou a partir da implantação dos setores de construção naval, petrolífero e de produção energética. Embora tenham sido responsáveis por momentos de grande dinamismo no passado, esses setores estão se mostrando frágeis no que concerne à promoção de encadeamentos para outros setores produtivos da região ou do estado, em função de questões relativas às especificidades técnicas ou problemas ligados à sustentação no nível de atividade e produção.

TABELA 16
Investimentos industriais nas regiões Centro-Sul, Noroeste, Baixadas Litorâneas e Costa Verde — 1996-2006

Região	Município	Setor	Unidades	Emprego
Centro-Sul	Engenheiro P. de Frontin	Borracha	1	100
	Três Rios	M. de transporte	1	680
		Papel e papelão	1	370
		Alimentos	1	1.000
	Mendes	Siderúrgico	1	1.254
	Total		5	3.404
Noroeste	Italva	Alimentos	1	40
	Itaperuna	Automotivo	1	80
	Bom Jesus de Itabapoana	Alimentos	1	75
	Total		3	195
Baixadas Litorâneas	Cachoeiras de Macacu	Bebidas	1	500
		Químico	1	40
	Araruama	M. não metálicos	1	55
	Rio Bonito	M. não metálicos	1	630
	Total		4	1.225
Costa Verde	Itaguaí	Siderúrgico	1	262
	Total		1	262

Fonte: Codin (2007).

Em relação à indústria naval, chamamos atenção para as severas dificuldades de expansão e manutenção das atividades que, em grande período nos anos 1990, foram efetivamente paralisadas (Jesus, 2009). O estaleiro Brasfels (antigo Verolme), que chegou a empregar 12 mil trabalhadores em seus tempos áureos, sobrevive atualmente graças a políticas de incentivos e encomendas feitas pela Petrobras como decorrência da expansão da produção petrolífera. Os demais setores, representados pelo Terminal da baía da Ilha Grande (pertencente à BR Distribuidora) e pelo Complexo Nuclear, embora mobilizem grandes somas financeiras, têm influência limitada na economia local, em razão de suas especificidades técnicas, e se comportam como "enclaves" locais, sendo quase nulos seus encadeamentos a jusante e a montante.

Por fim, nas regiões Noroeste e Baixadas Litorâneas fica nítida a predominância dos setores produtores de bens-salário e intermediários, com especial destaque para as indústrias de alimentos e bebidas e de minerais não metálicos, entre as quais se destacam a fábrica da Schincariol, em Cachoeiras de Macacu, e a Yoki Alimentos, em Bom Jesus do Itabapoana (tabela 17).

Devemos salientar que os dados anteriormente apresentados oferecem uma visão geral da dinâmica dos investimentos da indústria de transformação fluminense a partir de suas "entradas". Assim, devem se contemplados com cuidado, pois não mostram suas "saídas", tampouco seu "saldo". Essa observação ganha especial sentido em razão dos dados apresentados no capítulo anterior, que demonstram que a trajetória da indústria de transformação fluminense foi marcada por percalços na maioria dos setores.

Essa questão será debatida adiante, no próximo capítulo, quando retornarmos à questão da dinâmica industrial e seus impactos no desenvolvimento regional, trazendo à tona a discussão sobre a formação/consolidação de padrões regionais de desenvolvimento industrial no estado. No próximo subitem analisaremos pontos alusivos ao desenvolvimento da indústria de petróleo.

TABELA 17

Investimentos industriais por setor e região de governo no Rio de Janeiro 1996-2006 (unidades locais)

Setor	Serrana	Norte	Noroeste	Metropolitana	Médio Paraíba	Costa Verde	Centro-Sul	Baixadas Litorâneas	Total
Automotivo	1	1	1	1	7	0	0	0	11
Bebidas	2	1	0	6	3	0	0	1	13
Borracha	0	1	0	4	2	0	1	0	8
Confecções	1	0	0	0	1	0	0	0	2
Diversos	0	0	0	2	0	0	0	0	2
Editora e gráfica	0	0	0	1	0	0	0	0	1
Eletroeletrônico	0	1	0	0	0	0	0	0	1
Farmacêutico	0	1	0	12	2	0	0	0	15
Material de transporte	0	0	0	2	0	0	1	0	3
Material elétrico e tel.	0	1	0	5	1	0	0	0	7
Metal-mecânico	0	1	0	6	1	0	0	0	8
Metalurgia	0	2	0	14	4	0	0	0	20
Minerais não metálicos	2	6	0	14	1	0	0	2	25
Papel e papelão	0	0	0	4	0	0	1	0	5
Perfumaria e outros	0	0	0	6	0	0	0	0	6
Petroquímico	0	2	0	3	0	0	0	0	5
Plástico	0	0	0	11	0	0	0	0	11
Produtos alimentares	0	4	2	7	2	0	1	0	16
Químico	0	0	0	6	1	0	0	1	8
Reciclagem	0	0	0	1	0	0	0	0	1
Siderúrgico	0	0	0	2	4	1	1	0	8
Telecomunicações	0	1	0	6	0	0	0	0	7
Têxtil	0	0	0	4	0	0	0	0	4
Total	6	22	3	117	29	1	5	4	187

Fonte: Codin (2007).

2.2 Indústria de petróleo e desenvolvimento regional

A trajetória de forte expansão da produção petrolífera brasileira teve início em meados da década de 1980, a partir de quando o estado do Rio de Janeiro passou a se confirmar como principal produtor nacional. Ao passo que a produção nacional experimentou crescimento médio de 8,6% ao ano (entre 1980 e 2008), a expansão fluminense foi bem maior (em torno de 15,2% ao ano), atingindo a marca dos 550 bilhões de barris.[85] Nesse período, a participação do Rio na produção nacional saltou de 15,7% para 82,5%.

Vale destacar que o aumento da produção nacional está diretamente relacionado às transformações observadas na matriz energética nacional, marcada pelo rápido aumento da participação dos combustíveis de "petróleo, gás e derivados" no total, paralelamente à redução de outras fontes energéticas (gráfico 1).

Trajetória similar foi observada na produção de gás natural. Enquanto a produção nacional cresceu 8,5% ao ano, alcançando 21,6 milhões de metros cúbicos, a expansão fluminense foi de 14,9% e o volume produzido passou 8,7 milhões de metros cúbicos.[86] Ainda que a participação do Rio na produção nacional de gás natural (44,2%) seja bem mais modesta que a observada na produção de petróleo, ainda é a de maior proeminência no cenário nacional, seguida à distância pela taxa do Amazonas (19,5%) e da Bahia (14,6%).

Dados mais recentes apontam que o dinamismo expansivo da produção petrolífera fluminense está longe de arrefecer, apresentando, inclusive, considerável incremento de ritmo. De 2000 a 2008, o crescimento acumulado da produção da bacia de Campos foi de 52,6%, pouco acima, portanto, da média nacional (47%). Ressalta-se que das 10 regiões produtoras do país, somente três apresentaram aumento da produção (RJ,

---

[85] A produção brasileira em 2008 foi de aproximadamente 660 bilhões de barris.
[86] Sobre a produção de gás natural é importante frisar, como o faz Sobral (2007), que o gás natural produzido é basicamente do tipo "associado", ou seja, extraído juntamente com petróleo. Como destaca Neto (apud Sobral, 2007), sua expansão depende de "investimento na ampliação da capacidade de recuperação (compressão) de gás natural nas plataformas da Petrobras e no seu posterior escoamento, em especial, na interligação, através de gasodutos, das macrorregiões Sudeste e Nordeste".

ES e SE), e somente o Rio e o Espírito Santo (este com a notável taxa percentual de 805%) cresceram acima da média nacional[87] (tabela 18).

GRÁFICO 1
Oferta de energia no Brasil por fonte — 1941-2007 (em %)

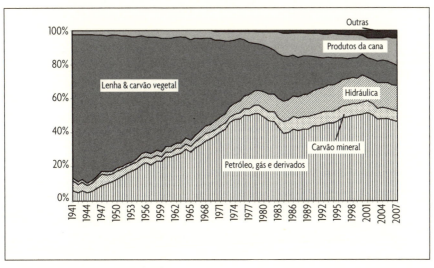

Fonte: Ministério das Minas e Energia (2009).

TABELA 18
Participação na produção brasileira de petróleo — 2000-08 (%)

Ano/UF	BR	RJ	RN	SE	BA	ES	AL	AM
2000	100,0	79,6	7,0	3,0	3,7	1,0	0,5	3,5
2001	100,0	80,6	6,3	2,8	3,5	1,5	0,5	3,3
2002	100,0	82,6	5,4	2,4	3,0	1,9	0,5	3,0
2003	100,0	81,7	5,2	2,5	2,9	2,9	0,5	2,8
2004	100,0	82,0	5,4	2,6	3,0	2,2	0,5	2,9
2005	100,0	84,2	4,6	2,4	2,7	2,1	0,5	2,4
2006	100,0	84,2	3,8	2,3	2,5	3,6	0,5	2,1
2007	100,0	81,6	3,6	2,4	2,5	6,6	0,5	1,9
2008	100,0	82,5	3,4	2,6	2,3	6,4	0,3	1,8

Fonte: ANP (2009).

---

[87] O Espírito Santo passa da sétima para a segunda posição no cenário nacional.

No que se refere à produção de gás natural, a situação é semelhante e apresenta pouquíssimas alterações, entre as quais se destaca a taxa de crescimento fluminense (53,2%), inferior não só à média nacional, como também à capixaba, à baiana e à amazonense. Porém, em termos de participação, o Rio de Janeiro lidera com 44,2% do total nacional, seguido, à distância, pelo estado do Amazonas e pela Bahia (tabela 19).

TABELA 19
Participação na produção brasileira de gás natural 2000-08 (em %)

Ano/UF	BR	RJ	RN	SE	BA	ES	AL	AM
2000	100,0	43,1	9,5	6,6	14,3	2,4	5,6	15,1
2001	100,0	43,1	9,5	6,6	14,3	2,4	5,6	15,1
2002	100,0	42,6	8,6	5,8	14,0	2,8	5,4	17,3
2003	100,0	44,4	8,8	5,2	13,0	2,7	5,0	17,7
2004	100,0	42,2	8,0	4,6	13,7	3,2	5,8	18,9
2005	100,0	39,9	8,0	4,0	13,3	3,0	7,0	21,3
2006	100,0	45,0	7,4	3,5	11,2	2,9	6,6	20,2
2007	100,0	46,4	6,7	3,4	10,7	5,1	5,8	19,1
2008	100,0	44,2	5,9	3,0	14,6	5,3	5,0	19,5

Fonte: ANP (2009).

Nos últimos anos, paralelamente ao crescimento da produção, fortaleceu-se o debate sobre o papel e as potencialidades do setor no desenvolvimento das regiões produtoras. Em diversas frentes, estudos foram realizados na tentativa de reflexão sobre as questões relativas ao binômio petróleo-região. De modo geral, as percepções sobre o tema buscavam enfatizar as peculiaridades do setor e da produção nacional, especialmente no que se refere à estrutura técnica da produção, ao grau de "arraste" e "indução" para outras atividades e às compensações financeiras derivadas do processo produtivo.[88]

---

[88] Entre estes, destacamos Piquet (2003) e Piquet e Serra (2007).

Nesse sentido, Araújo (2001:266), tendo por base as características técnicas do setor, destaca a natureza diferenciada de impactos sobre as demais atividades econômicas e, enfatizando o fato de ser intensiva em capital e tecnologia, assinala que seus efeitos na massa salarial tenderiam a ser relativamente reduzidos em comparação com outros setores. Entretanto, não se pode desconsiderar sua importância para a geração de renda e estruturação dos mercados de trabalho locais, diretamente mobilizados por seus recursos.

Em termos de encadeamentos dinâmicos, a indústria de petróleo tem consideráveis potencialidades indutoras,[89] e a montante "o impacto depende da capacidade dos fornecedores locais de competir em níveis internacionais, dadas as características da indústria petrolífera, aguçadas no contexto de abertura" (Araújo, 2001:266).

Esta questão traz associados dois pontos centrais acerca desse setor: por um lado, o que poderia ser denominado de "capacidade de indução do desenvolvimento local", por outro, os determinantes da localização dos investimentos.

Piquet (2007:22-26) traça um quadro analítico sobre a indústria de petróleo, inicialmente destacando que a indústria extrativa mineral (nela inclusa a de petróleo) difere diametralmente da indústria de transformação, no que diz respeito aos critérios de localização do investimento, tendo em vista a "rigidez" locacional inerente à produção mineral. Em seguida, chama atenção para o "caráter estratégico desse setor na economia mundial" e para sua alta demanda por tecnologia de ponta.

Não obstante ter acentuada presença no cenário nacional quando se analisa a etapa *upstream* (montante) da indústria de petróleo, o Rio de Janeiro tem fraca participação quando o foco de análise recai sobre o

---

[89] A jusante, as possibilidades de encadeamentos dependeriam da "existência de um complexo petroquímico e gás-químico significativo", capaz de estimular novos investimentos. Chama atenção também para o fato de que, por especificidades próprias e razões históricas, o Rio de Janeiro tem grau reduzido de encadeamentos na indústria petrolífera. "O pequeno território e o tamanho relativo da economia do estado do Rio de Janeiro, aliados às suas fortes interações com outros estados tornam esta última essencialmente aberta. Isto, em princípio, reduz os impactos potenciais a montante e a jusante, mas não chega a excluí-los totalmente" (Araújo, 2001:26).

downstream (jusante), que representa a ponta da cadeia e onde se concentram as maiores possibilidades de diversificação e encadeamentos com outros setores.

Das 10 refinarias (públicas e privadas) produtoras de derivados de petróleo no Brasil, somente duas estão em território fluminense (Refinaria de Duque de Caxias e Manguinhos, essa localizada na cidade do Rio) e respondem por somente 13,35% da produção nacional. Cabe destacar que esse percentual é praticamente todo devido à unidade de Duque de Caxias, tendo em vista que Manguinhos representa 0,02% da produção nacional.

Por outro lado, São Paulo lidera o cenário nacional com cinco refinarias que, juntas, respondem por 42,9% da produção nacional. Bahia (14,4%), Paraná (10,4%), Minas Gerais (8,3%), Rio Grande do Sul (8,1%), Amazonas (2,2%) e Ceará (0,3%) completam o quadro.

Assim, a considerável ausência de "elos" mais abrangentes, efetivos e profundos da chamada cadeia do petróleo é tema recorrente quando os assuntos em destaque são o desenvolvimento regional e a modernização da estrutura produtiva estadual. Cabe assinalar que, enquanto instrumento de desenvolvimento local, a indústria de petróleo tem sua capacidade multiplicadora limitada se não são estabelecidos e consolidados investimentos em setores "associados".

Assim, a não conversão da produção petrolífera em um enclave econômico depende diretamente da promoção de encadeamentos dinâmicos por outros ramos da indústria e serviços especializados, a fim de potencializar seu raio de alcance no que se refere aos efeitos multiplicadores. Nesta linha, Piquet (2003:6) afirma que a

> indústria do petróleo contém fortes efeitos de encadeamento que podem deflagrar virtuoso processo de mudanças estruturais ou, ao contrário, permanecer como mero "enclave" regional (...) a exploração de petróleo pode ser tão pouco benéfica para uma economia quanto qualquer produção extrativista como borracha, minérios ou diamantes.

A questão dos encadeamentos da indústria petrolífera do Rio de Janeiro se insere em um plano maior, qual seja, a promoção de maior diversificação produtiva estadual. Dessa forma, qualquer estratégia de desenvolvimento econômico regional deve contemplar a necessidade de internalização de "elos" de cadeia de valor, entre os quais os da indústria petrolífera. Nesse caso, a busca deve ser prioritariamente pela implantação dos setores ligados a importantes complexos, tais como a química e equipamentos pesados, objetivando trazer a produção "para a terra", multiplicando a riqueza *offshore*.

Adicionalmente, é preciso assinalar que embora os impactos da atividade petrolífera fluminense estejam "limitados" pela ausência de maiores ramificações pela estrutura produtiva regional, deve ser considerado, no tocante ao estímulo e à promoção do desenvolvimento, o papel das contribuições pecuniárias que o estado e alguns municípios recebem como contrapartida pela exploração de recurso natural não renovável.

Assim, a importância da atividade petrolífera para a economia fluminense transcende o caráter especificamente produtivo, ou seja, não se circunscreve apenas aos ganhos obtidos diretamente da atividade extrativa. Ainda que, quando analisados à luz do *quantum* monetário mobilizado, seus efeitos para a geração de emprego, para as demandas industriais derivadas e para o recolhimento de impostos sejam reduzidos, há uma elevada importância dessa atividade no que se refere à capacidade fiscal do estado e dos municípios fluminenses.[90]

O Rio de Janeiro e seus municípios são líderes no cenário nacional no que se refere ao recebimento de *royalties* e *participações especiais*, que são compensações financeiras, estipuladas em lei, que as empresas produtoras são obrigadas a pagar em razão da atividade exercida.[91] Em 2008, o estado do Rio de Janeiro recebeu quase R$ 2,5 bilhões em *royalties*, valor que correspondeu a 66,9% do total repassado aos estados produtores do país naquele ano (tabela 20).

---

[90] Não se nega a importância da indústria de petróleo para a geração de emprego e renda, que em termos locais ganha importante dimensão. Busca-se com esta afirmativa chamar atenção que, em relação ao volume financeiro mobilizado e às possibilidades, em tese, a indústria do petróleo tem baixo impacto a jusante.
[91] As leis que determinam e estabelecem essas compensações financeiras são as Leis nº 7990/1989 e nº 9.478/1997 e o Decreto nº 2.705/1998. Para maiores detalhes, ver Serra, Terra e Pontes (2006) e Fernandes (2007).

TABELA 20
Royalties recebidos por unidade da federação — 2008 (R$)

Estado	Montante	% Total
Rio de Janeiro	2.477.092.122,40	66,9
Espírito Santo	258.614.115,90	7,0
São Paulo	177.177.638,50	4,8
Rio Grande do Norte	165.629.054,00	4,5
Sergipe	155.965.840,70	4,2
Bahia	149.170.545,20	4,0
Pernambuco	68.802.999,90	1,9
Amazonas	65.548.730,40	1,8
Ceará	49.511.063,90	1,3
Rio Grande do Sul	43.742.801,90	1,2
Alagoas	42.950.276,00	1,2
Santa Catarina	29.259.954,10	0,8
Paraíba	7.018.776,10	0,2
Minas Gerais	5.405.322,40	0,1
Paraná	5.404.621,50	0,1
Para	1.618.061,20	0,0
Amapá	285.540,20	0,0
Total	3.703.197.464,40	100,0

Fonte: ANP (2009).

Adicionalmente, cabe destacar que dos R$ 20,8 bilhões distribuídos de *royalties*, entre 1999 e 2008, aos estados brasileiros, 13,7 bilhões tiveram o Rio de Janeiro como destino (tabela 21). Assinala-se que no cenário nacional também se destacam como grandes recebedores de *royalties* os estados do Espírito Santo, Rio Grande do Norte, Amazonas e Bahia (anexo G).

TABELA 21

Evolução dos *royalties* distribuídos para o estado do Rio de Janeiro e Brasil entre 1999 e 2008 (valores reais de janeiro de 2009)

Ano	Rio de Janeiro	Brasil	% RJ/BR
1999	463.606	807.987	57,4
2000	800.377	1.356.735	59,0
2001	911.379	1.505.628	60,5
2002	1.147.898	1.747.877	65,7
2003	1.286.588	1.987.747	64,7
2004	1.344.618	2.090.253	64,3
2005	1.613.375	2.427.820	66,5
2006	1.979.581	2.857.776	69,3
2007	1.787.667	2.619.089	68,3
2008	2.322.362	3.381.642	68,7
TOTAL	13.657.452	20.782.552	65,7

Fonte: ANP (2009).

Os municípios que de certa forma são impactados pela atividade também fazem jus ao recebimento de *royalties*. E, novamente, o estado do Rio de Janeiro se destaca, tendo em vista que seus municípios estão entre os que mais auferiram essa renda. Em 2008, segundo informe da Agência Nacional do Petróleo, aproximadamente mil municípios brasileiros receberam algum repasse na forma de *royalties*. No total, naquele ano, esses municípios receberam R$ 3,7 bilhões, distribuídos conforme critérios técnicos que contemplam basicamente sua posição geográfica em face da região produtora.

Aos municípios fluminenses coube 67% do volume total acima, seguidos de longe pelos municípios capixabas (7%) que também pertencem à bacia de Campos. Entre os 30 maiores recebedores, 19 são do Rio de Janeiro, e entre os 10 primeiros, todos são da região Norte Fluminense. A título de ilustração, Campos dos Goytacazes e Macaé respondem (juntos) por 26,1% do montante nacional pago aos municípios produtores (tabela 22).

TABELA 22
Trinta maiores municípios beneficiários de *royalties* — 2008

Beneficiário	Estado	Valor	% Total
Campos dos Goytacazes	Rio de Janeiro	559.005.735,3	15,1
Macaé	Rio de Janeiro	406.961.370,7	11,0
Rio das Ostras	Rio de Janeiro	162.045.037,1	4,4
Cabo Frio	Rio de Janeiro	144.061.811,0	3,9
Quissamã	Rio de Janeiro	101.086.493,0	2,7
Angra dos Reis	Rio de Janeiro	87.901.291,3	2,4
São João da Barra	Rio de Janeiro	79.193.445,5	2,1
Rio de Janeiro	Rio de Janeiro	66.221.628,4	1,8
Casimiro de Abreu	Rio de Janeiro	56.882.713,0	1,5
Armação dos Búzios	Rio de Janeiro	56.152.666,6	1,5
São Sebastião	São Paulo	56.062.285,0	1,5
Linhares	Espírito Santo	54.893.730,7	1,5
Coari	Amazonas	51.445.180,4	1,4
Duque de Caxias	Rio de Janeiro	50.914.682,4	1,4
Niterói	Rio de Janeiro	50.914.682,4	1,4
Parati	Rio de Janeiro	45.723.442,9	1,2
Magé	Rio de Janeiro	39.759.201,2	1,1
Presidente Kennedy	Espírito Santo	37.830.467,3	1,0
Guapimirim	Rio de Janeiro	34.381.083,7	0,9
Carapebus	Rio de Janeiro	33.748.927,6	0,9
Aracruz	Espírito Santo	32.329.168,8	0,9
Cachoeiras de Macacu	Rio de Janeiro	31.193.173,8	0,8
Guararema	São Paulo	28.525.951,3	0,8
Silva Jardim	Rio de Janeiro	27.966.281,7	0,8
Mossoró	Rio Grande do Norte	26.382.449,5	0,7
Carmópolis	Sergipe	25.515.290,1	0,7
Mangaratiba	Rio de Janeiro	24.900.096,6	0,7
Madre de Deus	Bahia	24.411.865,8	0,7
São Francisco do Conde	Bahia	24.131.094,2	0,7
Macau	Rio Grande do Norte	23.654.953,9	0,6
Outros municípios	—	1.259.001.263,6	34,0
Total Brasil	—	3.703.197.464,4	100,0

Fonte: ANP (2009).

A dimensão do volume financeiro de *royalties* recebido pelos municípios fluminenses e seus impactos em suas estruturas administrativas podem ser mensurados pelo valor recebido *per capita*. Novamente, o estado do Rio de Janeiro se destaca no cenário brasileiro, tendo em vista que dos 15 maiores *royalties per capita* municipais do país, 10 estão em território fluminense (tabela 23). Entre os líderes se encontram alguns municípios que estão localizados próximos à região produtora, mas que efetivamente não sediam a estrutura produtiva em questão, caso de Quissamã, Carapebus, São João da Barra e Búzios.

Tabela 23
Maiores *royalties per capita* municipais — 2008 (em R$)

Município	Estado	Valor
Quissamã	Rio de Janeiro	5.483,41
Presidente Kennedy	Espírito Santo	3.583,70
Carapebus	Rio de Janeiro	3.002,15
São João da Barra	Rio de Janeiro	2.712,57
Macaé	Rio de Janeiro	2.263,65
Armação dos Búzios	Rio de Janeiro	2.123,38
Carmópolis	Sergipe	2.020,51
Casimiro de Abreu	Rio de Janeiro	1.998,35
Guamaré	Rio G. do Norte	1.821,38
Rio das Ostras	Rio de Janeiro	1.813,99
Madre de Deus	Bahia	1.487,74
Parati	Rio de Janeiro	1.356,52
Silva Jardim	Rio de Janeiro	1.307,69
Campos	Rio de Janeiro	1.296,93
Divina Pastora	Sergipe	1.204,61

Fonte: ANP (2009).

Além da rubrica *royalties,* os estados e municípios produtores passaram a ter direito, em 2000, a uma nova compensação financeira de caráter extraordinário, chamada *participações especiais*, que é devida nos casos em que o volume da produção ultrapassa as estimativas iniciais. Entre 2000 e 2008, o valor acumulado dessas participações pagas às unidades da federação ultrapassou os R$ 25 bilhões, cabendo ao Rio de Janeiro 97,3% desse montante.[92] Comparativamente, o segundo estado que mais recebeu participações especiais foi o Espírito Santo, cujo percentual em relação ao total nacional foi de apenas 1%.

À semelhança do ocorrido em relação ao recebimento de *royalties*, os municípios do Norte Fluminense são os maiores beneficiários nacionais no recebimento de participações especiais (gráfico 2). Por fim, se considerarmos o montante de participações especiais recebidos pelo estado do Rio de Janeiro e de seus municípios, a participação fluminense nessas compensações financeiras se aproxima de 47,5% (em 2008) (tabela 24).

GRÁFICO 2
Participações especiais recebidas pelos municípios fluminenses — 2000-08
(acumulado em R$ 1.000)

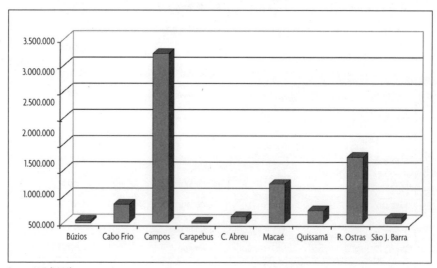

Fonte: ANP (2009).

[92] Valores acumulados em preços de janeiro de 2009.

TABELA 24
Distribuição das participações especiais sobre a produção de
petróleo e de gás natural: 2000-08

Beneficiário	2000	2001	2002	2003	2004	2005	2006	2007	2008
Total	100,0	100,0	100,0	100,0	100,0	100,0	100,0	100,0	100,0
Estados	40,1	40,0	40,0	40,0	40,0	40,0	40,0	40,0	40,0
ERJ	40,1	39,6	39,5	39,1	38,7	38,8	39,1	38,9	37,9
Municípios BR	10,0	10,0	10,0	10,0	10,0	10,0	10,0	10,0	10,0
Municípios ERJ	10,0	9,9	9,9	9,8	9,7	9,7	9,8	9,7	9,5
MME	39,9	40,0	40,0	40,0	40,0	40,0	25,8	25,1	32,2
MMA	10,0	10,0	10,0	10,0	10,0	10,0	24,2	24,9	17,8

Fonte: ANP (2009).

Encerrando, devemos assinalar que o contínuo crescimento da importância relativa dos *royalties* do petróleo para a economia fluminense pode se compreendido mais claramente quando se observa sua dimensão diante de outras variáveis. O gráfico 3, por exemplo, apresenta a evolução do quociente obtido na razão *royalties*/produto interno bruto estadual. Entre 1999 e 2007, houve considerável expansão desse índice, o que atesta um ritmo expansivo bem mais acelerado das referidas compensações financeiras *vis-à-vis* a produção estadual.

GRÁFICO 3
Coeficiente *royalties*/PIB do Rio de Janeiro — 1999-2007 (%)

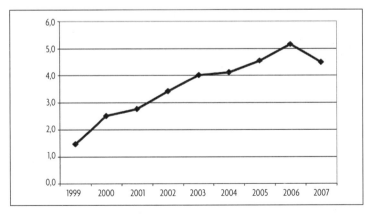

Fontes: ANP (2009) e Sefaz-RJ (2009).

No próximo capítulo aprofunda-se a análise acerca da relação entre o desenvolvimento regional e a dinâmica industrial fluminense, destacando a formação de padrões de desenvolvimento industrial e contrapondo os principais movimentos regionais. Por fim, concederemos atenção às questões alusivas aos processos de "interiorização", "desindustrialização" e "inflexão" supostamente sofridos pela economia do estado do Rio de Janeiro.

CAPÍTULO 4

A trajetória do desenvolvimento regional no Rio de Janeiro: transformações, desconcentração e padrões produtivos

O debate sobre a desconcentração produtiva brasileira é marcado pela riqueza das análises que contribuíram para o entendimento desse processo e, por conseguinte, para a feição regional do desenvolvimento capitalista no país. De modo geral, estes trabalhos buscaram compreender as determinantes que permitiram à "periferia nacional" aumentar, a partir dos anos 1970, sua participação na produção nacional, paralelamente à redução da importância relativa da economia metropolitana paulista.

O posicionamento fluminense diante desse processo tem suas peculiaridades. Primeiramente, não é possível associar as perdas de participação relativa da região, durante as décadas de 1970 e 1980, *somente* às determinantes da desconcentração brasileira, tendo em vista que aquele processo já se fazia sentir desde o início do século passado.[93] Entretanto, é evidente que, em algum grau, as políticas de desconcentração executadas contribuíram com a aceleração da redução relativa do Rio de Janeiro, que não figurava entre as prioridades, por exemplo, do II PND.

Entre os resultados da desconcentração produtiva, chama atenção o fortalecimento da economia interiorana de São Paulo, que inclusive ate-

---

[93] Em nosso entendimento, o desempenho fluminense no período em questão é resultado de processos e entraves estruturais delineados durante o início da industrialização brasileira, entre os quais citamos o perfil produtivo consolidado, a fragilidade dos encadeamentos setoriais, a debilidade econômica do interior regional e, por fim, a transferência da capital federal.

nuou, em nível estadual, a redução relativa sofrida pela RMSP. Esse processo, conhecido como *interiorização da economia paulista,* foi marcado não apenas pelo aumento de participação relativa do interior paulista no PIB nacional, como também pelo fortalecimento de redes urbanas e maior diversificação das atividades terciárias, bem como a incorporação, por parte de sua estrutura produtiva, de setores mais modernos e dinâmicos, ligados à indústria e à agricultura.

Historicamente, o processo de desenvolvimento regional fluminense foi marcado pela acentuada diferenciação entre as estruturas produtivas e urbanas referentes à cidade do Rio (e parte de seu entorno) e o interior fluminense. Ao passo que a "capitalidade" constituiu moderna e diversificada estrutura na cidade-capital, os estímulos de modernização do interior fluminense foram restritos, quando não insuficientes.

No entanto, a dinâmica econômica vivenciada pelo estado (a partir dos anos 1990) trouxe à tona algumas interpretações que sustentam o início de um suposto processo de interiorização regional. Segundo essas análises, quase sempre apoiadas em dados de participação relativa e investimentos realizados (ou anunciados), o Rio de Janeiro finalmente estaria logrando êxito no que se refere à "alteração do curso de seu desenvolvimento", que estaria caminhando em direção ao interior.[94]

As causas dessa suposta interiorização girariam, basicamente, em torno da existência de processos de reestruturação produtiva pelo interior fluminense e dos efeitos oriundos do chamado "congestionamento metropolitano", que abarcaria uma série de "custos" resultantes de fatores aglomerativos e que acarretaria em transformar as cidades médias do interior fluminense numa opção "quase ótima" aos entraves da RMRJ.

Adiante discute-se essa questão mais detalhadamente. No momento, deve-se assinalar que a "percepção" da suposta interiorização coincide com a trajetória de expansão da produção industrial do interior fluminense. Ou seja, a discussão parte da irrefutável constatação de que houve um aumento (continuado) de participação do interior na economia estadual.

---

[94] Entre estas destacamos: Fonseca (2006), Santos (2002 e 2003), Oliveira (2003) e Urani (2008).

Ademais, deve-se considerar que, em razão da fragilidade da produção primária estadual e da acentuada concentração terciária na RMRJ, tem cabido à atividade secundária grande parcela da responsabilidade acerca da estruturação dos espaços econômicos fluminenses, notadamente aqueles situados fora da região metropolitana estadual.[95] No tocante a esse ponto, é preciso resgatar que embora a dinâmica da indústria petrolífera tenha posição central no desempenho da indústria estadual, ela compartilha importância com alguns setores manufatureiros.

No capítulo anterior, optou-se por mostrar os ganhos de participação do interior fluminense através do produto interno bruto regional. Ainda que se reconheça que essa fonte tenha algumas limitações de ordem metodológica, especialmente no que tange a sua precisão e compatibilidade com séries de outros estados, ela se apresenta como uma das melhores opções existentes para a análise regional fluminense, dada a carência de informações e fontes acerca da atividade econômica estadual.

Em nível nacional, um dos dados que mais vem sendo utilizado para se auferir a dinâmica regional/setorial de uma economia é o Valor Adicionado Fiscal (VAF).[96] A disponibilização desse indicador, desagregado por município e setor de atividade econômica, permitiria análises mais precisas, tendo em vista a possibilidade de se visualizarem os movimentos produtivos de cada município e região em distintos períodos.

---

[95] Cabe alertar que, embora no que se refira ao "número de município" a importância das atividades primárias e terciárias (neste caso, especialmente as funções ligadas à administração pública) seja considerável, notadamente no que diz respeito à estruturação dos mercados de trabalho locais, ela se faz destacada no grupo formado pelos pequenos municípios do interior fluminense que possuem baixa participação tanto na população, quanto no produto interno estadual. No entanto, se levarmos em conta apenas os municípios mais robustos economicamente, tornam-se nítidos o peso e a importância das atividades industriais para o conjunto de suas economias.

[96] Segundo a Fundação Seade, "O Valor Adicionado Fiscal é obtido através da diferença entre o valor das saídas de mercadorias e dos serviços de transporte e de comunicação prestados no seu território e o valor das entradas de mercadorias e dos serviços de transporte e de comunicação adquiridos, em cada ano civil. É calculado pela Secretaria da Fazenda e utilizado como um dos critérios para a definição do Índice de Participação dos Municípios no produto da arrecadação do Imposto sobre Operações Relativas à Circulação de Mercadorias e sobre Prestações de Serviços de Transporte Interestadual e Intermunicipal e de Comunicação — ICMS" (Fundação Seade. Disponível em: <www.seade.gov.br>).

Lamentavelmente, a Secretaria de Fazenda do Estado do Rio de Janeiro não disponibiliza o VAF no nível de desagregação aludido. Divulga apenas os valores por município, sem especificar a composição e os valores por atividade econômica, impedindo, assim, o maior detalhamento acerca das dinâmicas regionais.

Não obstante essas limitações, decidiu-se pelo uso do VAF na análise seguinte, em razão de reconhecermos como um importante indicador que permite "complementar" as informações repassadas pelo PIB municipal no que tange ao aumento de importância relativa do interior na economia estadual.

Adicionalmente, no que se refere a algumas regiões de governo e municípios fluminenses — considerada a estreita base produtiva e de serviços destes —, é possível inferir alguns impactos de "novas" atividades produtivas a partir da variação apresentada pelo VAF.

Os resultados mostram que, de 1997 a 2006, a participação da RMRJ no VAF fluminense caiu de 73% para 62,8% (tabela 1).[97] Por outro lado, essa fonte mostra que a "desconcentração" metropolitana foi efetivamente "carioca", tendo em vista que os demais municípios metropolitanos mantiveram ou expandiram suas taxas de participação relativa, embora muitas dessas tenham permanecido em patamares muito reduzidos.

O decréscimo da participação da cidade do Rio no VAF fluminense (e metropolitano) se deu tanto em função do forte acréscimo observado no VAF de outros municípios quanto da estagnação do montante carioca, que não apresentou crescimento real[98] no período, contrastando com a expansão experimentada pelo estado (33,5%) e pelo interior (83,7%).

---

[97] Em 2006, o VAF fluminense girava em torno de R$ 152 bilhões.
[98] Em preços de 2006, o VAF da cidade do Rio em 1998 foi de R$ 63.239.006.289,89, enquanto em 2006 alcançou os R$ 63.295.327.527,17. Taxas obtidas após deflacionamento usando o Índice Geral de Preços da Fundação Getulio Vargas (IGP-DI), para o intervalo de janeiro de 1998 a dezembro de 2006.

TABELA 1
Participação no valor adicionado fiscal estadual — RMRJ — 1997-2006 (em %)

Município	1997	1998	1999	2000	2001	2002	2003	2004	2005	2006
Belford Roxo	1,1	1,2	0,9	1,0	1,1	1,2	1,3	1,3	1,1	1,0
Duque de Caxias	8,0	7,0	8,0	8,0	8,2	11,5	10,7	9,9	11,0	12,3
Guapimirim	0,1	0,1	0,1	0,1	0,1	0,0	0,1	0,1	0,1	0,1
Itaboraí	0,3	0,3	0,4	0,3	0,2	0,2	0,3	0,3	0,3	0,3
Japeri	0,0	0,0	0,0	0,0	0,1	0,1	0,1	0,2	0,2	0,2
Magé	0,3	0,3	0,3	0,2	0,3	0,2	0,2	0,2	0,2	0,2
Mesquita	0,2	0,1	0,0	0,1	0,2	0,2	0,2	0,2	0,2	0,2
Nilópolis	0,2	0,2	0,2	0,2	0,2	0,2	0,2	0,2	0,2	0,2
Niterói	2,1	2,2	2,1	2,1	2,1	2,2	2,5	3,3	3,0	2,4
Nova Iguaçu	1,4	1,5	1,5	1,4	1,3	1,3	1,3	1,3	1,3	1,4
Paracambi	0,1	0,1	0,1	0,1	0,1	0,1	0,1	0,1	0,1	0,1
Queimados	0,6	0,5	0,4	0,4	0,4	0,3	0,3	0,3	0,2	0,3
São Gonçalo	1,9	2,0	2,0	1,8	1,8	1,8	1,7	1,6	1,5	1,6
São João de Meriti	0,9	0,9	0,8	0,8	0,7	0,7	0,7	0,6	0,7	0,6
Seropédica	0,1	0,1	0,1	0,1	0,1	0,1	0,1	0,1	0,1	0,1
Tanguá	0,1	0,1	0,1	0,1	0,1	0,0	0,0	0,0	0,0	0,0
Rio de Janeiro	55,6	54,6	49,7	50,0	49,9	47,9	46,8	44,4	42,5	41,7
RMRJ	72,9	71,1	66,6	66,8	66,8	68,0	66,4	63,9	62,7	62,8
Interior	27,1	28,9	33,4	33,2	33,2	32,0	33,6	36,1	37,3	37,2
Total	100,0	100,0	100,0	100,0	100,0	100,0	100,0	100,0	100,0	100,0

Fonte: Sefaz-RJ (2009).

Em relação aos demais municípios da RMRJ, salienta-se que não ocorreram alterações mais significativas nas taxas de participação, exceção feita ao aumento registrado por Duque de Caxias, fruto da expansão das atividades nos setores de refino de petróleo e de química fina (Polo

Gás-Químico),[99] que além de aumentarem a taxa municipal, atenuaram a redução metropolitana.[100]

Na contramão metropolitana, a participação do interior saltou de 27,1% para 37,2%, em função do crescimento experimentado por vários municípios. Todavia, esse aumento não pode ser entendido como um processo regionalmente homogêneo, pois em algumas regiões interioranas houve redução de importância relativa (tabela 2).

Nitidamente, o desempenho regional coube ao acréscimo experimentado pelas regiões Norte (11,6%) e Costa Verde (7,7%), pois nem mesmo o Médio Paraíba conheceu expansão, embora tenha mantido seu destaque no cenário estadual, contribuindo com quase 10% do VAF estadual. Ademais, assinala-se que essas três regiões respondem por 77% do valor adicionado do interior fluminense. Isso demonstra haver forte concentração econômica na escala interiorana, à semelhança do observado na porção metropolitana.[101]

TABELA 2
Participação regional no VAF estadual — 1997-2006 (em %)

Região	1997	1998	1999	2000	2001	2002	2003	2004	2005	2006
ERJ	100,0	100,0	100,0	100,0	100,0	100,0	100,0	100,0	100,0	100,0
Interior	27,1	28,9	33,4	33,2	33,2	32,0	33,6	36,1	37,3	37,2
Costa Verde	3,5	3,2	4,0	5,0	5,8	5,4	7,2	10,0	8,6	7,7
Norte	5,0	6,4	10,0	9,4	9,6	8,4	8,3	8,7	10,3	11,6

continua

[99] O Polo Gás-Químico está instalado no município de Duque de Caxias. Trata-se de um grande complexo industrial, cujas atividades vão desde o refino do petróleo (Reduc) à produção de plásticos. Nele está incluído a Rio Polímeros (Riopol), projeto de US$ 1 bilhão que se propõe a produzir 540 mil toneladas de uma resina plástica a partir do gás obtido na Refinaria Duque de Caxias. Os acionistas desse empreendimento são a Unipar, a Suzano, a Petrobras e o BNDES. Cerca de 20 empresas da referida cadeia produtiva se instalarão ao redor do empreendimento.
[100] O crescimento real do VAF da RMRJ (14,8%) foi em grande medida sustentado pelo crescimento de Duque de Caxias (106,5%).
[101] É preciso explicitar que esse processo vem se ampliando paulatinamente, considerando-se que a participação dessas regiões em 1997 era de 72,7%.

Região	1997	1998	1999	2000	2001	2002	2003	2004	2005	2006
Noroeste	0,4	0,4	0,4	0,4	0,3	0,3	0,3	0,3	0,3	0,3
Serrana	3,7	3,8	3,4	3,2	2,9	2,8	2,8	3,0	3,2	3,3
Costa Sul	0,7	0,6	0,6	0,6	0,5	0,6	0,6	0,5	0,5	0,6
B. Litorâneas	2,5	3,0	4,5	4,2	4,2	3,4	3,6	3,4	3,9	4,2
Médio Paraíba	11,2	11,3	10,4	10,3	9,8	11,0	10,5	10,0	10,3	9,4
RMRJ	72,9	71,1	66,6	66,8	66,8	68,0	66,4	63,9	62,7	62,8

Fonte: Sefaz-RJ (2009).

A fragilidade econômica da cidade do Rio é mais facilmente dimensionada quando comparado seu VAF aos metropolitano e interiorano. Entre 1997 e 2006, a distância relativa entre o VAF "carioca" e o "interiorano" reduziu-se de 105,6% para 12%. Essa convergência explica a maior aproximação também registrada entre os VAF da RMRJ e do interior fluminense (tabela 3).

TABELA 3
Razão entre os VAFs regionais — 1997-2006

Ano	RMRJ/Interior	Carioca/Interior
1997	269,6	205,6
1998	245,9	188,8
1999	199,1	148,7
2000	201,2	150,6
2001	200,8	150,0
2002	213,0	149,8
2003	197,6	139,2
2004	177,1	123,0
2005	168,1	114,1
2006	168,5	112,0

Fonte: Elaboração própria com dados da Sefaz-RJ (2009).

Por fim, assinala-se que, em 1997, quase a metade dos 20 maiores municípios em termos de VAF pertenciam à RMRJ, valor que se reduziu para 6 em 2006. Nesse período, os municípios de Nova Friburgo, Queimados e São João de Meriti foram excluídos do referido grupo, no qual ingressaram Rio das Ostras, Mangaratiba (municípios que estão na zona de impacto da atividade logística da produção petrolífera estadual) e Porto Real, ex-distrito de Resende que se tornou sede da PSA Peugeot Citröen (tabela 4).[102]

TABELA 4
Maiores municípios segundo o VAF (em R$ 1.000 correntes)

Posição	Município	1997	Posição	Município	2006
	Total Estado	48.043.011.482		Total Estado	151.715.007.793
1	Rio de Janeiro	26.725.710.399	1	Rio de Janeiro	63.295.327.527
2	Duque de Caxias	3.827.963.574	2	D. de Caxias	18.706.176.227
3	Volta Redonda	2.925.933.452	3	Macaé	8.288.250.703
4	Angra dos Reis	1.344.714.279	4	Angra dos Reis	7.723.901.951
5	Campos	1.140.030.278	5	Campos	6.027.482.937
6	Niterói	1.010.179.942	6	Volta Redonda	5.463.347.309
7	São Gonçalo	930.422.560	7	Niterói	3.634.515.526
8	Barra Mansa	778.747.199	8	Petrópolis	2.769.282.033
9	Petrópolis	735.536.196	9	São Gonçalo	2.450.138.001
10	Macaé	683.118.895	10	Porto Real	2.430.371.752
11	Nova Iguaçu	655.236.288	11	Cabo Frio	2.357.326.222
12	Resende	618.511.135	12	Resende	2.227.259.555
13	Belford Roxo	509.835.142	13	Itaguaí	2.172.196.175
14	Piraí	465.313.821	14	Nova Iguaçu	2.081.533.918
15	Cabo Frio	460.392.974	15	Quissamã	1.893.836.918
16	Nova Friburgo	426.339.887	16	Mangaratiba	1.715.448.575

continua

---

[102] Vale destacar a baixa participação de municípios da região Serrana neste grupo, bem como a inexistência de representantes do Centro-Sul e Noroeste fluminense.

Posição	Município	1997	Posição	Município	2006
17	São João de Meriti	418.186.032	17	Belford Roxo	1.575.014.977
18	Itaguaí	319.170.490	18	Piraí	1.473.793.554
19	Queimados	305.975.830	19	Barra Mansa	1.450.629.873
20	Quissamã	290.066.536	20	Rio das Ostras	1.203.294.207

Fonte: Sefaz-RJ (2009).

Após essas considerações, cabe perguntar: *quais são os determinantes e em que consiste o processo de aumento de participação do interior na economia fluminense?*

Observando a evolução desse processo, identificamos dois movimentos regionais *gerais* distintos no que diz respeito à organização/estruturação da indústria estadual: um alusivo à dinâmica setorial na região metropolitana, outro ao desempenho produtivo no interior. Vale assinalar que esses movimentos, além de distintos, têm forte conteúdo espacial, à medida que suas dinâmicas expansivas estão fortemente associadas às trajetórias das regiões em que se apresentam, por conta de requisitos locacionais mais rígidos ou de processos históricos previamente estabelecidos.

Quanto ao primeiro, a explicação passa pela relativa estagnação da economia carioca diante da dinâmica de outros municípios do estado. Não obstante, a partir dos anos 1990, alguns setores do terciário carioca terem experimentado forte expansão, a queda do ritmo expansivo das atividades industriais atuou arrefecendo o nível geral da taxa de crescimento local, incorrendo em imediata perda de participação da cidade do Rio na economia estadual. Embora seja objeto de análise adiante, cabe antecipar que o fraco desempenho do VAF carioca resultou da dinâmica expansiva apresentada pelos setores manufatureiros.

Em sentido oposto, o interior fluminense vivenciou acelerado crescimento do produto industrial, para o qual muito tem contribuído o setor petrolífero e alguns ramos da indústria de transformação. No entanto, esse crescimento industrial — embora enseje uma "desconcentração produtiva" — tem peculiaridades e características que o diferenciam, em grande medida, de outras experiências de "interiorização", notadamente da paulista. Talvez a mais proeminente dessas peculiaridades seja o fato de esse processo de crescimento industrial se apresentar rigidamente delimitado, em termos setoriais e espaciais.

Nessa linha, Ajara (2006:44) enfatiza que a redução da concentração econômica fluminense é "decorrência de uma vertente de crescimento econômico fragmentado, e não tanto resultado de um genuíno processo de desconcentração da economia fluminense". Esse processo não estaria relacionado a

> novos determinantes da localização industrial ditados por um patamar mais elevado de atualização tecnológica, mas sim a um perfil de investimentos no setor industrial associado à exploração de recursos naturais, numa vertente que guarda sintonia com etapas anteriores do processo de desenvolvimento industrial.[103]

Para Oliveira (2003), que entende as transformações sofridas pela economia fluminense como componentes de um amplo e forte processo de reestruturação produtiva, estreitamente ligado às mudanças do paradigma técnico-produtivo, observadas tanto na esfera doméstica quanto em escala global, a base da recuperação econômica fluminense se encontra nas atividades produtivas localizadas fora da capital estadual e revela características próprias de processos mais amplos de "reconfiguração" da base produtiva.

Seu estudo busca debater a suposta "interiorização" da economia fluminense, analisando a nova dinâmica da indústria no interior e a retração da estrutura carioca. Em suas palavras, esse processo não diz respeito a "(...) um deslocamento das atividades industriais para outras regiões, mas, a nosso ver, trata-se, pura e simplesmente, do esgotamento da capacidade produtiva de alguns setores e do consequente fechamento

---

[103] Faz-se necessário uma maior reflexão sobre as características desse "espraiamento" industrial, "uma vez que os fracos encadeamentos com a economia regional, na qual se insere a exploração do petróleo, sinalizam para um reduzido impacto da atividade extrativa, do ponto de vista do desenvolvimento regional" (Ajara, 2006:45).

de suas atividades, dada a incapacidade de se reestruturar e incorporar novos procedimentos e tecnologia" (Oliveira, 2003:103).[104]

Associando a crise vivenciada pelo estado à base produtiva implantada em espaço carioca, o autor chama atenção que a base territorial das atividades que sustentam a atual reestruturação da industrialização e a consequente retomada do crescimento econômico do estado é o interior, cujo eixo principal é a produção extrativa. Importante salientar que o autor relaciona a dinâmica de alguns setores e empreendimentos, alguns em fase inicial de implantação, à dinâmica da indústria petrolífera, embora estas não pertençam a um projeto "efetivo" de consolidação de encadeamentos setoriais.[105]

A nosso ver, ainda que a "base territorial" da expansão econômica do Rio de Janeiro esteja localizada no interior, consideramos prematuro classificar esse processo como uma efetiva "interiorização" econômica regional. O estado do Rio de Janeiro vem passando por um forte processo de *desconcentração produtiva*, o que não necessariamente indica o estabelecimento de uma *interiorização* econômica.

Um processo de "interiorização" não se efetiva somente pelo aumento da participação do interior no produto interno estadual, mas fundamentalmente pela internalização ampliada de setores produtores que culmine em uma maior diversificação econômica, em maiores encadeamentos dinâmicos e na formação de redes urbanas mais sólidas.

Por outro lado, um processo de "desconcentração" produtiva é caracterizado por alterações nas taxas de participação relativa de diferentes regiões econômicas no conjunto total, sem, contudo, a observação, de

---

[104] "(...) a localização dessas atividades no interior do estado [do Rio de Janeiro] não configura um processo de desconcentração espacial a partir da metrópole, mas sim de reconstrução das bases industriais sustentadas em novos setores e formas organizacionais, acompanhando perspectivas ao mesmo tempo locais e internacionais" (Oliveira, 2003:102).

[105] "Inegavelmente, a principal atividade é a extrativista, que tem sustentado todos os índices de crescimento e produtividade econômica e a partir da qual outras atividades vêm se reestruturando. Os exemplos emblemáticos, neste caso, são a associação dessa atividade com a recuperação, ainda que lenta, do setor naval, a criação do polo gás-químico em Duque de Caxias e as perspectivas geradas pela instalação do Complexo Petroquímico do Rio de Janeiro (Comperj), que recebem importantes investimentos, fazendo crescer a economia industrial localizada na RMRJ" (Oliveira, 2003:114-115).

modo efetivo e ampliado, das condições anteriormente citadas. Ou seja, os "ganhos" se apresentam mais em termos estatísticos do que em termos de ampliação e adensamento urbano-econômico.

Assim, a indústria petrolífera (dada sua rigidez locacional e os reduzidos encadeamentos apresentados) não vem logrando êxito no fomento à "interiorização", ensejando muito mais uma maior distribuição do "produto" do que da "produção". Isto fica evidente quando se tem em mente que, embora o "produto interno" tenha apresentado grande desconcentração, a economia metropolitana estadual se manteve em sua posição central em várias esferas do cotidiano societário fluminense, em grande medida por suas funções de metrópole nacional e pela estrutura urbano-produtiva que ainda concentra, notadamente em setores mais modernos.[106]

É importante frisar que não estamos negando que tenha havido um maior adensamento econômico de algumas regiões do interior fluminense. Contudo, esse fato vem se mostrando restrito, em sua capacidade dinâmica, e pontual, em termos de localização territorial. Devemos destacar que um processo de interiorização acarretaria, quase que obrigatoriamente, a maior dinamização autônoma de atividades urbanas e primárias pelo interior fluminense, fato que não tem sido percebido.

Evidentemente, é perfeitamente possível que essa *desconcentração produtiva* se reverta em efetiva *interiorização*, mas para isso há a necessidade de estabelecimento de maior integração regional e a formação de complexos produtivos mais articulados dentro do território estadual.

Por outro lado, não obstante o aumento de participação do interior na produção estadual, a região metropolitana fluminense (RMRJ) vem se mantendo como principal espaço de emprego e renda estaduais,

---

[106] Nesse sentido, Ajara (2006:38) destaca que "(...) o processo de reestruturação produtiva, observado em escala mundial, poderia possibilitar ao Rio de Janeiro certa desconcentração produtiva que fomentasse uma interiorização de maior plenitude". Contudo, esse processo, ao integrar tecnologias de comunicação e os avanços de uma nova organização produtiva, fez com que os chamados setores econômicos modernos elegessem "os espaços que concentram os centros de pesquisa, as universidades e os serviços de alta qualificação" como seus espaços de desenvolvimento, o que, ao fim e ao cabo, resultou na "revalorização dos espaços metropolitanos como portadores dos requisitos locacionais essenciais às modernas atividades".

especialmente através das funções terciárias e de alguns ramos da indústria, entre os quais se destacam os chamados "serviços industriais" e a construção civil.

Encerrando, devemos registrar que a trajetória apresentada pela indústria fluminense, a partir de meados dos anos 1990, vem se caracterizando não apenas pelo caráter "fragmentado" indicado por Ajara, mas também pela existência de *diferentes padrões regionais de desenvolvimento industrial*.

Os referidos padrões fazem alusão não apenas à dinâmica e trajetória expansiva, mas também às classes e aos setores da indústria responsáveis por estas. Entendemos como *padrão regional de desenvolvimento industrial* dado movimento regional que se caracteriza pela existência de um conjunto de atividades que mantenham considerável "proximidade" setorial e/ou determinantes históricas que expliquem a trajetória expansiva notada e que venham impactando e/ou contribuindo sobremaneira com a alteração da dinâmica econômica estadual, no que se refere ao crescimento do produto interno, à modernização tecnológica e à geração de empregos.

Dessa forma, alguns processos de expansão de grande importância em nível local não são, nos termos deste trabalho, considerados padrões, haja vista não contemplarem os quesitos acima. Caso da produção de moda íntima, de vestuário e têxteis da região Serrana, que, apesar da importância em nível local, não tem apresentado dinâmica capaz de, por exemplo, alterar as taxas de expansão do produto interno bruto estadual.

No período analisado neste trabalho, consolidaram-se três distintos padrões regionais de desenvolvimento industrial no território fluminense: um referente à dinâmica metropolitana, os demais à trajetória do interior estadual.

Na região metropolitana (RMRJ), não obstante o volume de investimentos recebidos — apresentados no capítulo 3 —, a dinâmica industrial foi insuficiente para a reversão do quadro de estagnação e perdas de produção. Em outras palavras: o volume de investimentos recebidos não foi capaz de atenuar ou alterar o histórico padrão de redução da produção regional, conformando, como já assinalado por Cano (2007) e Sobral (2007), um quadro de "flagrante desindustrialização".

No interior, por outro lado, os padrões de desenvolvimento industrial se diferenciam em função dos setores que capitanearam a forte expansão do produto interno regional. Assim, identificamos a existência de dois eixos de maior dinamismo industrial que têm impactado a trajetória econômica estadual: um relativo à produção petrolífera na região Norte; outro relativo à expansão da atividade metal-mecânica no Médio Paraíba.

Vejamos, a seguir, as características de cada padrão.

1. Padrão de desenvolvimento regional na Região Metropolitana do Rio de Janeiro: desindustrialização e terceirização?

A redução de participação relativa da indústria fluminense, na produção nacional, chamou atenção para a trajetória do desenvolvimento industrial no Rio de Janeiro. Em poucos anos, a região perdeu o posto de principal centro da indústria nacional e passou a ser marcada pela velocidade e magnitude das perdas relativas.

No entanto, como sabido, a trajetória da indústria fluminense foi quase que exclusivamente determinada pela dinâmica da indústria sediada na cidade do Rio de Janeiro.[107] Inclusive, se observarmos as participações relativas da indústria durante o período da desconcentração produtiva brasileira, veremos que o antigo estado do Rio de Janeiro se beneficiou desse processo, aumentando, ainda que timidamente, sua participação no produto do conjunto nacional.

Entretanto, analisando toda a região fluminense, fica evidente a proeminência carioca na trajetória industrial regional, tanto em termos de participação quanto na geração de postos de trabalho. Adicionalmente, devemos chamar atenção para o fato de que a derrocada industrial carioca tem forte conteúdo "absoluto", ou seja, não é resultante apenas do descompasso entre suas taxas de expansão e a média nacional.

---

[107] Não podemos esquecer que, durante a industrialização brasileira, a região fluminense abarcava duas unidades da federação dotadas de estruturas econômicas acentuadamente distintas, no que se refere à diversificação setorial e ao perfil produtivo.

Por conta disso, torna-se tão importante a análise, mais detalhada, da dinâmica expansiva da indústria carioca, ao longo da industrialização brasileira e em anos mais recentes. A partir da constatação de que as perdas da indústria carioca não foram apenas "relativas" e tendo em vista se apresentarem de maneira disseminada por quase todos os seus setores, cabe a seguinte questão: *teria a cidade do Rio sofrido um processo de desindustrialização?*

Antes de prosseguir, é necessário destacar que, no âmbito deste trabalho, entendemos desindustrialização como um processo de longo prazo marcado pela redução absoluta da produção e/ou do emprego industrial. Essa ressalva se faz necessária pela existência de outras interpretações acerca do referido processo.[108]

Iniciando pela ótica do emprego, cabe apontar que, entre os grandes setores, a maior contribuição à geração de postos de trabalho no mercado formal fluminense tem cabido às atividades terciárias. Entre 1995 e 2005, a taxa de participação da indústria na geração de emprego fluminense caiu de 25,9% para 16,2%, enquanto o percentual dos serviços subiu para quase 82% (tabela 5).

O quadro acima se revela preocupante quando se tem em mente a alta informalização do mercado de trabalho fluminense, especialmente no recorte metropolitano, que não é captada pela Rais e que tem no terciário seu setor por excelência.[109]

Dentro da indústria, a classe manufatureira foi a que sofreu a maior redução. O volume perdido, entre 1985 e 2005, atingiu 180 mil postos de trabalho. É preciso explicitar que a redução desse montante se mostrou mais acentuada durante o período 1985-95, quando 135 mil postos foram eliminados.

---

[108] Para um debate conceitual mais profundo sobre desindustrialização, ver Massey (1988), Nassif (2006), Iedi (2005), Rowthorn e Ramaswamy (1997) e Unctad (2005).
[109] Vale salientar que na Rais o setor industrial corresponde às atividades extrativas minerais, de transformação, de construção civil e os chamados serviços industriais de utilidade pública. Em 1985, a participação da indústria no volume total de empregos era de 25,9%, cabendo ao terciário 73,8%.

Em sentido oposto, nessas duas décadas, o setor terciário gerou quase 700 mil postos, a maior parte (82%) criada no pós-1995. Esse movimento indica, à semelhança de outras experiências regionais mundo afora, que parte dos postos de trabalho extintos na indústria manufatureira foi "recuperada" pelos serviços.[110]

É preciso salientar que a trajetória da indústria extrativa foi similar, em sentido, à dos serviços. Entre 1985 e 1995, seu montante de postos de trabalho foi reduzido à metade, se recuperando rapidamente no decênio seguinte e ultrapassando o patamar apresentando nos anos 1980 (tabela 5).[111]

TABELA 5
Empregos formais gerados por setor — ERJ (1985 a 2005)

Setores	1985	%	1995	%	2005	%
Extração mineral	16.973	0,6	8.863	0,3	22.309	0,7
I. transformação	520.334	19,5	385.309	14,3	335.417	10,5
Siup	49.573	1,9	54.659	2,0	44.795	1,4
Construção civil	105.145	3,9	114.603	4,3	116.108	3,6
Indústria total	692.025	25,9	563.434	21,0	518.629	16,2
Agropecuária	9.544	0,4	27.399	1,0	28.287	0,9
Serviços	1.972.250	73,8	2.097.359	78,0	2.644.868	82,9
Total	2.673.819	100,0	2.688.192	100,0	3.191.784	100,0

Fonte: Rais (vários anos).

Entre as regiões de governo fluminense, a RMRJ é a que apresenta a mais ampla e diversificada estrutura manufatureira fluminense. Por outro lado, essa região é a sede das unidades e setores produtores que vêm apresentando pior desempenho expansivo no cenário estadual, marcado pelo montante de postos de trabalho eliminados, pelo fechamento de

---

[110] Parte como trabalho precário e em alguns em meio ao amplo processo de terceirização pelo qual passaram alguns setores do país a partir dos anos 1980.
[111] Esses valores indicam que, embora tenham baixa contribuição para o mercado de trabalho estadual, as atividades extrativas são de fundamental importância na geração de emprego em nível local.

unidades fabris e pela transferência de empresas (ou unidades) para outras regiões, no território fluminense ou em estados da federação.[112]

Entre 1995 e 2005, quase 56 mil postos de trabalho da indústria de transformação metropolitana foram extintos, diferentemente da realidade do parque manufatureiro do interior, que experimentou variação positiva do total, ainda que timidamente.[113] Na indústria extrativa, a expansão da região foi irrisória (98 unidades), cabendo ao restante do estado a quase totalidade do total estadual (Rais, 2005).

Assinala-se que a redução da indústria no mercado de trabalho metropolitano fluminense vem se apresentando como um movimento de longo prazo e está associada tanto às perdas de participação da região na economia nacional quanto às modificações em processos produtivos dentro da empresa.

No intervalo 1970-2000, a indústria de transformação metropolitana do Rio de Janeiro sofreu redução de participação na ocupação de todos os setores da indústria brasileira, porém com maior intensidade no grupo formado pelas indústrias predominantemente produtoras de bens de consumo durável (de 12,7% para 4,8%), que inclui tradicionais setores da indústria regional, caso dos estaleiros de construção naval (Loureiro, 2006:71).

Para o grupo das indústrias predominantemente produtoras de bens de consumo não durável, a redução foi de 11,6% para 5,4%, ao passo que para o grupo predominantemente produtor de bens de capital e bens intermediários a queda foi de 8,6% para 4,7% (tabela 6). Cabe registrar que a trajetória da indústria extrativa foi oposta, em função do desempenho do setor petrolífero que, embora não tenha sua base de produção sediada na RMRJ, concentra o centro de comando das empresas que atuam no setor.[114]

---

[112] Assim, embora mantenha o protagonismo na recepção de investimentos industriais — visto no capítulo anterior —, em termos de fluxos, a situação da indústria metropolitana fluminense é preocupante, pois as "entradas" de investimentos parecem não ter compensado as "saídas".

[113] Destaca-se que, entre 1985 e 1995, salvo as regiões Serrana, Noroeste e Baixadas Litorâneas, cujas estruturas industriais não figuram entre as mais complexas, todas as regiões de governo fluminense sofreram redução no volume de emprego da indústria de transformação.

[114] Segundo o Governo do Estado do Rio de Janeiro, atualmente são 39 grandes empresas do setor sediadas na RMRJ.

TABELA 6
RMRJ na ocupação da indústria nacional — 1970-2000 (em %)

Setor	1970	1980	1991	2000
Extrativas	2,7	3,9	4,3	4,1
Petróleo	1,1	9,1	21,7	20,2
Outras extrativas	2,8	3,5	2,6	2,0
Transformação	10,6	8,8	6,8	5,0
Grupo I	11,6	9,6	7,5	5,4
Mobiliário	10,0	8,7	6,5	5,2
Farmacêuticas	28,6	20,8	19,4	13,9
Têxteis	8,3	5,1	3,8	1,7
Vestuário	20,3	16,6	11,3	7,4
Calçados	7,3	2,6	2,0	0,8
Alimentares	7,9	7,0	5,6	3,9
Bebidas	17,5	14,4	13,2	10,1
Fumo	13,0	13,4	9,6	7,7
Editorial e gráfica	25,6	20,1	14,1	9,7
Grupo II	8,6	7,4	5,6	4,7
Minerais não metálicos	7,1	5,2	4,0	2,9
Metalúrgicas	8,0	8,1	5,8	5,6
Madeira	3,5	2,8	2,3	1,5
Papel e papelão	8,2	6,1	5,0	2,9
Borracha	7,0	5,9	6,6	6,1
Couro e peles	11,7	10,5	6,6	3,0
Química	13,9	10,6	36,1	5,5
Derivados de petróleo	32,5	31,6	20,2	22,2
Matérias plásticas	14,4	10,9	8,6	5,3
Grupo III	12,7	10,0	8,6	4,8
Mecânicas	12,2	7,3	8,7	5,5
Elétrico e comunicações	14,7	8,4	8,0	4,3
Transportes	12,4	12,2	7,8	3,3
Diversas	12,5	11,7	10,8	6,5
Total	10,2	8,6	6,7	5,0

Fonte: Loureiro (2006:71)
Grupo I: Indústrias produtoras de bens de consumo não durável,
Grupo II: Indústrias produtoras de bens de capital e de bens intermediários,
Grupo III: Indústrias produtoras de bens de consumo durável.

Evidentemente que, por seu peso na estrutura da região, coube à cidade do Rio de Janeiro grande participação nessa trajetória da indústria metropolitana. Ainda que possamos observar certa regressão das estruturas manufatureiras de alguns municípios, especialmente falando de Niterói, São Gonçalo e Nova Iguaçu, a desindustrialização metropolitana foi, efetivamente, determinada pelo resultado carioca.

Dados mais recentes (PIA-IBGE) atestam que a desindustrialização metropolitana é, em grande medida, um fenômeno que corresponde preponderantemente à cidade do Rio de Janeiro. Segundo a fonte em questão, a participação carioca, na indústria de transformação brasileira e na fluminense, sofreu abrupta redução nas principais variáveis de análise (unidades locais, pessoal ocupado e valor da transformação industrial).

Em relação às unidades locais, enquanto o montante da indústria de transformação brasileira saltou de 38.461 para 49.878, o valor referente à cidade do Rio caiu de 1.175 para 789 unidades. Em termos percentuais, a participação carioca na indústria manufatureira brasileira foi reduzida de 3,1% para 1,6%. No tocante ao VTI, a participação da indústria da cidade do Rio na produção manufatureira fluminense caiu para 25,5%, ao turno que no plano nacional o percentual foi para 2,1% (tabelas 7 e 8).

TABELA 7
Participação carioca na indústria de transformação fluminense — 1996-2006

Ano	Unidades	PO	VTI
1996	59,7	51,9	52,2
1997	57,5	52,2	56,8
1998	55,2	54,3	55,0
1999	53,4	52,5	46,0
2000	49,8	52,3	41,3
2001	42,7	41,1	34,8
2002	44,8	44,0	36,1
2003	46,8	45,0	29,6
2004	49,1	42,2	27,2
2005	41,3	36,8	24,9
2006	39,9	36,0	25,5

Fonte: PIA (IBGE) apud Medeiros Jr. e Medina (2008).

TABELA 8
Participação carioca na indústria de
transformação brasileira — 1996-2006

Ano	Unidades	PO	VTI
1996	3,1	3,2	4,1
1997	2,9	3,1	4,1
1998	2,7	3,1	3,8
1999	2,7	2,9	3,3
2000	2,4	2,7	3,1
2001	2,0	2,0	2,4
2002	2,1	2,2	2,6
2003	2,0	2,0	2,3
2004	2,0	1,8	2,2
2005	1,6	1,6	1.9
2006	1,6	1,6	2,1

Fonte: PIA (IBGE) apud Medeiros Jr. e Medina (2008)

Vale assinalar que no "número de unidades locais" e no "pessoal ocupado", a cidade do Rio de Janeiro apresentou decréscimo nos valores totais, enquanto no VTI sua expansão foi modesta, bem abaixo dos percentuais registrados para o Brasil e para o estado do Rio (tabela 9).

TABELA 9
Variação percentual da indústria de transformação para
Brasil, estado do Rio de Janeiro e município do Rio de Janeiro,
segundo variáveis, PIA — 1996-2006

Região	Unidades	PO	VTI
Brasil	29,7	28,3	228,4
ERJ	0,4	-9,2	238,6
MRJ	-32,9	-37,0	65,4

Fonte: PIA (IBGE) apud Medeiros Jr. e Medina (2008)

A indústria de transformação carioca apresenta forte concentração, tendo em vista que os três principais setores (em termos de participação relativa) respondiam, em 2006, por 63,6% do VTI total. Os mais importantes ramos da indústria da cidade do Rio são aqueles ligados às atividades de fabricação de produtos químicos, de produtos alimentícios e bebidas; edição, impressão e reproduções; artigos de borracha e plástico; e fabricação de máquinas e equipamentos (tabela 10).

TABELA 10
Participação das atividades no VTI da indústria de transformação*
do município do Rio de Janeiro — 1996-2006

Posição	Atividade (CNAE)	1996	2006	Diferença	Participação Acumulada 1996	Participação Acumulada 2006
1	Fabricação de produtos químicos	26,0	30,0	4,0	26,0	30,0
2	Fabricação de produtos alimentícios e bebidas	16,6	18,1	1,5	42,6	48,1
3	Edição, impressão e reproduções	21,2	15,5	-5,6	63,8	63,6
4	Artigos de borracha e plástico	6,9	9,5	2,7	70,7	73,2
5	Fabricação de máquinas e equipamentos	4,8	7,7	2,9	75,5	80,8
6	Produtos de minerais não metálicos	3,1	3,3	0,2	78,6	84,1
7	Fab. produtos de metal (exceto máquinas e equip.)	3,7	3,2	-0,5	82,3	87,3
8	Fabricação de celulose, papel e produtos de papel	2,3	2,5	0,3	84,6	89,8
9	Confecções	2,0	2,0	0,0	86,6	91,9
10	Outros equipamentos de transporte	1,7	1,8	0,1	88,3	93,7
11	Máquinas, aparelhos e materiais elétricos	2,4	1,6	-0,8	90,7	95,2
12	Refino de petróleo e produção de álcool	1,6	1,5	-0,1	92,3	96,7
13	Fabricação de móveis e indústrias diversas	2,9	0,8	-2,1	95,2	97,5
14	Equipamentos e instrumentos médico-hospitalares	0,4	0,7	0,3	95,6	98,2

continua

Posição	Atividade (CNAE)	1996	2006	Diferença	Participação Acumulada 1996	Participação Acumulada 2006
15	Indústria têxtil	0,7	0,6	-0,1	96,3	98,8
16	Montagem de veículos automotores	0,3	0,5	0,2	96,5	99,3
17	Couro-calçadista	0,9	0,4	-0,5	97,5	99,7
18	Indústria extrativa de minerais não metálicos	0,4	0,1	-0,2	97,8	99,9
19	Metalurgia básica	1,4	0,1	-1,3	99,2	100,0
20	Máquinas de escritório e equipamentos de informática	0,0	0,0	0,0	99,2	100,0
21	Extração de petróleo e serviços correlatos	0,0	0,0	0,0	99,2	100,0
22	Produtos do fumo	0,0	0,0	0,0	99,2	100,0
23	Fabricação de produtos de madeira	0,0	0,0	0,0	99,2	100,0
24	Material eletrônico e ap. e equip. de comunicação	0,8	0,0	-0,8	100,0	100,0
25	Reciclagem	0,0	0,0	0,0	100,0	100,0

Fonte: PIA (IBGE) apud Medeiros Jr. e Medina (2008).
* Por causa das restrições sobre identificação dos dados, a participação não foi calculada para todas as atividades.

Por outro lado, um indicativo do dinamismo industrial vivenciado pelo interior fluminense é que o total estadual praticamente não se alterou. Isso mostra que a expansão do interior e, em menor escala, de alguns municípios da periferia metropolitana sustentou a dinâmica estadual.[115]

E quais são as determinantes desse processo de desindustrialização?

Inicialmente, devemos destacar que esse é um processo que se apresenta de longa data e que teve início entre os anos 1940 e 1950. Suas raízes estão associadas à conjuntura produtiva regional e às forças ensejadas e constituídas no processo de integração do mercado nacional.

---

[115] A variação no pessoal ocupado exclui quaisquer dúvidas acerca da desindustrialização carioca, tendo em vista que, enquanto a expansão na indústria de transformação brasileira ultrapassou 1 milhão, na cidade do Rio a variação foi negativa em quase 50 mil.

Em relação à conjuntura regional, é preciso lembrar que a estrutura industrial da região estava assentada em unidades de setores que foram se tornando, ao longo da industrialização brasileira, obsoletos, tanto em termos tecnológicos quanto no tocante à importância na matriz produtiva nacional.

No que diz respeito às "forças constituídas", deve-se ter em mente que, em meio à maturação de sua estrutura produtiva, a cidade do Rio passou a enfrentar a concorrência direta da indústria paulista, que já despontava como a mais moderna e articulada em nível nacional.

Uma hipótese aventada é que no território fluminense, em meio à industrialização nacional, houve a atuação dos chamados *efeitos de estímulo* em algumas partes do interior estadual, enquanto na cidade do Rio a predominância foi dos efeitos de *inibição* ou *bloqueio* e, em medida muito especial, dos *efeitos de destruição*.[116]

Considerando-se que com o início da industrialização coube às regiões periféricas de São Paulo a internalização de estruturas complementares e de menor diversificação, a cidade do Rio se via na contramão do processo, pois sua estruturação industrial já havia se estabelecido de modo relativamente diversificado e setorialmente pulverizado.

Uma característica que fora inicialmente entendida como uma força da indústria carioca, em algumas décadas se tornaria uma fragilidade da estrutura, em razão das linhas trilhadas pelo desenvolvimento capitalista nacional, e se converteria em um claro processo de desindustrialização precoce.

Vale destacar que, no entendimento de Diniz e Crocco (1996:84),

a perda da importância do Rio de Janeiro estava relacionada com a incapacidade da indústria local em sustentar seu crescimento no mesmo ritmo das outras regiões do país, especialmente pelo ambiente desfavorável para os negócios naquela cidade, que veio a se agravar em períodos mais recentes, em função da profunda crise política e social que atingiu aquela cidade.

---

[116] Sobre esses estímulos ver Cano (1998a).

Como contrapartida da desindustrialização, houve um forte incremento da participação do terciário na economia metropolitana fluminense. Entre 1992 e 2007, o percentual do setor na ocupação fluminense saltou de 77,4% para 81,6%, muito em função da expansão das atividades ligadas à saúde e educação, ao comércio e aos serviços ao produtor (tabela 11).

TABELA 11
Ocupação por setor de atividade na RMRJ — 1992-2007 (em %)

Setores	1992	1995	1998	2001	2004	2007
Agricultura	2,0	1,1	0,9	1,0	1,1	1,1
Indústria	13,1	12,8	10,3	9,4	9,8	9,9
Construção civil	7,5	7,3	7,2	7,3	7,2	7,4
Administração pública	6,7	6,2	6,1	6,2	6,6	6,1
Serviços distributivos	16,1	16,9	17,9	18,4	17,3	17,8
Serviços pessoais	27,8	27,7	29,7	30,5	28,6	27,4
Serviços produtivos	14,7	15,1	14,6	14	15,9	16,8
Saúde e educação	9,7	10,7	11,1	10,9	12,2	12,4

Fonte: IBGE (PNAD, 2008).

Faz-se necessário assinalar que o movimento observado na economia metropolitana fluminense esteve em consonância com outras experiências regionais, especialmente no que tange ao incremento da participação terciária no produto interno bruto e na geração de emprego. Ajara (2006:34) destaca "a importância crescente dos serviços ao produtor e ao consumidor, no contexto de uma economia em rede" e observa que, em função das recentes transformações observadas na economia mundial, a RMRJ estaria consolidando sua posição de "economia de serviços", paralelamente à acentuação da "polarização espacial no estado". Dessa forma, o processo de "despolarização estadual passaria a ser esperado das atividades ligadas à produção física de mercadoria, cujos requisitos locacionais podem ser compatíveis com as condições infraestruturais disponíveis no interior do estado".[117]

---

[117] A seu ver, "a transformação ocorrida no eixo dinâmico da economia metropolitana, sobrelevando a importância dos serviços de nível superior, faz parte de uma mudança no

Argumentação complementar é encontrada em Santos (2002:43), para a qual a manifestação do processo de terceirização pode ser identificada analisando o papel das cidades médias da dinâmica econômica e demográfica do interior fluminense, assinalando que nas cidades médias da RMRJ o "setor terciário foi o principal responsável pela geração de emprego", enquanto nas localizadas no interior a indústria e agropecuária responderam por dois terços dos empregos gerados.

Conforme Santos (2002:43), esse dado oferece "suporte empírico à tese de que as áreas metropolitanas vêm-se transformando em economias de serviços, ao passo que as atividades produtivas apresentam um padrão locacional menos polarizado". Finalizando, ressalta que as atividades industriais "tendem a se deslocar para onde seja possível evitar as deseconomias de aglomeração presentes nas áreas metropolitanas, desde que haja tamanho crítico de mercado de trabalho e infraestrutura necessários para dar suporte à atividade industrial".

2. Interior fluminense: crescimento econômico, especialização produtiva e fragmentação regional

A estruturação das atividades industriais pelo interior fluminense teve determinantes totalmente distintos daqueles observados na cidade do Rio. Sua "industrialização" foi marcada, no lado produtivo, pela baixa diversificação e integração entre as plantas produtivas regionais e, pelo lado urbano, em poucos estímulos à constituição e consolidação de núcleos urbanos de maior robustez e densidade, capazes de promover não apenas a maior articulação do interior com a estrutura carioca, mas também, e especialmente, entre suas diferentes hinterlândias.

Evidentemente, esse processo não foi regionalmente homogêneo, tampouco integrado, considerando-se que nem todas as regiões interioranas foram contempladas com esses investimentos e que não houve a formação de encadeamentos setoriais, regionais ou urbanos mais sólidos.

---

campo da reestruturação dos perfis das cidades para desempenho de novas funções, tais como prestação de serviços avançados, ações de controle e gestão dos espaços situados além dos limites da região" (Ajara, 2006:35).

Ao turno que os setores com menor rigidez locacional foram implantados, em sua maioria, em municípios da porção sul do estado, às outras regiões restaram setores cuja produção baseava-se na exploração de recursos naturais (álcalis e minerais), ou faziam parte de incipientes cadeias agroindustriais, organizadas em torno da atividade primária regional.

A dinamização econômica regional observada a partir de meados dos anos 1990 é consequência direta da modernização/expansão de atividades produtivas ligadas à produção petrolífera e a alguns setores manufatureiros (siderurgia, metalurgia, mecânica, material de transporte e química), que tem ensejado a formação de distintos padrões de desenvolvimento industrial no interior fluminense.

Os padrões de desenvolvimento industrial do interior são:

a) Padrão de especialização na produção petrolífera do Norte Fluminense.
b) Padrão de especialização na produção manufatureira do Sul Fluminense.

O primeiro se refere à dinâmica de crescimento regional derivada do processo produtivo da bacia de Campos, podendo incluir, dessa forma, não apenas municípios que estejam localizados na região produtora (Norte), como também em sua área de influência imediata.

O segundo diz respeito à consolidação do perfil produtivo da porção sul do território fluminense (compreendido pelas regiões do Médio Paraíba, do Centro-Sul e da Costa Verde), através da reestruturação de atividades tradicionais e da incorporação de novos e dinâmicos setores manufatureiros.

A seguir, a análise de cada padrão.

2.1 Padrão de especialização na produção petrolífera do Norte Fluminense

Enquanto setor mais importante da economia fluminense, a indústria de petróleo também tem chamado atenção no que se refere a seus efeitos sobre o desenvolvimento regional. Em tese, tem menor potencial de geração de empregos, notadamente quando comparada à maioria dos setores que compõem a indústria de transformação, muito em função da especificidade técnica do processo produtivo que, em geral, é demandante de mão de obra especializada.

No caso brasileiro, em que a quase totalidade da produção ocorre em alto-mar (*offshore*), as questões dos impactos econômicos e da capacidade/limitações setoriais para a promoção do desenvolvimento regional ganham projeção em frentes analíticas diversas, da esfera acadêmica às entidades de classe, passando por grupos organizados das comunidades diretamente afetadas pela produção. Suas características (intensiva em capital, baseada na exploração de recurso natural não renovável, *offshore* etc.) tornam as reflexões concernentes aos impactos socioeconômicos locais e às estratégias de desenvolvimento regional um exercício imperioso e contínuo.

A extração de petróleo tem conferido considerável dinamismo socioeconômico aos municípios produtores, através da instalação de estrutura logística e de apoio à operação produtiva e através das compensações financeiras. Nos municípios limítrofes à bacia de Campos vem ocorrendo um rápido processo de reestruturação urbana, marcado pela reconversão de estruturas produtivas, até então baseadas em poucos e frágeis setores da indústria de transformação e na produção sucroalcooleira.

Todavia, essa "reconversão" tem mostrado limitações e deficiências, notadamente no que se refere à efetivação de condições mais autônomas de desenvolvimento, tendo em vista sua urgência, quando se trata de exploração de recurso não renovável. Essas "limitações e deficiências" têm como uma de suas determinantes o fato de a indústria petrolífera não estar conseguindo converter, em maior medida, seu dinamismo expansivo em ramificações para outros setores da estrutura produtiva estadual. Assim, verificamos que seus "transbordamentos" estão se mostrando limitados, especialmente se cotejados à luz do montante de recursos (financeiros e tecnológicos) envolvidos no processo produtivo.

Para Monié (2003:260), a produção petrolífera brasileira passou a se dar de forma significativa quando o "país já apresentava um nível de desenvolvimento das forças produtivas bastante elevado, um parque industrial de grande porte e diversificado, grande consumidor de combustíveis e um espaço nacional razoavelmente integrado", de modo que, diversamente do observado em outras nações produtoras, esses elementos tenderam a diluir ou neutralizar relativamente os impactos dinâmicos sobre a estrutura produtiva e territorial.

Em trabalho anterior, Monié (2003:271) já alertava para a ausência de um "projeto de desenvolvimento regional de grande alcance" e para as fragilidades da produção petrolífera da bacia de Campos no que se refere à construção de encadeamentos. Assinalava que os altos investimentos executados[118] pela Petrobras na região não estavam inseridos "num projeto de desenvolvimento regional de grande alcance comparável aos projetos formulados nos anos 60 e 70, na Bahia (com o Complexo de Camaçari), ou em países como a Venezuela e a Argélia".[119]

Ademais, esses investimentos acarretaram, para a região, a "justaposição de segmentos modernos, intensivos em capital, e segmentos que permaneceram tradicionais, de pouco conteúdo tecnológico".[120] Para Monié (2003:271), esse aprofundamento da heterogeneidade estrutural reforça o risco de "formação de um 'enclave' econômico à medida que as desigualdades setoriais de produtividade cooperaram para acentuar a desarticulação do sistema produtivo". Conclui chamando atenção para a existência de uma estrutura econômica regional tradicional, relativamente atrasada e de baixo dinamismo, cujo movimento expansivo é alheio à dinâmica petrolífera.[121]

---

[118] Monié (2003:271) destaca que de 1970 a fins dos anos 1990 a Petrobras investiu cerca de R$ 20 bilhões na bacia de Campos, atraindo para a região não apenas novos atores econômicos, como equipamentos e infraestrutura produtiva moderna.

[119] Para o autor, na bacia de Campos, "o crescimento da exploração do petróleo não foi acompanhado pela instalação de um complexo industrial e portuário comparável aos das regiões mencionadas" (Monié, 2003:271).

[120] "(...) Persistem atividades tradicionais na maior parte dos outros municípios, com pouca ou nenhuma ligação direta com a economia do petróleo, ainda que sejam contempladas com um efeito fiscal positivo (distribuição de *royalties* e participações especiais). Por outro lado, grande parte da mão de obra oriunda das antigas atividades econômicas permaneceu à margem do mercado de trabalho, pressionando o setor serviços. Isso porque não há uma correspondência direta entre os postos de trabalho na economia do petróleo e o perfil restrito da força de trabalho regional." (Monié, 2003:271).

[121] "A economia regional é incapaz de oferecer postos de trabalho para todos os migrantes atraídos pelo novo 'eldorado petrolífero', o que contribui decisivamente para o caráter desigual das dinâmicas em curso. O descompasso é flagrante entre os espaços dos trabalhadores inseridos nas atividades econômicas modernas (que lhes garantem empregos assalariados, renda acima da média, acesso ao consumo, elevado grau de mobilidade e equipamentos e serviços de qualidade) e os espaços da população excluída dos efeitos positivos do crescimento das atividades petrolíferas" (Monié, 2003:271).

O reduzido grau de encadeamentos do setor pode ser conferido pela diminuta internalização, na estrutura produtiva fluminense, dos setores *upstream* da cadeia produtiva do petróleo. Destaca-se que, no caso da produção *offshore*, em função do "descolamento espacial" entre as sedes urbanas e o "local da produção", a promoção de encadeamentos *para a frente* e *para trás* se torna problemática em razão dessa especificidade locacional do empreendimento, que se situa fora do espaço urbano produtor.

Por outro lado, devemos sublinhar que ao ultrapassar o campo estritamente "produtivo", alcançando as finanças públicas regionais, a indústria petrolífera tem estado no centro dos debates acerca da destinação social desses recursos, bem como da reflexão sobre o estímulo do desenvolvimento regional de mais longo prazo.

Um dos efeitos mais visíveis dessa realidade é a consolidação do perfil "petrorrentista" em alguns municípios, que "por uma questão exclusivamente de proximidade física com os campos petrolíferos, ocupam a privilegiada condição de grandes recebedores de rendas petrolíferas, isto sem a necessária presença de capitais petrolíferos em seu território" (Serra, Terra e Pontes, 2006; Braga, Serra e Terra, 2007).

Outro importante ponto a destacar é que a ausência de um planejamento de desenvolvimento regional de mais longo alcance dos espaços produtores tem fomentado a busca de alternativas políticas descoladas de um projeto maior de desenvolvimento regional que contemplasse a questão a partir dos interesses da federação.

Essa realidade culminou em propostas de desenvolvimento local, fortemente endogenizadas e centradas quase que unicamente na questão do recebimento/distribuição das compensações financeiras (rendas), bem como no estímulo de ações políticas baseadas em princípios localistas e, por vezes, clientelistas.

O cenário produtivo regional ensejou forte processo de competição intermunicipal, cuja primeira consequência se deu no plano administrativo "com o desmembramento de antigos municípios, à medida que o pagamento dos *royalties* aumentava. Após 1990 foram criados cinco municípios, sendo dois em áreas das antigas usinas de Carapebus e Quissamã" (Piquet, 2003:6).

Piquet (2003:6) alerta que os municípios do Norte Fluminense estão entre os que mais auferem *royalties* no país e que suas "lideranças logo perceberam que uma atuação isolada e um comportamento competitivo pouco lhes seriam úteis" e que a defesa de seus interesses dá então ensejo à criação (em 2001) da Organização dos Municípios Produtores de Petróleo e Gás e Limítrofes da Zona de Produção Principal da Bacia de Campos — Ompetro, formada no ato de sua criação pelos municípios de Armação de Búzios, Cabo Frio, Campos dos Goytacazes, Carapebus, Casemiro de Abreu, Macaé, Quissamã, Rio das Ostras e São João da Barra.[122]

2.2 Padrão de especialização na produção manufatureira do Sul fluminense

Apesar de sua indiscutível importância para o produto interno fluminense, a indústria petrolífera tem dividido atenção com outros setores da indústria de transformação quando se trata de investimentos efetuados e, por conseguinte, da modernização da estrutura produtiva e da geração de emprego e renda estaduais.

No entanto, sabemos que a trajetória da indústria de transformação fluminense tem sido de acentuadas perdas, resultantes não apenas do descompasso entre as taxas de expansão estaduais e as nacionais, mas especialmente por conta da desarticulação e da desestruturação de importantes setores da matriz produtiva regional, tais como a indústria naval, de alimentos, farmacêutica, de vestuário e têxtil.

No cenário regional, a indústria manufatureira metropolitana perdeu sua posição "primaz" para a estrutura manufatureira do interior fluminense, notadamente aquela situada na porção sul do território estadual, que a partir dos anos 1990 passou a experimentar forte dinamismo econômico, que tinha como base a implantação de novos setores e

---

[122] A Ompetro congrega municípios do Norte e da região das Baixadas Litorâneas, todos eles costeiros, não coincidindo exclusivamente, portanto, com o espaço da região Norte, cuja referência produtiva histórica é a produção sucroalcooleira.

a modernização/ampliação de outros. Regionalmente, esse processo tem se mostrado mais robusto e ampliado no Médio Paraíba e, em menor monta, em alguns municípios do Centro-Sul e da Costa Verde.

Esses processos industriais estiveram diretamente relacionados às transformações observadas no cenário macroeconômico brasileiro, em especial à abertura comercial, à redefinição do papel estatal na economia e, por fim, às ações de desenvolvimento de perfil localista.

Cabe salientar que a recente dinâmica da indústria localizada na porção Sul Fluminense vem se distanciando, no que tange ao perfil produtivo, da experiência metropolitana, tendo em vista que sua dinâmica tem sido marcada pela continuada especialização produtiva.

A importância deste processo não repousa tão somente nas maiores taxas expansivas do produto e do emprego, mas também nas possibilidades ensejadas de mais amplas articulações urbana, setorial e regional do que as apresentadas, até o momento, pela produção de petróleo. Ademais, não podemos desconsiderar que esse movimento é um indicativo de "rupturas" e "descontinuidades" em relação a alguns padrões históricos do desenvolvimento regional fluminense, entre os quais a proeminência metropolitana e a baixa presença do capital privado estrangeiro na indústria de ponta estadual.

Todavia, esse processo tem se mostrado fragmentado e dotado de algumas fragilidades, especialmente por estar assentado em alguns poucos ramos industriais. Efetivamente, essa trajetória expansiva manifesta-se incapaz de promover maior articulação produtiva entre o sul e outras regiões do interior fluminense.

Vale assinalar que o crescimento manufatureiro do interior fluminense (como um todo) esteve diretamente relacionado à dinâmica expansiva nacional, marcada, a partir de meados da década passada, pelo acirramento da competição entre as regiões e pela perspectiva de atração atomizada de investimentos.

Nesse ambiente de rivalidades concorrenciais, regiões fora dos espaços metropolitanos tradicionais, dotadas de boa infraestrutura e de fácil comunicação a esses, primordialmente compostas por cidades médias, se sobressaíram na atração de investimentos industriais. Assim, como assinalam Diniz e Crocco (1996:77), "(...) ao lado da perda de importância de tradicionais regiões produtoras, a exemplo das áreas metropolitanas de São Paulo e Rio de Janeiro vem sendo criado um conjunto de novas áreas industriais, a maioria especializadas, relativamente dispersas e em cidades de porte médio (...)".

Observando o conjunto de investimentos recebidos (pelo Médio Paraíba, Centro-Sul e Costa Verde), notamos que os vetores do crescimento industrial da região foram os setores ligados às produções metal-mecânica, siderúrgica e de automóveis e, em menor monta, química. Entre os municípios, se destacam Volta Redonda, Barra Mansa, Resende, Porto Real, Itatiaia, Itaguaí, Mendes e Três Rios (quadros 1 e 2).[123]

Vale apontar que, de modo geral, a Volta Redonda e Barra Mansa, importantes centros siderometalúrgicos nacionais, couberam os investimentos de ampliação e modernização da atividade "tradicional", enquanto no território que originalmente correspondia a Resende se concentraram as atividades da nova indústria automobilística fluminense, liderada pela Volkswagen, instalada em 1996, e pela PSA Peugeot Citröen, instalada em 2001.

QUADRO 1
Principais investimentos no Médio Paraíba — 1996-2006

Município	Empresa	Setor	Produto	Emprego
Barra do Piraí	QuimVale	Químico	Carbonato de Cálcio	120
Barra Mansa	Sid. B. Mansa-Amp.	Siderúrgico	Aço	—
Barra Mansa	Sid. B. Mansa-Nova	Siderúrgico	Aço	700
Itatiaia	Meyenfreund	Bebidas	Cerveja	250
Itatiaia	Instituto Biochimico	Farmacêutico	Remédios	90
Itatiaia	Michelin	Borracha	Pneu de automóveis	200
Pinheiral	CSN (Cimento)	Minerais não metálicos	Cimento	330
Piraí	Aloés Piraí	Farmacêutico	Absorv. e lenços	168

continua

---

[123] Sobre os municípios de Porto Real e Itatiaia, cabe destacar que suas emancipações (de Resende) foram resultado de disputas políticas e *lobbies* dentro de um quadro de forte competição local pela atração dos investimentos do setor automobilístico.

Município	Empresa	Setor	Produto	Emprego
Piraí	Aro	Metalúrgico	Tampinhas/latas de aço	50
Piraí	Cervejaria Cintra	Bebidas	Cerveja	500
Piraí	Networking	Material elétrico e de tel.	Gabinetes de computador	500
Piraí	Pastifício Santa Amália	Alimentos	Snacks	200
Porto Real	Cia. F. Refrigerantes	Bebidas	Refrigerantes	400
Porto Real	Copo	Autopeças	Espuma	10
Porto Real	Eurostamp	Autopeças	Estamparia	200
Porto Real	Faurecia	Autopeças	Bancos/escapamentos	70
Porto Real	Galvasud I	Metalúrgico	Galvanização de chapas	150
Porto Real	Galvasud II	Metalúrgico	Unidade de corte e solda	130
Porto Real	Gefco	Autopeças	Linha de montagem	70
Porto Real	Guardian	Minerais não metálicos	Vidros	200
Porto Real	Peugeot Citroën	Automotivo	Automóveis	2.500
Porto Real	Vallourec	Autopeças	Eixos, rodas e pneus	70
Porto Real	Volkswagen	Autopeças	Caminhões e ônibus	–
Resende	Pernod Ricard	Bebidas	Destilaria	63
Resende	Sagez	Alimentos	Pães	359
Resende	Volkswagen	Metal-mecânico	Caminhões	1.500
Resende	Volkswagen II	Automotivo	Caminhões	400
Valença	Ferreira e Luz	Confecção	Camisas e calças	180
Valença	Recap Pneus	Borracha	Pneus remoldados	120
Volta Redonda	CSN (Alto-Forno 4)	Siderurgia	Chapas de aço	600
Volta Redonda	Inaí	Siderúrgico	Distribuição de aço	260
Volta Redonda	Tubonal	Metalúrgico	Tubos de aço com costura	380
Volta Redonda	MRS	Infraestrutura	Transporte de carga	275
Total				11.045

Fonte: Codin (2007).

Quadro 2
Investimentos no Centro-Sul e Costa Verde — 1996-2006

Região	Município	Empresa	Setor	Produto	Empregos
Centro-Sul	E. P. Frontin	Arepar	Borracha	Balões	100
Centro-Sul	Três Rios	Bertin	Alimentares	Benef. carne	1000
Centro-Sul	Três Rios	T'Trans	M. transporte	Vagões trens	680
Centro-Sul	Três Rios	P. Sudeste	Papel/papelão	Embalagens	370
Centro-Sul	Mendes	Aluaço	Siderúrgico	Reciclagem	1.254
Costa Verde	Itaguaí	CSN	Siderurgia	Pelotização	262

Fonte: Codin (2007).

Sobre a instalação dessas empresas na região, é bom lembrar que os incentivos fiscais do "novo regime automotivo"[124] elevaram o Brasil à condição de importante alvo dos investimentos diretos de multinacionais do setor. Segundo Ramalho (2006:16), "esses investimentos se traduziram na construção de novas fábricas e na reestruturação das antigas com um dispêndio de mais de US$ 20 bilhões", além de fomentarem

> um processo de reespacialização da indústria, com um deslocamento para outras regiões e municípios afastados das áreas industriais mais tradicionais, como o ABC paulista, a maioria sem relação prévia com esta atividade industrial, estimulando uma competição pelas montadoras e criando novas experiências e novos padrões de desenvolvimento local.

Ramalho (2006) aponta que a entrada do estado do Rio de Janeiro na guerra fiscal, por conta da atração da indústria automobilística, fez parte de uma estratégia deliberada dos governos estaduais à época, que considerava a instalação dessa indústria como parte fundamental de um

---

[124] Segundo Ramalho (2006:16) "O Novo Regime Automotivo nasceu no interior do Plano Real e tinha como principais objetivos: (1) manter em funcionamento as grandes montadoras e as indústrias de autopeças já instaladas no país; (2) reestruturar as empresas brasileiras do setor; (3) atrair novas companhias e estimular a construção de novas plantas e marcas; (4) consolidar o Mercosul e reforçar a posição do Brasil como seu ator-chave".

processo de retomada do desenvolvimento. Nas palavras do ex-secretário de Indústria e Comércio do Estado do Rio de Janeiro, Márcio Fortes (1999 apud Ramalho, 2006:19), "não há país desenvolvido decente no mundo que não tenha uma fábrica de automóveis (...). A indústria automobilística é uma marca de desenvolvimento industrial. (...) estado que se preza no Brasil tem que ter indústria automobilística".

Assim, o "fator locacional" preponderante de atração desse setor para o território fluminense não foi o dinamismo econômico regional, tampouco seu mercado interno, porém, sim, a política de incentivos fiscais adotada e a proximidade da região com os principais mercados consumidores do país, das vias de acesso a esses e da estrutura portuária do estado do Rio.

É certo que a estrutura sídero-metal-mecânica da região também foi um fator positivo, porém fundamentalmente no que se refere a seus produtos, pois em relação ao mercado de trabalho, tanto a Volkswagen quando a PSA Peugeot Citroën pouco aproveitaram a mão de obra "tradicional", tendo em vista que optaram pela formação de seus quadros, o que lhes permitia maior controle na especialização técnica do funcionário e o "afastamento" da cultura operária e sindical presente na região.

Já em relação às atividades tradicionais, siderurgia e metalurgia, a recuperação se deu mais através da modernização/ampliação de unidades já existentes, especialmente através do capital privado nacional, tendo em vista a autoexclusão do Estado nesses setores, consubstanciada na região, com a privatização da CSN em meados dos anos 1990. Grande parte do dinamismo desses setores deve-se ao crescimento do mercado mundial, fortemente influenciado pelo crescimento chinês no período, até porque a parcela de sua demanda que se originava da estrutura estadual foi reduzida com a crise da indústria naval.

3. O Rio de Janeiro nos anos 1990 e 2000: mudança de trajetória?

Uma das principais questões de fundo desse trabalho se refere à suposta mudança de trajetória da economia fluminense, iniciada a partir dos anos 1990. Essa "nova" trajetória se distanciaria do padrão histórico de desenvolvimento regional estabelecido ao longo do período da industrialização nacional e da "década perdida", tendo como principais características o maior ritmo expansivo do produto interno bruto estadual (em face da média nacional) e a reestruturação/ampliação de setores centrais para a estrutura produtiva regional através da realização de novos investimentos, ensejando consideráveis impactos no mercado de trabalho estadual.

Não obstante a discordância em relação às determinantes e à sua caracterização, as principais análises[125] acerca desse processo entendem que a expansão da participação estadual no produto nacional e os investimentos realizados (ou planejados) são expressão de um movimento econômico diferenciado, especialmente se cotejado aos anos 1980, quando a crise estadual, à semelhança do ocorrido no conjunto nacional, se agudizou.

É fato que, a partir de meados dos anos 1990, a economia fluminense foi continuamente apanhada por informações que davam conta do aumento da produção regional e pelo anúncio de diversos investimentos que não só estimularam projeções acerca do futuro econômico próximo do estado como ensejavam um misto de esperança e quase certeza de que o "pior já havia passado" (Natal, 2005:48).

Tanto os "números" quanto as "perspectivas" apontavam melhorias e um cenário diferenciado para a economia estadual. No entanto, para se afirmar a ocorrência de uma "retomada" ou "ruptura" é preciso considerar o movimento do estado ante a dinâmica do país e de outras unidades da federação, pois somente assim será possível apontar a ocorrência de uma trajetória regional que se *diferencie substancialmente* do conjunto da economia brasileira.

Um exercício de tamanho porte exige a análise de um conjunto maior de indicadores econômicos e sociais que permitam tecer considerações mais profundas e de mais longo prazo sobre a dinâmica expansiva estadual, especialmente no que se refere à natureza e às raízes do processo. Contudo, não obstante o foco analítico do presente trabalho recair apenas sobre um único setor (a indústria) da economia estadual, é possível levantar algumas informações e elementos sobre a dinâmica econômica estadual no período, especialmente porque ela (e o suposto processo de retomada) tem na dinâmica industrial seu pilar mais importante.[126]

---

[125] Entre essas se destacam Natal (2005 e 2008), Oliveira (2003), Codin (2007) e Urani (2008).
[126] Há certa pacificidade sobre a "centralidade" da indústria para a dinâmica contemporânea da economia fluminense, evidentemente sem excluir o papel e peso de outros setores

A "centralidade" industrial nesse processo se reforça, ademais, quando se consideram o baixo peso das atividades agrícolas para o conjunto da economia fluminense e a forte concentração das atividades terciárias (especialmente as mais "nobres") no recorte territorial metropolitano estadual. Significa dizer: os efetivos processos de redinamização regional, dentro do território fluminense, estão, no momento, subordinados à lógica expansiva do setor industrial.

Observando a dinâmica industrial, pode-se concluir que a trajetória expansiva da economia fluminense, no pós-1990, teve dois vetores principais: a reestruturação/expansão de algumas atividades ligadas à indústria de transformação e a forte expansão experimentada pela produção petrolífera.

O primeiro se refere ao que Oliveira (2003) entende ser uma "reestruturação produtiva regional", que viria a ser um amplo processo modernizador, marcado pela inclusão de novos processos e unidades, com impactos tanto em atividades produtivas quanto em alguns ramos dos serviços, e suas raízes estariam nas transformações econômicas observadas no cenário doméstico e em escala global. O segundo diz respeito à reconhecida importância da produção petrolífera para a expansão econômica estadual. Vale lembrar que o ritmo de crescimento do produto interno fluminense esteve diretamente associado à trajetória da indústria extrativa mineral.

As Contas regionais, publicadas pelo IBGE, são a principal fonte referente às participações estaduais na economia brasileira. Através dessa fonte, verifica-se que entre 1995 e 2008 a participação fluminense no PIB brasileiro se manteve praticamente inalterada, em torno de 11,2%. Vale destacar, no entanto, que a trajetória da participação se manteve ascendente até o final da década, quando alcançou 11,9% (em 1999). Ademais, destaca-se que todas as grandes regiões do país experimentaram crescimento de suas participações, exceção a Sudeste, cuja redução de participação em muito se deveu ao desempenho de São Paulo. Dentro da região Sudeste, Minas Gerais e Espírito Santo ampliaram seus percentuais, com especial destaque para a trajetória mineira.

---

e atividades. Entre os estudos que analisam essa questão, destacam-se Ajara (2006), Natal (2005 e 2007), Silva (2004), Sobral (2007), Codin (2007), Oliveira (2003) e Urani (2008).

Tabela 12
Participação regional no PIB total brasileiro — 1995-2008 (em %)

	1995	1996	1997	1998	1999	2000	2001	2002	2003	2004	2005	2006	2007	2008
Brasil	100,0	100,0	100,0	100,0	100,0	100,0	100,0	100,0	100,0	100,0	100,0	100,0	100,0	100,0
Norte	4,3	4,4	4,2	4,3	4,3	4,5	4,7	4,8	4,9	5,1	5,1	5,2	5,1	5,3
Nordeste	12,3	12,7	12,7	12,6	12,7	12,7	12,8	13,3	13,0	13,0	13,3	13,3	13,3	13,5
Sudeste	58,1	57,3	57,5	57,1	57,1	57,2	56,6	55,7	54,9	54,7	55,7	56,0	55,5	54,9
Minas Gerais	8,6	8,8	8,9	8,6	8,5	8,6	8,6	8,7	8,8	9,4	9,1	9,2	9,2	9,5
Espírito Santo	1,7	1,8	1,7	1,7	1,8	1,9	1,8	1,7	1,7	1,9	2,1	2,1	2,1	2,2
Rio de Janeiro	11,2	11,2	11,2	11,7	11,8	11,6	11,4	11,6	11,1	11,1	11,3	11,5	11,0	11,2
São Paulo	36,6	35,6	35,8	35,1	35,0	35,1	34,9	33,7	33,3	32,3	33,2	33,2	33,2	32,0
Sul	16,4	16,5	16,4	16,4	16,7	16,8	17,0	17,1	18,0	17,8	16,8	16,5	16,9	16,8
Centro-Oeste	8,9	9,1	9,2	9,5	9,1	8,7	8,9	9,1	9,2	9,4	9,1	8,9	9,1	9,5

TABELA 13

Participação regional no PIB agropecuário brasileiro — 1995-2008 (em %)

	1995	1996	1997	1998	1999	2000	2001	2002	2003	2004	2005	2006	2007	2008
Brasil	100,0	100,0	100,0	100,0	100,0	100,0	100,0	100,0	100,0	100,0	100,0	100,0	100,0	100,0
Norte	8,8	7,6	7,4	7,7	8,8	8,2	8,4	8,8	8,5	7,9	9,5	9,3	8,9	8,9
Nordeste	22,9	23,4	21,0	17,8	17,3	18,8	17,7	17,6	17,0	17,4	18,9	19,3	18,7	19,7
Sudeste	33,7	32,0	32,8	35,3	33,0	31,2	30,9	29,9	26,5	27,2	29,7	31,8	29,3	26,4
Minas Gerais	17,3	16,9	17,0	17,5	17,5	16,2	13,5	13,3	12,4	13,4	14,8	14,1	13,2	15,3
Espírito Santo	4,5	5,1	4,2	4,7	4,2	5,0	2,8	2,1	2,0	2,6	3,2	3,6	3,5	2,5
Rio de Janeiro	1,6	1,4	1,4	1,4	1,3	1,4	1,3	1,0	0,8	1,0	1,0	1,0	0,8	0,8
São Paulo	10,4	8,6	10,3	11,7	10,0	8,6	13,3	13,5	11,2	10,2	10,7	13,1	11,8	7,9
Sul	23,2	25,8	26,5	26,9	27,3	26,0	27,2	26,0	30,3	27,6	23,2	25,2	26,6	27,1
Centro-Oeste	11,4	11,2	12,2	12,4	13,6	15,7	15,8	17,8	17,7	20,0	18,8	14,5	16,5	17,8

Tabela 14
Participação regional no PIB da indústria brasileira — 1995-2008 (em %)

	1995	1996	1997	1998	1999	2000	2001	2002	2003	2004	2005	2006	2007	2008
Brasil	100,0	100,0	100,0	100,0	100,0	100,0	100,0	100,0	100,0	100,0	100,0	100,0	100,0	100,0
Norte	4,4	4,5	4,0	4,2	4,0	4,3	5,0	5,2	5,2	5,3	5,4	5,7	5,5	5,8
Nordeste	10,0	10,2	10,8	11,4	11,5	11,0	11,2	12,0	11,6	11,2	11,8	11,7	11,6	11,6
Sudeste	63,3	63,2	63,0	62,5	61,8	61,7	60,0	59,3	59,6	59,6	60,1	60,5	60,2	60,3
Minas Gerais	9,1	9,7	9,8	9,5	9,4	9,8	9,2	9,2	9,6	10,5	10,1	10,2	10,4	11,0
Espírito Santo	1,8	1,9	1,9	1,8	1,9	1,9	1,9	2,0	1,9	2,1	2,4	2,5	2,6	2,8
Rio de Janeiro	8,0	8,6	8,5	8,7	9,6	10,1	9,8	10,4	10,4	10,7	11,7	13,1	11,8	12,7
São Paulo	44,4	42,9	42,9	42,4	40,9	39,9	39,0	37,6	37,7	36,3	36,0	34,8	35,4	33,9
Sul	18,4	18,2	18,2	17,7	18,4	18,7	19,3	18,7	18,9	18,9	17,8	17,3	17,7	17,2
Centro-Oeste	3,8	3,9	4,0	4,3	4,2	4,3	4,5	4,7	4,7	5,0	4,9	4,8	5,0	5,0

Tabela 15
Participação regional no PIB da indústria de transformação brasileira — 1995-2008 (em %)

	1995	1996	1997	1998	1999	2000	2001	2002	2003	2004	2005	2006	2007	2008
Brasil	100,0	100,0	100,0	100,0	100,0	100,0	100,0	100,0	100,0	100,0	100,0	100,0	100,0	100,0
Norte	4,2	4,3	3,7	4,0	3,8	4,1	4,4	4,8	4,6	4,6	4,8	5,4	4,8	4,5
Nordeste	7,9	8,2	8,3	8,8	9,2	9,0	9,0	9,7	9,4	8,7	9,2	9,2	8,8	8,8
Sudeste	64,6	63,8	64,1	63,8	62,6	62,3	61,4	60,5	60,9	61,3	61,8	61,5	62,8	62,7
Minas Gerais	8,5	9,1	9,4	9,0	8,9	9,0	8,8	8,9	8,9	9,8	9,5	9,8	10,0	10,7
Espírito Santo	1,5	1,6	1,4	1,4	1,7	1,6	1,6	1,8	1,8	1,8	1,9	1,9	1,9	1,6
Rio de Janeiro	5,9	6,3	6,3	6,8	7,1	6,6	6,2	6,3	6,2	6,9	6,4	6,4	6,5	6,7
São Paulo	48,7	46,8	47,0	46,6	44,8	45,1	44,8	43,5	44,1	42,7	44,0	43,4	44,4	43,7
Sul	20,6	20,9	20,9	20,2	21,2	21,3	21,9	21,4	21,5	21,8	20,5	20,1	19,9	20,1
Centro-Oeste	2,7	2,9	3,0	3,2	3,2	3,3	3,3	3,6	3,6	3,7	3,7	3,8	3,7	4,0

Tabela 16
Participação regional no PIB da indústria extrativa mineral brasileira — 1995-2008 (em %)

	1995	1996	1997	1998	1999	2000	2001	2002	2003	2004	2005	2006	2007	2008
Brasil	100,0	100,0	100,0	100,0	100,0	100,0	100,0	100,0	100,0	100,0	100,0	100,0	100,0	100,0
Norte	14,0	13,9	13,4	16,2	12,2	11,3	11,5	9,6	9,3	10,2	8,2	6,8	7,1	10,3
Nordeste	9,8	10,0	9,5	8,0	9,6	8,5	11,0	11,4	10,8	11,2	10,2	9,7	10,1	9,5
Sudeste	59,6	60,7	60,3	58,9	64,6	69,3	68,4	74,1	75,4	73,7	78,3	81,1	79,1	77,6
Minas Gerais	30,2	29,7	28,9	29,9	20,2	18,5	15,8	15,2	16,2	17,5	13,7	10,1	10,5	12,1
Espírito Santo	7,1	7,3	6,9	9,2	7,2	5,8	6,2	6,5	5,9	7,2	7,7	7,8	10,3	10,7
Rio de Janeiro	17,1	18,7	19,4	14,3	32,9	41,9	43,6	49,9	51,4	46,9	55,3	62,0	57,3	53,5
São Paulo	5,2	5,0	5,2	5,5	4,2	3,1	2,9	2,5	1,8	2,1	1,5	1,3	1,1	1,2
Sul	12,6	11,6	12,6	12,5	9,3	7,7	6,6	2,8	2,5	2,8	2,0	1,3	1,6	1,3
Centro-Oeste	4,0	3,8	4,2	4,3	4,2	3,1	2,5	2,2	2,0	2,0	1,3	1,0	2,1	1,3

TABELA 17

Participação regional no PIB de serviços brasileiro — 1995-2008 (em %)

	1995	1996	1997	1998	1999	2000	2001	2002	2003	2004	2005	2006	2007	2008
Brasil	100,0	100,0	100,0	100,0	100,0	100,0	100,0	100,0	100,0	100,0	100,0	100,0	100,0	100,0
Norte	3,9	4,1	4,1	4,1	4,1	4,3	4,2	4,2	4,3	4,6	4,6	4,6	4,7	4,7
Nordeste	12,4	12,8	12,8	12,7	12,8	13,0	13,1	13,3	13,2	13,4	13,6	13,6	13,6	13,7
Sudeste	58,0	57,2	57,3	56,9	57,2	57,6	57,6	56,9	56,1	55,5	56,0	56,0	55,7	55,2
Minas Gerais	7,6	7,8	7,8	7,5	7,4	7,5	7,9	8,1	8,1	8,4	8,1	8,4	8,3	8,4
Espírito Santo	1,4	1,4	1,4	1,5	1,5	1,6	1,6	1,6	1,6	1,8	1,8	1,8	1,8	1,9
Rio de Janeiro	13,4	13,0	13,0	13,7	13,5	13,1	12,9	13,1	12,6	12,5	12,1	11,7	11,5	11,6
São Paulo	35,6	34,9	35,0	34,2	34,8	35,3	35,2	34,1	33,8	32,8	34,0	34,1	34,1	33,4
Sul	14,9	15,1	14,9	15,1	15,2	15,2	15,1	15,6	16,2	16,1	15,7	15,5	15,8	15,7
Centro-Oeste	10,8	10,9	10,9	11,2	10,6	10,0	10,0	9,9	10,2	10,4	10,2	10,3	10,3	10,6

Como indicado pelas tabelas anteriores, observando as trajetórias de participação na economia nacional, não é possível afirmar a existência de uma trajetória de inflexão na economia fluminense que tenha por base a expansão do conjunto da economia, entendido aqui como a soma dos três grandes setores. Tanto o PIB total quanto os produtos agrícolas e de serviços não apresentaram trajetória que apontem para uma dinâmica diferenciada, de retomada no cenário nacional.

No que concerne ao PIB industrial, nota-se uma considerável expansão, de 8% para 12,7%, entre 1995 e 2008. No entanto, quando a indústria é "aberta" em suas duas classes, conclui-se que o aumento de participação da indústria fluminense é resultado da fortíssima expansão da produção mineral, em detrimento da produção manufatureira que, não obstante apresentar trajetória ascendente, se manteve bastante reduzida.

Em suma, em relação ao conjunto da economia, não é possível falar em inflexão ou mudança de trajetória. De fato, só é possível afirmar a existência desse processo para a indústria, mais especificamente a indústria extrativa mineral e alguns poucos ramos manufatureiros.

Além das taxas de expansão e participação relativa, outros parâmetros podem ser utilizados na verificação da ocorrência da chamada "inflexão" econômica. O *quantum* de investimentos, o montante de empregos e a dinâmica demográfica são exemplos de variáveis que se prestam a esse fim e que permitem uma melhor compreensão sobre a trajetória regional.

Em relação aos investimentos, já demonstramos que à indústria têm cabido as principais novidades no que concerne ao recebimento de novas plantas e ampliação de setores-chave para a estrutura produtiva regional. Na pesquisa *Decisão Rio investimentos 2008/2010*, a Federação das Indústrias do Estado do Rio de Janeiro (Firjan) destaca que o volume de investimentos anunciados para o período na economia fluminense ultrapassava os R$ 100 bilhões, dos quais 37% caberiam à Petrobras, 27% à indústria de transformação e outros 27% a setores de infraestrutura.[127]

---

[127] Os investimentos em turismo (8%) e em outros setores (1%) completam a distribuição.

Na indústria de transformação, os principais investimentos realizados ou em fase final de implantação são: a Companhia Siderúrgica do Atlântico (CSA),[128] pertencente à multinacional alemã Thyssenkrupp Steel e à Vale; a nova unidade da francesa Michelin; as unidades de montagem automobilística da PSA Peugeot Citröen e da Volkswagen, a chamada CSN II (em Itaguaí), bem como os vários investimentos da Petrobras; todos vêm contribuindo de modo muito especial para a sustentação de que a economia fluminense está passando por uma retomada.

Fortalecendo essa "percepção", se associam projeções sobre investimentos anunciados ou em fase de planejamento, tanto na esfera produtiva como no que se refere à infraestrutura regional. Entre estes destacamos a construção do Arco Metropolitano do Rio de Janeiro, a ampliação do Complexo Nuclear de Angra dos Reis (Usina Angra 3), investimentos chineses no Norte Fluminense (Siderúrgica Wisco e um estaleiro naval), a ampliação do Porto do Açu, em São João da Barra, pelo grupo EBX, que pretende construir a chamada "Cidade X". Esse projeto imobiliário dentro do referido município, projetado para 50 mil habitantes, pretende ter como público-alvo o contingente populacional que se estima migrar em razão das obras na localidade.

Além disso, devemos destacar que a indústria petrolífera vem apresentando estímulos ligados à execução de projetos na cadeia petroquímica, por meio de encomendas derivadas que vêm sustentando as atividades da combalida indústria naval estadual.[129]

No tocante à petroquímica, destacam-se os investimentos no Polo Gás-Químico (Duque de Caxias), no qual está inclusa a Rio Polímeros (Riopol), e o Complexo Petroquímico do Rio de Janeiro (Comperj),[130] que está sendo instalado em Itaboraí. O empreendimento da Baixada Fluminense compreende um investimento total de US$ 2 bilhões, dos

---

[128] Investimento de aproximadamente 5 bilhões de euros, com previsão de geração de 10 mil empregos diretos durante a produção.
[129] A quase totalidade das grandes encomendas feitas ao setor são derivadas da atividade petrolífera da bacia de Campos, especialmente através da Petrobras e de empresas associadas.
[130] Investimento cuja estrutura societária inclui as empresas Petroquisa e Ultra e o BNDES.

quais 60% correspondem à produção de polímeros. O projeto da porção leste do estado mobilizará quase US$ 6,5 bilhões, sendo US$ 3,5 bilhões para a refinaria.

Cabe destacar que o Plano de Negócios da Petrobras para o período 2009-13 prevê investimentos da ordem de US$ 174,4 bilhões, dos quais considerável parcela cabe à cadeia petrolífera[131] do estado do Rio. Bons exemplos da demanda *para a frente* da indústria de petróleo vêm do anúncio da alemã Schulz,[132] que divulgou ter iniciado a construção de sua terceira unidade no Brasil, na cidade de Campos, no Norte Fluminense, e do Estaleiro Ilha S.A. (Eisa), que se prepara para a construção de navios petroleiros.[133]

Adicionalmente, é importante registrar que esses investimentos vêm sustentando as análises e projeções acerca da interiorização econômica estadual, tendo em vista que a quase maioria está localizada (ou assim estará) fora da cidade do Rio de Janeiro. Aliás, devemos assinalar que além dos investimentos do interior fluminense, chamam atenção o peso e a importância relativa das unidades referentes aos municípios perimetropolitanos, confirmando a tendência de maior desconcentração dentro da RMRJ.[134]

O quantitativo e a dimensão financeira dos investimentos citados mostram que a economia fluminense vem passando por certa recuperação de dinamismo, notadamente se comparado ao desempenho regional nos anos 1980, que, como sabido, foi pífio. Vale assinalar que esse não é um movimento exclusivamente observado no território fluminense, tendo em vista a expansão do investimento em diversos setores e estados da economia nacional.

---

[131] Segundo a Organização Nacional da Indústria do Petróleo, o estado do Rio de Janeiro conta com 648 empresas fornecedoras da cadeia de petróleo.

[132] A empresa produz tubulações de aço para a indústria de petróleo e deve investir mais de R$ 100 milhões nessa nova unidade, criando aproximadamente 100 empregos diretos.

[133] O Eisa espera construir um novo estaleiro em Campos, cujo investimento alcançará a cifra de R$ 1 bilhão.

[134] Inclusive, há de se ressaltar que no município do Rio de Janeiro a região que mais vem se destacando em relação aos investimentos industriais é a zona oeste, que além de unidades da indústria de bebidas e alimentos, abriga a CSA (bairro de Santa Cruz) e a produção de pneumáticos de tamanho especial da multinacional francesa Michelin (bairro de Campo Grande).

No entanto, esses investimentos ainda não lograram êxito no que se refere à promoção de encadeamentos regionais, urbanos e setoriais. Possivelmente, parte desse cenário é devido aos prazos de maturação de alguns empreendimentos e à não conclusão de outros. O que devemos assinalar é que eles mostram o fortalecimento dos setores produtores de bens intermediários e de capital, assim como alguns ramos da produção de bens de consumo durável.

Por outro turno, não se pode negar que o recente movimento econômico fluminense tem se diferenciado, em alguma medida, do padrão de desenvolvimento regional do interior, observado durante a industrialização brasileira, especialmente em razão do perfil dos investimentos e de maior presença do capital privado nesse processo, inclusive o estrangeiro.

Vale lembrar que o desenvolvimento regional fluminense sempre foi marcado, no que se refere aos investimentos industriais, pela predominância do capital estatal nos investimentos do interior, fosse pelo porte e riscos embutidos nesses, fosse pelos "interesses nacionais". A presença do capital privado (nacional e estrangeiro) em solo fluminense era quase que restrita à cidade do Rio e alguns municípios vizinhos.

A instalação de algumas unidades produtivas de perfil diferenciado no interior do estado do Rio de Janeiro está intrinsecamente relacionada às mudanças observadas no plano da política econômica nacional. Ou seja, tanto a expansão da produção do Norte, quanto a expansão industrial do Médio Paraíba, bem como os investimentos de grande porte isolados em outros municípios estão em consonância com a trajetória de desenvolvimento econômico trilhada pelo Brasil a partir dos anos 1990.

Pela análise de Carneiro (2008:26), verificamos que os setores da economia fluminense que apresentaram maior dinamismo foram aqueles que, em nível nacional, ganharam proeminência na estrutura produtiva, em meio às transformações vivenciadas como fruto das políticas de cunho liberal que conduziram, por grande período, a economia brasileira. Segundo o autor, a "reespecialização" produtiva observada no período posterior à abertura comercial tem como aspecto mais significativo

"(...) a ampliação do peso da indústria baseada em recursos naturais, explicada quase integralmente pelo excepcional crescimento do segmento de Petróleo e, em menor escala, pela indústria extrativa e processadora de minérios".

Enquanto a afirmativa anterior deixa claro o vínculo da produção da bacia de Campos ao movimento nacional, a análise seguinte reforça nossa percepção para o mesmo sentido, porém agora em relação à indústria manufatureira do Sul Fluminense. Segundo Carneiro (2008:26):

> Outro segmento no qual a indústria brasileira tem notória especialização é no intensivo em escala (...) uma parcela muito expressiva do setor constitui um prolongamento da indústria baseada em recursos naturais, produtora de *commodities* industriais, como nas indústrias de metalurgia, papel e petroquímica. (...) Além desses segmentos, tem muita relevância aquele dedicado à produção de material de transporte de vários tipos — automóveis, caminhões, ônibus — e suas partes e peças e cuja participação elevou-se ligeiramente nos últimos anos.

Encerrando, alguns tradicionais setores da indústria fluminense figuram entre as atividades que perderam espaço na economia nacional, notadamente aqueles ligados a ramos intensivos em trabalho. A perda de importância relativa desses setores, em nível nacional, se deveu de modo quase integral à regressão da indústria têxtil, de vestuário e de calçados. Aliás, quanto a esse aspecto, destaca-se que um dos principais desafios econômicos fluminenses é a contínua internalização de ramos/unidades industriais que conjuguem dinamismo expansivo à maior geração de postos de trabalho.

Não obstante a considerável participação na geração de empregos, a indústria fluminense, como já assinalado, passou por um longo movimento de redução do quantitativo de empregados. Nesse sentido, a divulgação de novos investimentos, bem como a conclusão de alguns projetos se apresentam, nitidamente, como oportunidades de maior adensamento da estrutura produtiva estadual, via promoção de encadeamentos intersetoriais mais efetivos e de mais longo alcance.

Conclusões

Durante quase todo o século XX, a economia fluminense passou por um longo e acelerado processo de perdas de participação relativa na economia nacional, registrando redução relativa em seus três grandes setores. Em alguns momentos, esse processo foi determinado por "perdas" reais, ou seja, redução do volume físico ou do montante financeiro produzido; em outros, a explicação paira no descompasso entre as taxas de expansão da região e as nacionais.

A partir dos anos 1990, o estado do Rio de Janeiro passou a experimentar maior dinamismo econômico, notadamente se comparado à década anterior. Houve considerável aumento das taxas de crescimento do produto interno bruto, paralelamente à expansão da capacidade produtiva de alguns setores. Esse aumento da dinâmica expansiva estadual esteve diretamente associado ao desempenho de alguns poucos setores, entre os quais se destacam alguns ramos da indústria. Assim, a expansão da produção industrial resultou em mudanças na trajetória econômica fluminense e ensejou transformações no desenvolvimento regional do estado.

A dinâmica da indústria fluminense se assentou, fundamentalmente, na fortíssima expansão da produção extrativa mineral e, em menor escala, no crescimento apresentado por alguns setores da indústria de transformação. Cabe ressaltar, contudo, que a trajetória da indústria estadual não foi setorialmente homogênea, considerando-se os distintos desempenhos alcançados pelas classes industriais e seus diversos setores.

Observando a dinâmica das duas classes principais, verificamos que coube à indústria extrativa mineral a determinação do crescimento industrial estadual, considerando-se que a indústria de transformação se manteve na trajetória de redução de produção e de perdas de participação no conjunto nacional/estadual, estabelecida em décadas anteriores.

A extraordinária dinâmica da indústria extrativa foi resultante do crescimento da produção petrolífera estadual, que responde atualmente por mais de 80% do montante nacional. Os demais setores dessa classe industrial (minerais metálicos e minerais não metálicos) têm participação residual no produto estadual, embora tenham considerável participação no volume de empregos da indústria estadual e no quantitativo de plantas produtoras.

Todavia, é a indústria de transformação que apresenta os movimentos setoriais (internos) mais distintos e complexos. Não obstante como "classe" ter permanecido em sua trajetória de decréscimo de produção e perdas de participação, a indústria de transformação foi marcada pelo surgimento/consolidação de alguns processos que resultaram na expansão da produção e da importância relativa de determinados setores.

É preciso considerar que dada a fragilidade do setor primário estadual, bem como a acentuada concentração das atividades terciárias no espaço metropolitano, tem cabido à indústria posição central no aumento da dinamização econômica e ampliação da estrutura produtiva das regiões de governo fluminense, especialmente falando daquelas localizadas no interior estadual.

Em outras palavras: a agropecuária fluminense, não obstante algumas experiências exitosas, no conjunto tem se mostrado incapaz de promover maior dinamismo regional, tal como visto em outras unidades da federação, e o setor terciário mantém-se fortemente estabelecido no espaço metropolitano. Dessa forma, na realidade fluminense, tem cabido à atividade industrial papel central no que se refere à efetivação de processos de crescimento econômico e expansão urbana pelo território estadual.

Assim, as principais "mudanças econômicas" observadas em território fluminense tiveram como base a indústria. Cada classe industrial atuou na consolidação ou reconfiguração produtiva das regiões de governo conforme a trajetória expansiva sofrida pelos setores produtivos nelas localizados. Dessa forma, em razão das características da dinâmica industrial estadual, tomada de movimentos internos diferenciados, houve a constituição, no território fluminense, de distintos *padrões regionais de desenvolvimento industrial*.

Esses *padrões* fazem referência à relativa homogeneidade da trajetória expansiva industrial regional, tendo em conta o perfil setorial predominante, o grau de diversificação (ou especialização) das estruturas produtivas, sua importância para o desenvolvimento urbano-produtivo da região e seu peso relativo na determinação da trajetória econômica estadual.

Identificamos três *padrões regionais de desenvolvimento industrial* no território fluminense: dois referentes à estrutura produtiva do interior, outro à dinâmica da indústria metropolitana. E quais as características principais desses padrões?

Primeiramente, cumpre destacar que esses padrões se diferenciam, fundamentalmente, no que diz respeito aos perfis produtivos. Ao passo que na RMRJ o perfil da estrutura produtiva se mostrou *diversificado* (levando-se em conta a estrutura estadual), no interior os perfis são marcados pela maior *especialização* produtiva.

No que concerne à dinâmica industrial na RMRJ, constatamos um cenário um tanto quanto antagônico.

Não obstante ter sido a região que recebeu o maior quantitativo de investimentos (entre 1996 e 2006), a RMRJ sofreu queda em seu produto industrial e no volume total de empregos, o que confirma o flagrante processo de desindustrialização regional. Por outro lado, é preciso assinalar que essa dinâmica foi em grande medida determinada pelo resultado da indústria carioca, tendo em vista que a produção industrial de alguns municípios perimetropolitanos sofreu relativo acréscimo.

Quase a metade dos investimentos recebidos pela RMRJ, notadamente os mais robustos, foi instalada em municípios de sua periferia, com especial destaque para aqueles situados na Baixada Fluminense. Esse fato atesta que na escala metropolitana está em curso um processo de desconcentração produtiva, ensejado pela expansão da produção de parte da "periferia" e pela desindustrialização do "núcleo". Vale assinalar que na cidade do Rio de Janeiro as regiões que aumentaram sua produção industrial são as localizadas nas "franjas", nos limites territoriais com os municípios metropolitanos mais dinâmicos em termos industriais, tais como Itaguaí, Queimados, Nova Iguaçu e Duque de Caxias.

No interior, observamos a consolidação de dois padrões regionais de desenvolvimento industrial: um baseado na produção extrativa, outro na manufatureira. A principal marca desses padrões é, sem dúvida, o fortalecimento da especialização produtiva regional.

O primeiro padrão é o de "especialização na produção petrolífera do Norte Fluminense", determinado pela trajetória expansiva da produção petrolífera da bacia de Campos. Esse padrão é marcado por uma série de transformações urbano-produtivas resultantes da atividade industrial, entre as quais assinalamos a ampliação da estrutura produtiva e de logística.

O segundo padrão é o de "especialização na produção manufatureira do Sul Fluminense", determinado pelo crescimento da produção e do investimento manufatureiro na porção sul do território estadual. Esse padrão, caracterizado pela especialização nos setores ligados às cadeias metal-mecânica e siderúrgica, abrange as regiões do Médio Paraíba, do Centro-Sul fluminense e da Costa Verde e, atualmente, é o que apresenta maior grau de encadeamento setorial e regional.

A formação desses padrões e a dinâmica industrial fluminense não são processos "fechados em si", muito pelo contrário, estão diretamente relacionados às mudanças observadas no cenário econômico brasileiro. O aumento da terceirização metropolitana, a desindustrialização carioca, a expansão da indústria "intermediária" na estrutura estadual, a trajetória da produção mineral e a "internalização" da indústria automobilística são, em grande medida, resultados das transformações sofridas pela economia brasileira.

Associadas a esses padrões, notamos algumas importantes consequências no perfil do desenvolvimento regional fluminense. Inicialmente, destacamos que a forte expansão industrial vem promovendo um processo de *desconcentração produtiva* no estado do Rio de Janeiro, no qual a porção interiorana do estado vem ganhado participação no produto interno bruto. Esse processo está longe de ser uma efetiva *interio-*

rização, pois sua grande determinante é a produção petrolífera, que tem se mostrado limitada no que diz respeito à efetivação de encadeamentos produtivos setoriais e regionais.

Nesse ponto reside um dos principais obstáculos a serem enfrentados pelo Rio de Janeiro na busca pela redução das disparidades regionais e promoção do desenvolvimento. Na indústria petrolífera, torna-se evidente a necessidade de maior adensamento da cadeia produtiva em direção à produção de derivados de petróleo, parte mais nobre do processo e que possui maior potencial de geração de emprego, renda e transbordamentos. Os novos investimentos em petroquímica (Polo Gás-Químico e Comperj) tendem a atenuar um pouco esse quadro, ensejando novas dinâmicas setoriais e urbanas.

À indústria de transformação cabe a ampliação de sua estrutura produtiva, através da internalização de novos setores (notadamente os tecnologicamente mais modernos) e a complementação e adensamento das cadeias produtivas regionais. Entre seus principais desafios, destaca-se aumentar o grau de articulação setorial de modo a potencializar os efeitos dinâmicos para outras esferas da estrutura produtiva e, por conseguinte, para outros pontos do território estadual.

Os principais investimentos realizados na indústria fluminense, no período de análise deste trabalho, são basicamente originados em duas frentes: na expansão dos investimentos da Petrobras; e, no caso da produção manufatureira, nas decisões relativas aos capitais privados, estrangeiro e nacional. Dessa forma, em relação à indústria manufatureira, o estado do Rio de Janeiro tem se distanciado de seu histórico padrão de investimentos setoriais comandados pelo capital estatal.

Assim, ganha importância especial a internalização de unidades produtoras de bens de consumo durável no território fluminense, tal como a Volkswagen e PSA Peugeot Citröen. Embora sua decisão de localização no território fluminense tenha se dado sob os efeitos da Guerra Fiscal, não se pode desconsiderar sua importância para a geração de emprego e renda regionais, bem como para a diversificação da pauta de exportações estadual, além da ampliação do polo metal-mecânico no Sul Fluminense.

Outro grande desafio para a economia estadual é a recomposição (ainda que parcial) da estrutura produtiva carioca, considerando-se um importante caminho para a redução do terciário espúrio, que guarda laços com alguns dos principais problemas sociais regionais. Paralelamente, há que se estimular o dinamismo da indústria periférica metropolitana, com vistas ao oferecimento de melhores oportunidades e qualidade de vida para regiões tão densamente povoadas e que sofrem com a notória carência de infraestrutura e equipamentos sociais básicos.

Essas ações podem fortalecer o surgimento e a formação de redes urbanas mais sólidas pelo interior estadual, o que contribuiria com a redução das demandas à tão saturada estrutura urbana carioca. Esse ponto volta atenção ao papel das atividades industriais enquanto potenciais promotoras de uma efetiva interiorização econômica fluminense, que seja marcada pela ampliação do mercado de trabalho, pelo fortalecimento da urbanização e pela constituição de centros regionais mais robustos e dinâmicos nas diversas regiões de governo fluminense.

Essas questões merecem (e demandam) esforços analíticos que busquem dar conta de pontos que não puderam ser trabalhados neste trabalho. Se possível, esses esforços devem partir da perspectiva de formulação/reflexão de um amplo "projeto" regional de recuperação do atraso social e de redução das desigualdades.

Entre eles, destacamos a sustentabilidade do desenvolvimento dos municípios produtores de petróleo (o que inclui o debate acerca do pacto federativo e da utilização dos recursos oriundos do pré-sal), a promoção e execução de políticas sociais e um "repensar" urbano que estimule o enfrentamento das questões mais caras à cidade do Rio e seu entorno (violência, favelização, acesso aos serviços do Estado, questão ambiental etc.).

No tocante à produção petrolífera, questões centrais devem pautar o debate, notadamente no que concerne ao perfil de "indústria" (rentista ou produtivista) que se deseja para o estado. Dessa forma, urge a articulação por ações que visem à captação de investimentos (logísticos, industriais etc.) que ampliem e fortaleçam a capacidade produtiva do estado.

Em relação aos setores terciário-urbanos, a busca pelo contínuo aumento de importância das atividades ligadas aos chamados serviços modernos, em oposição a atividades que de fato se configuram como alternativas ao desemprego, muitas das quais circunscritas nos circuitos ilegais do capitalismo.

A sociedade fluminense também deve estar pronta para os novos projetos e perspectivas que vêm se apresentando. Pelo lado produtivo, há que se atentar para a não ocorrência de experiências passadas, quando grandes projetos anunciados, que teriam grande impacto na estrutura urbano-regional, não foram executados ou concluídos, gerando frustrações e impedindo ganhos e melhorias para a trajetória estadual.

Especificamente quanto à cidade do Rio, as preocupações devem girar em torno dos grandes eventos que estão por vir. A Copa do Mundo (2014) e as Olimpíadas (2016) podem resultar em processo de recuperação econômica regional (incluindo o risco de "reconcentração produtiva"), ou em uma experiência marcada muito mais pelo desperdício de recursos públicos, esforços sociais e oportunidades de crescimento.

Posfácio

O livro em mãos é fruto de quase uma década de estudos sobre a feição regional do desenvolvimento capitalista brasileiro e, mais detidamente, do "lugar" do estado do Rio de Janeiro nesse grande processo. Seu "recorte temporal" limitou a análise da indústria fluminense a 2008, de modo que a trajetória econômica mais recente (entre 2009 e 2011) não foi incluída no texto. Por conta disso, consideramos muito oportuna e proveitosa a oportunidade de, em algumas poucas linhas "para além do final", podermos levantar algumas questões e movimentos representativos da dinâmica industrial fluminense no triênio mais recente.

Antes de qualquer coisa, é preciso considerar que a trajetória econômica fluminense não apresentou grandes alterações, tendo em vista que não houve rupturas ou mudanças de trajetórias significativas no ritmo expansivo ou nos setores que estão a capitanear o mesmo. Nesse ponto vale alguns destaques. O primeiro diz respeito à manutenção da taxa de crescimento da economia fluminense, conquanto a um ritmo menor que a taxa média nacional. Dados das Contas Regionais do Brasil apontam que em 2008 o crescimento médio da economia fluminense (comparado ao ano anterior) foi de 4,1% contra os 5,2% do país. Se considerarmos o intervalo 2001-08, o crescimento médio brasileiro foi da ordem de 3,6%, ao passo que o fluminense ficou em torno dos 2,7%.

Assim, nota-se que não está em curso nenhuma mudança de rota em relação à trajetória brasileira, que ponha o Rio de Janeiro em patamar de crescimento superior à média nacional. Todavia, o ritmo expansivo fluminense deve ser qualificado, cotejando-o à luz de dois fatores: a) a taxa de expansão apresentada é muito expressiva, considerando ter sido alcançada por uma economia madura (ademais ser o segundo maior parque produtivo nacional), b) o crescimento nacional esteve diretamente relacionado à expansão experimentada por unidades da federação de "base estatística" mais baixa, cujo crescimento esteve fundamentado em investimentos de grande porte, e à recuperação da renda e do consumo de parcela da população.

Olhando os setores, verifica-se que nada mudou em relação à situação da produção agropecuária estadual, que permaneceu com reduzidíssima participação do PIB estadual (0,4% em 2008). É preciso registrar que afora alguns pontos específicos do território fluminense, a atividade primária continua se mostrando desarticulada, pouco estruturada e incapaz de promover maiores efeitos de "arrasto" em direção a outras atividades produtivas.

No entanto, a assertiva acima não deve ser interpretada como sinalização de que, enquanto uma não "vantagem comparativa" regional, a agropecuária tenha de ser posta em plano menor no conjunto das prioridades de investimento e de execução de políticas públicas estaduais. Parece claro que um dos caminhos possíveis a esse setor tenha de ser alternativo àquele (infelizmente) tomado pelo país, nas últimas décadas, sustentado no tripé "latifúndio-monocultura-exportações". Algumas experiências pelo interior fluminense têm apontado para caminhos interessantes no que se refere à organização do setor em formatos diversos do tripé assinalado, as fragilidades estruturais; a agropecuária pode contribuir efetivamente para a estruturação do mercado de trabalho em vários municípios fluminenses, incluindo alguns da periferia metropolitana.

No que diz respeito aos serviços, a trajetória apontada nos capítulos do livro não se alterou: o setor ainda mantém sua posição na composição do produto interno bruto, contudo, continuou perdendo participação. Em 2008, sua contribuição para o PIB estadual era de 68,0%, bem aquém dos 75,3% de 2000.[135] Nesse setor a "agenda" repousa sobre dois

---

[135] As diferenças entre o percentual aqui apontado e os destacados no capítulo 3 se devem ao fato de, naquele capítulo, termos utilizados o PIB a custo de fatores, ou seja, sem a

eixos. O primeiro abarca os desafios históricos resultantes do processo de urbanização/metropolização fluminense. Entre esses, destaca-se a necessidade de integrar de modo pleno, eficiente e socialmente justo, à dinâmica econômica estadual, a leva de trabalhadores e trabalhadoras que ganham o pão diário em atividades relacionadas ao chamado "terciário espúrio".[136]

No segundo eixo se encontra o "pensar" acerca de como os chamados "serviços modernos" podem contribuir para o desenvolvimento regional, para além da variável primeira de quase toda análise: o montante de empregos gerados. Tanto os serviços às empresas quanto às famílias precisam ser discutidos à luz de sua capacitação ao atendimento das múltiplas demandas, de maneira efetivamente integrada à estrutura produtiva estadual, e que permitam que em parte sirvam a propósitos balizados pela melhoria da qualidade de vida.

E em relação à atividade industrial? Quais considerações precisam destaque?

Primeiramente, registra-se que a dinâmica economia estadual permanece fortemente dependente da dinâmica industrial que, por sua vez, depende da produção petrolífera. A produção da bacia de Campos continua se expandindo velozmente, influenciando diretamente a economia estadual, não apenas pelo volume produzido (físico e financeiro), como também pelos recursos recebidos na forma de compensação pela exploração do recurso mineral não renovável. Por outro lado, a trajetória da indústria de transformação permanece bem distinta, ainda que informações recentes (acerca de investimentos e diversos setores) apontem que no médio prazo a situação possa melhorar.

A participação da indústria extrativa saltou para quase 50% do Valor Adicionado da indústria fluminense, ao turno que o percentual da indústria de transformação caiu para pouco mais de 30%, enquanto a construção civil (14,6%) e os chamados serviços industriais (5,3%)

---

incidência no cômputo de impostos indiretos.
[136] Como bem destacado por Aníbal Pinto, a expansão de setores ligados ao terciário espúrio é uma das marcas maiores do processo de metropolização na América Latina, se coadunando com a natureza da industrialização periférica.

completam o quadro. No intervalo 2000-08, o crescimento médio do VA da indústria extrativa alcançou a média de 5% ao ano, bem acima da média da indústria de transformação (0,2%), da construção civil (2,1%) e dos serviços industriais de utilidade pública (2,7%).

Muito provavelmente, a realidade da indústria de transformação fluminense se alterará (para melhor, em termos de taxas de crescimento) nos próximos anos. Isso será reflexo dos inúmeros investimentos em implantação (ou anunciados) para o conjunto da economia fluminense, com especial participação da indústria de transformação.

E aqui vale chamar atenção para um ponto que é, de fato, uma alteração em relação ao "padrão histórico" da economia fluminense. O estado do Rio de Janeiro vem se destacando no cenário nacional como um dos que mais receberam investimentos, notadamente industriais, de infraestrutura urbana e de logística. Em 2010, o Rio de Janeiro ocupou a primeira posição, entre as unidades da federação, no se refere ao recebimento de recursos (nacionais e estrangeiros), respondendo por aproximadamente 7% do montante total de investimentos anunciados no país.[137]

Dados da Firjan dão conta de que os investimentos anunciados para o estado do Rio de Janeiro no período 2011-13 chegarão à casa dos 180 bilhões de reais, destacando-se os investimentos em infraestrutura (36,3 bilhões), indústria de transformação (29,5 bilhões), turismo (1 bilhão) e outros setores (6,7 bilhões). Vale assinalar que a Petrobras (e parceiros) responde por 59,5% do total anunciado, confirmando que o setor petróleo continuará mantendo seu peso na economia estadual nos próximos anos.

Ainda que não se possa desconsiderar que nesse conjunto se destacam os investimentos para os dois megaeventos esportivos (Copa do Mundo em 2014 e Jogos Olímpicos em 2016) e para o setor petróleo (incluindo investimentos para a camada pré-sal), devemos reconhecer que o leque dos investimentos e projetos se diversificou, avançando em

---

[137] MDIC (2011).

direção a setores e atividades manufatureiros e de infraestrutura de suma importância para a matriz produtiva brasileira e estadual.[138]

Esse conjunto de investimentos anunciados, somado às inversões já realizadas e ao anúncio dos megaeventos esportivos que a capital fluminense sediará, vem contribuindo, certamente com boa dose de *marketing*, para a criação de uma "atmosfera" há tempos não sentida, notadamente entre parcela da população com menor acesso à informação de qualidade, de que o Rio de Janeiro (cidade e estado) vive etapa singular de crescimento e modernização e que a melhoria das condições de vida se avizinha.

Essa "atmosfera" quase sempre oculta questões centrais para o entendimento do presente e o pensar o futuro. Um primeiro vértice desse debate deveria imperiosamente passar sobre o reconhecimento dos limites, potencialidades e natureza dessa trajetória de crescimento. Em outras palavras, a discussão deveria corajosamente ser balizada pela clássica — porém não decrépita — dicotomia entre crescimento e desenvolvimento.

E aqui paira um ponto muitas vezes eclipsado nos estudos sobre a economia fluminense: em que medida a compreensão da trajetória de desenvolvimento fluminense e, por assim dizer, sua "estruturação orgânica" demanda o pensar e o agir em escala nacional? Isso se torna ponto de reflexão à medida que a recente trajetória de expansão da economia fluminense é reconhecida como parte do movimento nacional.

Assim, ganha importância a reflexão sobre os determinantes do investimento e da localização industrial. Note-se que os setores mais pujantes da indústria fluminense têm lógicas de expansão e organização dentro do território que não obedecem, *a priori*, determinações locais. Em outras palavras: as escalas decisórias estão para além das regiões que recebem os investimentos, situando-se, muitas das vezes, fora das fronteiras nacionais, dado o grau de internacionalização desses setores. Isso aceito, os efeitos e as "potencialidades" que atividades ligadas às indústrias do petróleo, siderúrgica, automotiva e de construção naval

---

[138] Para a relação dos principais investimentos realizados em território fluminense, ver anexo M.

apresentam para o desenvolvimento das regiões em que se inserem estão diretamente subordinados às determinações e aos objetivos muitas vezes estranhos aos anseios sociais e às comunidades receptoras.

No caso da indústria automotiva e siderúrgica[139] fluminense, fica patente que as linhas decisórias e a forma de inserção dentro de uma matriz produtiva maior não obedecem aos casos clássicos de tentativa de criação de elos regionais mais dinâmicos e "soldados", mas sim às formas de organização e funcionamento típicos de cadeias globais de valor. Ainda que não seja sentença de morte, o que se tem observado na experiência sul-americana é que esse tipo de investimento, se dissociado de um plano maior de integração, incorre em consideráveis riscos de assumir formas tipicamente enclavistas, dotadas de baixa articulação para frente e para trás em termos setoriais, regionais e urbanos.

No caso da produção petrolífera, a questão é pouco mais complexa, considerando os potenciais em jogo, assim como o montante de recursos de toda ordem mobilizados. E esse cenário será potencializado a partir do início da produção na camada pré-sal, que tende a elevar de forma exponencial o ritmo de produção do setor em território estadual.

Ainda que o Complexo Petroquímico do Rio de Janeiro (Comperj) atue nessa direção, é preciso assinalar que a estrutura produtiva fluminense carece de investimentos que possibilitem a diversificação produtiva em direção à ponta da indústria do petróleo, considerando a reduzida participação estadual no chamado *downstream*. Outro ponto diz respeito aos "desafios" que a produção na camada pré-sal deve trazer à economia estadual e, em particular, no que tange ao desenvolvimento regional estadual. Aliás, entre os desafios, alguns pontos prioritários da agenda nacional são diretamente conectados ao estado do Rio de Janeiro, trazendo à sociedade fluminense a obrigação de exercício reflexivo sobre seu presente e futuro. Entre esses pontos, destacamos o debate sobre "doença

---

[139] A indústria siderúrgica fluminense aumentou sobremodo sua capacidade produtiva e tende a se ampliar mais nos próximos anos. Sobre esse setor dois movimentos chamam atenção: o "espraiamento" pelo território, tendo em vista que do Médio Paraíba "chegou" à Região Metropolitana e agora "caminha" em direção ao norte. No que se refere à indústria automobilística, é preciso destacar que à Volkswagen e à PSA Peugeot Citroen vai se juntar nos próximos anos a japonesa Nissan.

holandesa", "reprimarização", "maldição dos recursos naturais", "riscos ambientais" e a necessidade de se pensar a federação e a partilha dos ganhos (*royalties*) advindos da produção na costa brasileira.

Em nível "local", os desafios principais dizem respeito a como incorporar efetivamente a produção petrolífera à matriz produtiva das regiões produtoras e, talvez bem mais complexo, como criar uma consciência comunitária e uma práxis institucional que faça o correto uso dos recursos compensatórios dessa atividade, tendo por norte a justiça intergeracional, a preservação do meio ambiente e a diversificação produtiva.

Nesse ponto, recuperamos algumas questões elencadas e discutidas nos capítulos desse livro: a necessidade de diversificação produtiva como maior potencializadora de encadeamentos dinâmicos pelo território estadual, a busca pela ampliação dos chamados setores produtores de bens-salário (como estratégia de reduzir o peso da indústria de base e intermediária na matriz produtiva fluminense), a efetivação de um verdadeiro processo de interiorização (e não somente desconcentração produtiva) que estabeleça padrões de desenvolvimento que caminhem em direção à redução das desigualdades sociais e regionais e, por fim, a inserção de municípios e regiões economicamente deprimidos nos fluxos de expansão contemporâneos.

Essas são questões cujo enfrentamento pode, em alguma medida, atenuar marcas tão presentes na sociedade fluminense (favelização, informalização acentuada em estratos do mercado de trabalho metropolitano, violência, degradação urbana e ambiental, exclusão social etc.), resultantes de décadas de abandono de políticas públicas e, evidentemente, da falta de enfrentamento da "nação" brasileira para com seu passivo histórico.

Enfrentando corajosamente seus dilemas, o Rio de Janeiro talvez se torne, em 2031, um "lugar" mais feliz e promissor para "Joões" e "Marias", brasileirinhos que ainda nada sabem das ideias descritas aqui, mas que nos alegram com seus pequenos e sinceros sorrisos.

Rio de Janeiro, primavera de 2011.

Agradecimentos

Este livro é fruto de muitas horas de trabalho e graças ao apoio e incentivo de amigos sua construção se tornou tarefa menos árdua. Inicialmente, devo agradecer a minha mãe (Lucilena) e meu pai (João) pelo carinho e pela luta diária para me oferecer educação de qualidade, mesmo em momentos tão penosos e difíceis de nossa vida familiar. Ao meu irmão Rodrigo por partilhar comigo a vida.

Aos amigos de Angra, pelos momentos de alegria pura e juvenil e o eterno reconhecimento. Alex, Sandro, Silvano, Rodrigo, Maurício, Paula, Valéria, Bigú, Dona Marlene e Seu Rubens. Aos amigos de Campinas, sempre presentes nos debates, nos embates e alegrias que as amizades maduras proporcionam. Entre esses, preciso destacar meus irmãos Renata, Ângelo, Iracema e Dombek, sempre a postos à partilha da loucura, sempre afeitos ao convívio e à doçura. Aos amigos do Rio, pelo companheirismo e carinhos dedicados, nos momentos de sol, nos momentos de lua. Não poderia deixar de gravar os nomes de Fabiane, Nathalie, Adrianno, Anna, Alberto, Arthur, Clarice, Maurício, Júnior, Flexor e Hipólita. Às mais recentes conquistas, Grasiela, Betty, Graciela.

À Rosane e Valéria, fundamentais. Aos meus professores, em especial à dona Maria José e Eliane pelo trabalho durante o ensino fundamental. A Cézar Guedes, Eduardo Scaletsky, Ana Santa Cruz e Wilson Cano, pela formação profissional e amizade, bem como a defesa da universidade pública.

A Brandão, pela orientação, reconhecimento e liberdade intelectual.

A Celso Furtado e Aníbal Pinto, pelo legado e criatividade.

A Neguinho, Jojó, Manel e Maria Luiza, pela esperança no futuro.

A Claudiana, pelo amor e companheirismo concedidos nessa trajetória.

A João, por me ensinar o que é o amor incondicional.

Referências

AJARA, C. Configurações econômico-espaciais no estado do Rio de Janeiro. In: OLIVEIRA, J.M.P.S. et al. (Org.). *A Ence aos 50 anos*: um olhar sobre o Rio de Janeiro. Rio de Janeiro: IBGE, 2006. p. 27-62.

ALLEN, J.; MASSEY, D. *The economy in question* (restructuring Britain). London: Sage, 1988.

ARAÚJO, J.L. Indústria de petróleo e economia do Rio de Janeiro. In: AMÉRICO FREIRE, A.; SARMENTO, C.E.; MOTTA, M.S. (Org.). *Um Estado em questão*: os 25 anos do Rio de Janeiro. Rio de Janeiro: FGV, 2001. p. 249-282.

ARAÚJO, V.L. Um estado fundido: Contribuições para o debate em torno da "desfusão" dos estados do Rio de Janeiro e da Guanabara. *Econômica*, Rio de Janeiro, v. 7, n. 1, p. 5-33, jun. 2005.

ARAÚJO FILHO, W.F. *Política e ideologia na crise econômica do Estado do Rio de Janeiro*. Dissertação (mestrado) — Instituto de Pesquisa e Planejamento Urbano e Regional, Universidade Federal do Rio de Janeiro, Rio de Janeiro, 1994.

AZZONI, C.R. A lógica da dispersão da indústria no estado de São Paulo. *Estudos Econômicos*, São Paulo, n. 16 (n. esp.), p. 261-285, 1986a.

_____. Indústria e reversão da polarização no Brasil. *Estudos Econômicos*, São Paulo, n. 58, 1986b.

BATISTA, J.C. A. Estratégia de ajustamento externo do Segundo Plano Nacional de Desenvolvimento. *Revista de Economia Política*, v. 7, n. 2, abr./jun. 1997.

BELLUZZO, L.G.M.; COUTINHO, R. (Org.). *Desenvolvimento capitalista no Brasil*. 2. ed. Campinas: Instituto de Economia/Unicamp, 1998. (30 Anos de Economia, n. 9)

BENKO, G.; LIPIETZ, A. (Org.). *As regiões ganhadoras — distritos e redes*: os novos paradigmas da geografia econômica. Oeiras: Celta Editora, 1994.

BONELLI, R. Da indústria nascente à indústria sobrevivente: desafios de uma política de competitividade para o Brasil. Disponível em: <www.ecostrat.net/files/da_industria_nascente.pdf>. Acesso em: 12 jan. 2009.

BRAGA, T.M.; SERRA, R.; TERRA, D.C.T. Sobre financiamento e desenvolvimento institucional nos municípios petrorrentistas da bacia de Campos. In: PIQUET, R.; SERRA, R. (Org.). *Petróleo e região no Brasil*. Rio de Janeiro: Garamond, 2007. p. 171-198.

BRANDÃO, C. A. *Telecomunicações e dinâmica regional no Brasil*. Tese (doutorado) — Instituto de Economia, Universidade de Campinas, Campinas, 1996.

_____. *Território e desenvolvimento*: as múltiplas escalas entre o local e o global. Campinas: IE/Unicamp, 2007.

_____. *Triângulo*: capital comercial, geopolítica e agroindústria. Dissertação (mestrado) — Centro de Desenvolvimento e Planejamento Regional de Minas Gerais, Universidade Federal de Minas Gerais, Belo Horizonte, 1989.

CAIADO, A. *desconcentração industrial regional no Brasil (1985 - 1998)*: pausa ou retrocesso? Tese (doutorado) — Instituto de Economia, Universidade de Campinas, Campinas, 2002.

CANO, W. Auge e inflexão da desconcentração econômica regional. In: AFFONSO, R.; SILVA, P. (Org.). *Federalismo no Brasil*. São Paulo: Fundap/Unesp, 1996.

_____. *Desconcentração produtiva no Brasil*. São Paulo: Unesp, 2007.

_____. *Desconcentração produtiva regional no Brasil 1970-2005*. São Paulo: Unesp, 2008.

_____. *Desequilíbrios regionais e concentração industrial no Brasil*: 1930-70 e 1970-95. Campinas: Instituto de Economia/Unicamp, 1998b. (30 Anos de Economia, n. 2)

_____. *Ensaios sobre a formação econômica regional do Brasil*. Campinas: Unicamp, 2002.

_____. Migrações, desenvolvimento e crise no Brasil. In: ENCONTRO NACIONAL DE ECONOMIA, II, Águas de Lindoia, 1996. *Anais...* p. 39-57.

_____. *Raízes da concentração industrial em São Paulo*. Campinas: Instituto de Economia/Unicamp, 1998a. (30 Anos de Economia, n. 1)

_____ *Reflexões sobre o Brasil e a nova (des)ordem internacional*. Campinas: Unicamp/Fapesp, 1995.

CANTINI, O. *O papel do setor público no mercado de trabalho do estado do Rio de Janeiro*. Monografia (bacharelado) — Faculdade de Economia, Universidade Federal Fluminense, Niterói, 1995.

CARDOSO, A.L. Avanços e desafios na experiência brasileira da urbanização de favelas. *Cadernos Metrópole*, São Paulo, n. 17, p. 219-240, 1º sem. 2007.

CARDOSO DE MELLO, J.M. *O capitalismo tardio*. Campinas: Instituto de Economia/Unicamp, 1998. (30 Anos de Economia, n. 4)

CARNEIRO, R. Impasses do desenvolvimento brasileiro: a questão produtiva. *Texto para Discussão*, Campinas, n. 153, nov. 2008.

CARVALHO, J.M. Rio de todas as crises — o Rio não continua sendo. *Série Estudos*, Rio de Janeiro, n. 81, jan. 1991.

CARVALHO, L.; KUPFER, D. A transição estrutural da indústria brasileira: da diversificação para a especialização. In: ENCONTRO NACIONAL DE ECONOMIA DA ANPEC, XXXV, Recife, 2007. *Anais...*

CARVALHO, R.L.; KATO, K. Os pequenos municípios interioranos e o desenvolvimento do Estado do Rio de Janeiro. *Revista de Economia Fluminense*, Rio de Janeiro, p. 50-55, 20 dez. 2005.

CIDE. Fundação Cide. *Anuários estatísticos do Rio de Janeiro*. Diversos anos.

_____. 2009. Disponível em: <www.cide.rj.gov.br>. Acesso em: 2009.

CODIN. Companhia de Desenvolvimento Industrial do Estado do Rio de Janeiro. *A desinformação e os 4 mitos fluminenses*. Rio de Janeiro: Secretaria de Desenvolvimento Econômico do Estado do Rio e Janeiro (Sede), ago. 2006.

CODIN. *Levantamento dos principais investimentos no estado do Rio de Janeiro entre 1996/2006*. 2007. Mimeografado.

DAIN, S. Rio de todas as crises — crise econômica. *Série Estudos*, Rio de Janeiro, n. 80, dez. 1990.

DAVIDOVICH, F.R. Estado do Rio de Janeiro: singularidade de um contexto territorial. *Revista Território*, Rio de Janeiro, n. 9, p. 10-24, jul./dez. 2000.

_____. Metrópole e território: metropolização do espaço no Rio de Janeiro. *Cadernos Metrópole*, n. 6, p. 67-77, 2º sem. 2001.

_____. Um foco sobre o processo de urbanização do estado do Rio de Janeiro. *Revista Brasileira de Geografia*, Rio de Janeiro, n. 48, p. 333-371, jul./set. 1986.

DIEESE. A dança dos preços: o esvaziamento do sistema financeiro no Rio de Janeiro. *Boletim Dieese*, ano XII, n. 145, abr. 1993.

DINIZ, C.C. Desenvolvimento poligonal no Brasil: nem desconcentração, nem contínua polarização. *Nova Economia*, Belo Horizonte, v. 3, n. 1, set. 1993.

_____. *Dinâmica regional da indústria no Brasil*: início de desconcentração, risco de reconcentração. Tese (titular) — Universidade Federal de Minas Gerais, Belo Horizonte, 1991.

_____. Impactos territoriais da abertura externa, privatizações e reestruturação produtiva no Brasil. In: SEMINÁRIO INTERNACIONAL DE LA RII, V, Toluca, 1999. *Anais...*

_____; CROCCO, M.A. Reestruturação econômica e impacto regional: o novo mapa da indústria brasileira. *Nova Economia*, Belo Horizonte, v. 6, n. 1, p. 77-103, jul. 1996.

_____; SANTOS, F.B.T. Sudeste: heterogeneidade estrutural e perspectivas. In: AFFONSO, R.B.A.; SILVA, P.L.B. (Org.). *Desigualdades regionais e desenvolvimento*: federalismo no Brasil. São Paulo: Fundap/Ed. Unesp, 1995. p. 195-223.

EGLER, C.A.G. Crise e dinâmica das estruturas produtivas regionais no Brasil. In: CASTRO, I.E.; GOMES, P.C.C.; CORRÊA, R.L. *Brasil*: questões atuais da reorganização do território. Rio de Janeiro: Bertrand Brasil, 1996. p. 185-220.

_____. *Reflexões sobre espaço e periodização*: origens da indústria no Rio de Janeiro. Dissertação (mestrado) — Universidade Federal do Rio de Janeiro, Rio de Janeiro, 1979.

EVANGELISTA, H.A. *A fusão dos estados da Guanabara e do Rio de Janeiro*. Rio de Janeiro: Arquivo Público do Estado do Rio de Janeiro, 1998.

FERNANDES, C.F. *A evolução da arrecadação de royalties do petróleo no Brasil e seu impacto sobre o desenvolvimento econômico do estado do Rio de Janeiro*. Monografia (bacharelado) — Instituto de Economia, Universidade Federal do Rio de Janeiro, Rio de Janeiro, 2007.

FERNÁNDEZ, V.R.; BRANDÃO, C. *Escalas espaciales e desarrollo regional*. Madrid: Miño y Dávila, 2009.

FERREIRA, M.M. Industrialização no Rio de Janeiro: novas perspectivas de análise. In: ENCONTRO NACIONAL DE ECONOMIA, XVIII, 1990. *Anais*... Anpec, p. 1281-1308.

———; GRYNSZPAN, M. A volta do filho pródigo ao lar paterno? A fusão do Rio de Janeiro. *Revista Brasileira de História*, São Paulo, v. 14, n. 28, p. 74-100, 1994.

FGV. Economia e gestão: indicadores de desenvolvimento econômico e social do estado do Rio de Janeiro 1997/2006. *Cadernos FGV Projetos*: Economia & Gestão, ano 1, n. 2, dez. 2006.

FIORI, J.L. (Org.). *Estados e moedas no desenvolvimento das nações*. Petrópolis: Vozes, 2000.

FIORENCIO, A.C. Comércio fluminense: 1940/1980. *Economia Fluminense*, Niterói, v. 1, n. 2, out. 1986.

FIRJAN. *Decisão Rio — Investimentos 2006-2008*. Rio de Janeiro: Federação das Indústrias do Estado do Rio de Janeiro, 2006.

_____. *Decisão Rio — Investimentos 2008-2010*. Rio de Janeiro: Federação das Indústrias do Estado do Rio de Janeiro, 2008.

FLEXOR, G.G.; BENAVIDES, C.Z. Multifuncionalidade da agricultura e diferenciação territorial no sul fluminense: uma perspectiva em termo de cesta de bens. In: CAZELLA, A.; BONNAL, P.; MALUF, R.S. (Org.). *Agricultura familiar, multifuncionalidade e desenvolvimento territorial no Brasil*. Rio de Janeiro: Mauad, 2009. p. 193-208.

FONSECA, A.L.O.S. Recuperação produtiva fluminense e a ascensão de seu interior. *Revista do Rio de Janeiro*. Niterói, v. 1, n. 18-19, p. 212-232, jan./dez. 2006.

FREIRE, D.G.; FEIJO, C.A.; CARVALHO, P.G.M. A economia do estado do Rio de Janeiro na segunda metade dos anos noventa. In: OLIVEIRA, J.M.P.S. et al. (Org.). *A Ence aos 50 anos*: um olhar sobre o Rio de Janeiro. Rio de Janeiro: IBGE, 2006.

FUNDAÇÃO SEADE. Disponível em: <www.seade.gov.br>.

FURTADO, C. *Formação econômica do Brasil*. São Paulo: Companhia Editora Nacional/Pubifolha, 2000. (Grandes Nomes do Pensamento Brasileiro)

GUIMARÃES NETO, L. *Dinâmica recente das economias regionais brasileiras*. Curitiba,PR: ILPES/IPARDES. 1995.

GUIMARÃES NETO, L. Ciclos econômicos e desigualdades regionais no Brasil. In: ENCONTRO NACIONAL DE ECONOMIA, II, Campinas, 1996. *Anais...* p. 480-498.

GURVITZ, H. Economia fluminense. *Revista Conjuntura Econômica*, p. 46-52, jun. 1992.

HIRSCHMAN, A. Transmissão inter-regional e internacional do crescimento econômico. In: SCHWARTZMAN, J. *Economia regional*: textos escolhidos. Belo Horizonte: Cedeplar, 1977. p. 35-52.

IBGE. Instituto Brasileiro de Geografia e Estatística. *Censos demográficos*. Diversos anos.

_____. *Contagem da população brasileira*. 2009. Disponível em: <www.ibge.gov.br>. Acesso em: jun. 2009.

_____. *Contas regionais do Brasil*. Departamento de Contas Nacionais. Vários anos.

_____. *Estimativas da população residente em 1º julho de 2009, segundo municípios*. Disponível em: <www.ibge.gov.br>. Acesso em: 10 ago. 2009.

_____. *PIA*. Pesquisa Industrial Anual. Vários anos.

_____. *PIM-PF*. Pesquisa Industrial Mensal — Produção Física. Vários anos.

IBRE. Instituto Brasileiro de Economia. *Contas nacionais do Brasil*. Centro de Contas Nacionais. Rio de Janeiro: Fundação Getulio Vargas, 1972.

IEDI. Ocorreu uma desindustrialização no Brasil? *Carta Iedi*, n. 183, Texto para discussão, nov. 2005.

IETS. Rio além do petróleo. *Boletim 1*, Rio de Janeiro, ago. 2007.

IMBS, J.; WARCZIARG, R. Stages of diversification. *The American Economic Review*, v. 93, n. 1, p. 63-86, mar. 2003.

_____; IBGE; UNICAMP. *Redes urbanas regionais*: Sudeste. Caracterização e tendências da rede urbana no Brasil. Brasília: Ipea, 2002. v. 5.

IPEADATA. 2008. Disponível em: <www.ipeadata.gov.br>. Acesso em: dez. 2008.

JACOBS, J. *La economia de las ciudades*. Barcelona: Península, 1969.

JESUS, C.G.; GITAHY, L.M.C. *Transformações na indústria de construção naval brasileira e seus impactos no mercado de trabalho (1997-2007)*. Rio de Janeiro, 2009. Mimeografado.

KATZ, J.; STUMPO, G. Regímenes sectoriales, productividad y competitividad internacional. *Revista de la Cepal*, Santiago do Chile, n. 75, dic. 2001.

LAGO, L. C. Trabalho, moradia e (i)mobilidade espacial na metrópole do Rio de Janeiro. *Cadernos Metrópole*, São Paulo, n. 18, p. 275-293, 2º sem. 2007.

_____ (Org.). *Como anda o Rio de Janeiro*. Rio de Janeiro: Letra Capital, 2009. v. 1, p. 7-42.

LEOPOLDI, M.A.P. Crescimento industrial, políticas governamentais e organização da burguesia: o Rio de Janeiro de 1844 a 1914. *Revista do Rio de Janeiro*, Niterói, v. 1, n. 3, 1986.

LESSA, C. *A estratégia de desenvolvimento 1974-76*: sonho e fracasso. Campinas: Editora do Instituto de Economia/Unicamp, 1998. (30 Anos de Economia n. 5)

LESSA, C. *O Rio de todos os Brasis*: uma reflexão em busca de autoestima. Rio de Janeiro: Record, 2000. (Metrópoles)

LEVY, M.B. *A indústria do Rio de Janeiro através de suas sociedades anônimas*: esboços de história empresarial. Rio de Janeiro: UFRJ, 1994.

LIMONAD, E. *Os lugares da urbanização*: o caso do interior fluminense. Tese (doutorado) — Faculdade de Arquitetura e Urbanismo, Universidade de São Paulo, São Paulo, 1996.

LOBO, E.L. Economia do Rio de Janeiro nos séculos XVIII e XIX. In: *Economia brasileira*: uma visão histórica. Rio de Janeiro: Campus, 1980.

_____. *História do Rio de Janeiro*: do capital comercial ao capital industrial e financeiro. Rio de Janeiro: IBMEC, 1978. 2 v.

LOUREIRO, A.C. *Rio de Janeiro*: uma análise da perda recente de centralidade. Dissertação (mestrado) — Centro de Desenvolvimento e Planejamento Regional de Minas Gerais, Universidade Federal de Minas Gerais, Belo Horizonte, 2006.

MAGALHÃES, J.P.A. (Coord.). *Projeto pró-Rio*: problemas e potencialidades do estado do Rio de Janeiro. Rio de Janeiro: Instituto de Estudos Políticos e Sociais (Ieps), 1983.

MAGALHÃES, J.P. *Diagnóstico da economia fluminense*. Rio de Janeiro, 2002. Mimeografado.

MASSEY, D. *Spatial divisions of labor*: social structures and the geography of production. New York: Routledge, 1995.

_____. What's happening to UK manufacturing? In: ALLEN, J.; MASSEY, D. *The economy in question* (restructuring Britain). London: Sage, 1988. p. 45-90.

MARAFON, G.J.; RIBEIRO, M.A. Agricultura familiar, pluriatividade e turismo rural: reflexões a partir do território fluminense. *Revista do Rio de Janeiro*, Niterói, v. 1, n. 18-19, p. 111-130, jan./dez. 2006.

MARKUSEN, A. Áreas de atração de investimentos em um espaço econômico cambiante: uma tipologia de distritos industriais. *Nova Economia*, Belo Horizonte, v. 5, n. 2, p. 9-44, dez. 2005.

MEDEIROS JR., H.; MEDINA, M.A.H. Indústria na cidade do Rio de Janeiro: estrutura e conjuntura recente. *Coleção Estudos Cariocas*, Rio de Janeiro, dez. 2008.

MELO, H.P. A lenta agonia do café no Rio de Janeiro. In: ENCONTRO NACIONAL DE ECONOMIA, XX, Campos do Jordão, 1992. Anais...

_____. A trajetória da industrialização do Rio de Janeiro. In: AMÉRICO FREIRE, A.; SARMENTO, C.E.; MOTTA, M.S. (Org.). *Um Estado em questão*: os 25 anos do Rio de Janeiro. Rio de Janeiro: FGV, 2001. p. 219-248.

_____. O café e a economia fluminense — 1889/1920. In: SILVA, S.; SZMREC-SÁNYI, T. *História econômica da Primeira República*. São Paulo: Hucitec/Fapesp, 1996.

_____; CONSIDERA, C.M. Industrialização fluminense — 1930-1980. *Revista do Rio de Janeiro*, Niterói, v. 1, n. 3, 1986.

_____; CONTRERAS, E.C. A trajetória desigual do desenvolvimento econômico fluminense. In: ENCONTRO NACIONAL DE ECONOMIA, XVI, Belo Horizonte, 1988. *Anais...* v. 4.

_____; GUTIERREZ, M. Os complexos industriais da economia do estado do Rio de Janeiro. In: Encontro Nacional de Economia, XVIII, 1990. *Anais...* Anpec, p. 1061-1080.

MESENTIER, L. O esvaziamento econômico do Rio de Janeiro, mas também de São Paulo. In: ENCONTRO DA ANPUR, V, Belo Horizonte, 1993. *Anais...* v. 2, p. 763-782.

MONIÉ, F. Petróleo, industrialização e organização espaço regional. In: PIQUET, R. (Org.). *Petróleo, royalties e região*. Rio de Janeiro: Garamond, 2003.

MONTEIRO NETO, A. *Desenvolvimento regional em crise*: políticas econômicas liberais e restrições à intervenção estatal no Brasil dos anos 90. Tese (doutorado) — Instituto de Economia, Universidade de Campinas, Campinas, 2005.

MOTA, M.S. A fusão da Guanabara com o estado do Rio: desafios e desencantos. In: AMÉRICO FREIRE, C.E.; MOTTA, M.S. (Org.). *Um Estado em questão*: os 25 anos do Rio de Janeiro. Rio de Janeiro: FGV, 2001.

_____. De grande capital a mera cidade: debate sobre o futuro da cidade do Rio de Janeiro após a transferência da capital para Brasília. In: ENCONTRO REGIONAL DE HISTÓRIA — ANPUH, VI, 1994. *Anais...*

NASCIMENTO, R.B. *Arranjos produtivos locais e desenvolvimento*: uma análise do setor têxtil-vestuário no estado do Rio de Janeiro. Dissertação (mestrado) — Universidade Federal de Uberlândia, Uberlândia, 2006.

NASSIF, A. Há evidências de desindustrialização no Brasil? *Textos para Discussão*, Rio de Janeiro, n. 108, jul. 2006.

NATAL, J.L. *A economia e o espaço fluminense em três tempos*: da crise dos últimos 80's e 90's, passando pela inflexão econômica positiva de meados da década passada, até a conjuntura recente. Rio de Janeiro: IPPUR-UFRJ, 2008. Mimeografado.

_____. *O estado do Rio de Janeiro no limiar do século XXI*: história, diagnóstico e perspectivas de desenvolvimento. Relatório de pesquisa, IPPUR-UFRJ, Rio de Janeiro, 2001.

_____ (Org.). *O estado do Rio de Janeiro pós-1995*: dinâmica econômica. Rede urbana e questão social. Rio de Janeiro: Faperj-Pubblicati, 2005.

_____. *O Rio discriminado?* (pelo governo federal). Rio de Janeiro: Armazém das Letras, 2007.

_____. *Rede urbana e desenvolvimento econômico fluminense*. Rio de Janeiro: IPPUR/UFRJ, 2003. Mimeografado.

_____. *Recuperação econômica e desenvolvimento regional no estado do Rio de Janeiro*: a problemática inflexão econômica pós 1996 e sua suposta ambiguidade espacial. Mimeografado.

_____; ESTEVES, C.; RUAS, E. *A reiteração das desigualdades espaciais fluminenses*: os papéis atuais da inflexão econômica e das novas políticas governamentais. Relatório de pesquisa, IPPUR–UFRJ. Rio de Janeiro, 2001.

_____; OLIVEIRA, A. Mercado de trabalho e dinâmica espacial: uma análise à luz da positiva e recente inflexão econômica do estado do Rio de Janeiro. In: ENCONTRO NACIONAL DA ANPUR, X, Belo Horizonte, 2003. *Anais...*

NEGRI, B. *Concentração e desconcentração industrial em São Paulo*. Campinas: Unicamp, 1996.

OLIVEIRA, F.J.G. *Reestruturação produtiva e regionalização da economia no território fluminense*. Tese (doutorado) — Departamento de Geografia, Universidade de São Paulo, São Paulo, 2003.

OLIVEIRA, J.M.P.S.; AJARA, C.; LA CROIX, L.M. Impactos da reestruturação econômica nas favelas cariocas: trajetórias e paradigmas. In: _____ et al. (Org.). *A Ence aos 50 anos*: um olhar sobre o Rio de Janeiro. Rio de Janeiro: IBGE, 2006. p. 129-151.

_____ et al. (Org.). *A Ence aos 50 anos*: um olhar sobre o Rio de Janeiro. Rio de Janeiro: IBGE, 2006.

OSÓRIO, M. *Rio nacional, Rio local*: mitos e visões da crise carioca e fluminense. Rio de Janeiro: Senac Rio, 2005.

PACHECO, C.A. *Fragmentação da nação*. Campinas: IE/Unicamp, 1998.

_____. Novos padrões de localização industrial? Tendências recentes dos indicadores da produção e do investimento industrial. *Texto para discussão* n. 633, Brasília, 1999.

PEREIRA, A.S. *A dinâmica de crescimento da economia do estado do Rio de Janeiro: 1850-1990*. Dissertação (mestrado) — Faculdade de Ciências Econômicas, Universidade Federal do Rio Grande do Sul, Porto Alegre, 1996.

PEREZ, M.D. *Lacerda na Guanabara*: a reconstrução do Rio de Janeiro nos anos 1960. Rio de Janeiro: Odisseia Editorial, 2007.

PIGNATON, A.A.G. Origens da industrialização no Rio de Janeiro. *Dados*, n. 15, 1977.

PINTO, A. Metropolización y terciarización: malformaciones estructurales em el desarrollo latinoamericano. *Revista de la Cepal*, Santiago de Chile, n. 24, 1984.

PIQUET, R. Grandes projetos e tendência na ocupação do território: a modernização excludente. *Espaço e Debates*, Ano X, n. 31, p. 72-81, 1990.

_____. Mudança econômica e novo recorte regional no norte fluminense. In: ENCONTRO NACIONAL DA ANPUR, X, Belo Horizonte, 2003. *Anais...*

_____ (Org.). *Petróleo, royalties e região*. Rio de Janeiro: Garamond, 2003.

_____ (Org.). *Rio de Janeiro*: perfis de uma metrópole em mutação. Rio de Janeiro: IPPUR–UFRJ, 2000.

_____; SERRA, R. (Org.) *Petróleo e região no Brasil*. Rio de Janeiro: Garamond, 2007.

RAIS. Relação anual de informações sociais/MTE. 2008.

RAMALHO, J.R. Novas conjunturas industriais e participação local em estratégias de desenvolvimento. In: RAMALHO, J.R.; SANTANA, M.A. (Org.). *Trabalho e desenvolvimento regional*: efeitos sociais da indústria automobilística no Rio de Janeiro. Rio de Janeiro: Mauad/UFRJ–PPGSA; Brasília: Capes, 2006. p. 11-42.

_____; SANTANA, M.A. (Org.). *Trabalho e desenvolvimento regional*: efeitos sociais da indústria automobilística no Rio de Janeiro. Rio de Janeiro: Mauad/UFRJ–PPGSA; Brasília: Capes, 2006.

REVISTA DO RIO DE JANEIRO. Interior fluminense: o Rio pra além da metrópole carioca. Niterói, UFF, v. 1, n. 18-19, jan./dez. 2006.

REZENDE, F.; LIMA, R. (Org.). *Rio-São Paulo cidades mundiais*: desafios e oportunidades. Brasília: Ipea, 1999.

RIBEIRO, L.C.Q. Rio de Janeiro: exemplo de metrópole partida e sem rumo? *Série Estudos e Debates*, Rio de Janeiro, n. 4, nov. 1995.

_____. Transformações da estrutura socioespacial: segmentação e polarização na Região Metropolitana do Rio de Janeiro. *Cadernos Metrópole*, São Paulo, n. 1, p. 13-42, 1999.

_____; RODRIGUES, J.M. *Decadência das metrópoles e paraíso das cidades médias*. Disponível em: <www.observatoriodasmetropoles.ufrj.br>. Acesso em: 15 dez. 2008.

_____; _____; SILVA, E.T. *Esvaziamento da metrópole e festa no interior?* Disponível em: <www.observatoriodasmetropoles.ufrj.br/Texto-17-06-2009.pdf>. Acesso em: 12 ago. 2009.

RIBEIRO, M.A.C; ALMEIDA, R.S. Análise da organização espacial da indústria na região Sudeste. *Revista Brasileira de Geografia*, Rio de Janeiro, v. 55, n. 144, 1993.

RODRIGUES, A.O. *Da Maxambomba a Nova Iguaçu (1833- 90's)*: economia e território em processo. Dissertação (mestrado) — Instituto de Pesquisa e Planejamento Urbano e Regional, Universidade Federal do Rio de Janeiro, Rio de Janeiro, 2005.

RODRIGUES, M.C.P. O PIB dos estados brasileiros. *Conjuntura Econômica*, p. 82-84, dez. 1993.

_____. Rio de Janeiro: Mercado em crise? *Conjuntura Econômica*, p. 35-39, jul. 1993.

ROWTHORN, R.; COUTTS, K. De-industrialization and the balance of payments in advanced economies. *Discussion Papers*, n. 170, May 2004.

_____; RAMASWAMY, R. Deindustrialization: causes and implications. *Working paper*, Apr. 1997.

SAMPAIO JR., P.A. O impasse da "formação nacional". In: FIORI, J.L. (Org.). *Estados e moedas no desenvolvimento das nações*. Petrópolis: Vozes, 2000.

SANTOS, A.M.S.P. *Economia, espaço e sociedade no Rio de Janeiro*. Rio de Janeiro: FGV, 2003.

_____. Economia fluminense: superando a perda de dinamismo? *Revista Rio de Janeiro*, Niterói, n. 8, p. 31-58, set./dez. 2002.

_____. Uma metrópole em mutação: o Rio de Janeiro. *Revista do Rio de Janeiro*, Niterói, p. 70-76, 1994.

SANTOS, E.C.C.; FREIRE, D.G.; CARVALHO, R.C. Arranjos produtivos locais e a especificidade da realidade Brasileira. *Economia Marche*: Review of Regional Studies, ano 27, n. 2, p. 219-240, 2008.

SANTOS, M. *A urbanização brasileira*. São Paulo: Hucitec, 1993.

SEDEIS. Secretaria de Estado de Desenvolvimento Econômico, Energia, Indústria e Serviços. 2009. Disponível em: <www.rj.gov.br>.

SEFAZ. Secretaria de Fazenda do Estado do Rio de Janeiro. *Valor Adicionado Fiscal por município do estado do Rio de Janeiro (1996-2006)*. Disponível em: <www.fazenda.rj.gov.br>.

SERRA, J. Ciclos e mudanças estruturais na economia brasileira do pós-guerra. In: BELUZZO, L.G.; COUTINHO, R. (Org.). *Desenvolvimento capitalista no Brasil*: ensaios sobre a crise. Campinas: IE/Unicamp, 1998. v. 1 (30 Anos de Economia, n. 9)

SERRA, R.; TERRA, D.; PONTES, C. Os municípios petro-rentistas fluminenses: gênese e ameaças. *Revista do Rio de Janeiro*. Niterói, v. 1, n. 18-19, p. 59-86, jan./dez. 2006.

SILVA, E.T.; RODRIGUES, J.M. Mobilidade espacial nas metrópoles brasileiras: tendências dos movimentos intrametropolitanos. Disponível em: <www.observatóriodasmetropoles.ufrj.br>. Acesso em: 18 out. 2009.

SILVA, M.O. *Rio nacional Rio local*: mitos e visões da crise carioca e fluminense. Rio de Janeiro: Senac Rio, 2005.

SILVA, R.D. *Rio de Janeiro: Crescimento, transformação e sua importância para a economia nacional (1930-2000)*. Dissertação (mestrado) — Instituto de Economia, Universidade de Campinas, Campinas, 2004.

_____. Território e desenvolvimento: as raízes da centralidade do Rio de Janeiro na Economia Nacional. *Estudos Históricos*: Território e Espaço, Rio de Janeiro, n. 40, p. 91-113, jul./dez. 2007.

SOBRAL, B.L.B. *A desconcentração produtiva regional no Brasil*: análise do estado do Rio de Janeiro — 1970/2006. Dissertação (mestrado) — Instituto de Economia, Universidade de Campinas, Campinas, 2007.

_____. A problemática do setor agropecuário fluminense e a desconcentração produtiva regional no Brasil — no período 1970/2006. *Geo Uerj*, Rio de Janeiro, ano 10, v. 1, n. 18, p. 91-110, 1º sem. 2008.

SUZIGAN, W. *Indústria brasileira*: origem e desenvolvimento. São Paulo: Hucitec/Ed. Unicamp, 2000. (Economia & Planejamento; 40. Série "Teses e Pesquisas"; 24)

TAVARES, M.C. Império, território e dinheiro. In: FIORI, J.L. (Org.). *Estados e moedas no desenvolvimento das nações*. Petrópolis: Vozes, 2000.

TANNURI, L.A. *O encilhamento*. São Paulo: Hucitec, 1981.

UNCTAD. Trade liberalization and economic reform in developing countries: structural change or de-industrialization? *Discussion Papers*, n. 179, apr. 2005.

URANI, A. et al. Desenvolvimento da Região Metropolitana do Rio de Janeiro. Rio de Janeiro: Iets, 2006. Disponível em: <www.iets.org.br/biblioteca/Desenvolvimento_da_Regiao_Metropolitana_do_Rio_de_Janeiro.pdf>. Acesso em: 20 dez. 2008.

URANI, A. *Trilhas para o Rio*: do reconhecimento da queda à reinvenção do futuro. Rio de Janeiro: Elsevier, 2008.

VERSIANI, F.R. Imigrantes, trabalho qualificado e industrialização: Rio e São Paulo no início do século. *Revista de Economia Política*, v. 13, n. 4, out./dez. 1993.

WORLD BANK. *Brazil — Rio de Janeiro*: a city study. Report n. 19747-BR, v.1: Policy Report, June 19, 1999.

Outras referências (jornais, revistas)

ALMEIDA, C. Uma garfada de US$ 2,7 bi no Rio: Estado deixa de ganhar com novo projeto do pré-sal. *O Globo*, Rio de Janeiro, 29 out. 2009. Economia, p. 23.

ANP. Agência Nacional do Petróleo. 2009. Disponível em: <www.anp.gov.br>.

BRANDÃO, T. O preço do progresso: CSA aumentará em 76% o lançamento de dióxido de carbono na atmosfera da cidade. *O Globo*, Rio de Janeiro, 6 nov. 2009. p. 10.

CARNEIRO, L. Cenários e perspectivas: André Urani diz que há sinais de melhora na economia fluminense. *O Globo*, Rio de Janeiro, 24 ago. 2009. Plantão.

CARTA DO IBRE. O Rio não pode parar. *Conjuntura Econômica*, set. 1995.

EXAME. *Melhores e maiores*: as 500 maiores empresas do país. Rio de Janeiro: Abril, ago. 2009.

GAZETA MERCANTIL. *Balanço anual*. Set. 1970.

DANTAS, C. PIB do interior encosta na capital. *Jornal do Brasil*, Rio de Janeiro, 6 abr. 2008. p. 22.

DAFLON, R. Em um ano 19 novas favelas: contagem oficial revela que a cidade acaba de ultrapassar a barreira de mil comunidades. *O Globo*, Rio de Janeiro, 19 jul. 2009. p. 14.

MELLO, F. Rio estuda mudança na arrecadação do ICMS do petróleo. *Setorial Energia News*, 28 fev. 2008.

MELO, L.; LIMA, L.; MARQUEIRO, P. No interior, uma vida bem melhor. *O Globo*, Rio de Janeiro, 3 ago. 2008. p. 18.

O GLOBO. *Petroquímico: Rio terá o maior complexo petroquímico do país*. 7 maio 2006. Economia.

_____. *Siderúrgico. Um salto na siderurgia*. 21 maio 2006. Economia.

PAUL, G.; GOIS, C. No pré-sal, esperança para o Rio. *O Globo*, Rio de Janeiro, p. 23, 4 nov. 2009. Economia.

RIBEIRO, F. No Rio, a força do interior: participação da região no PIB fluminense passa de 35,8% para 57,3%, com polos industriais. *O Globo*, Rio de Janeiro, 25 ago. 2008. p. 17.

RODRIGUES, L. Riqueza concentrada. *O Globo*, Rio de Janeiro, 20 dez. 2007. p. 22.

_____; LOUVEN; M.; RIBEIRO, E. Indústria naval: mais de 130 mil vagas e incertezas. *O Globo*, Rio de Janeiro, 14 maio 2006.

ROSA, B.; NOGUEIRA, D. Estado do Rio deverá receber os principais projetos chineses no país. *O Globo*, Rio de Janeiro, Economia, 19 jul. 2009. p. 31.

SEFAZ. *Valor adicionado fiscal do estado do Rio de Janeiro por município*. 2008. Disponível em: <www.sefaz.gov.rj.br>.

VIDOR, G. Na contramão da crise: o aço que vale € 5 bilhões. CSA, do grupo alemão ThyssenKrupp, produzirá 1ª placa no Rio dia 15 de dezembro. *O Globo*, Rio de Janeiro, 15 fev. 2009. p. 31.

VILLELA, G.; RIBEIRO, E. Gigante francesa muda comando e aposta no Rio: carioca assume Michelin na América do Sul e garante investimento de US$ 500 milhões. *O Globo*, Rio de Janeiro, 3 maio 2009. Economia, p. 35.

Anexos

Anexo A

Território por região de governo do ERJ

Região de governo	Área km²	% Total
Região Noroeste Fluminense	5.385,6	12,3
Região Norte Fluminense	9.767	22,3
Região Serrana	6.960,6	15,9
Região das Baixadas Litorâneas	5.427,9	12,4
Região do Médio Paraíba	6.203,4	14,1
Região Centro-Sul Fluminense	3.036,8	6,9
Região da Costa Verde	2.396,5	5,5
Região Metropolitana	4.686,5	10,7
Interior	3.9177,8	89,3
Total	4.3864,3	100,0

Fonte: IBGE. Contagem da população brasileira (2009).

Anexo B

Taxa de participação na população fluminense por região de governo — 1940-2009

Ano	1940	1950	1960	1970	1980	1991	2000	2009
Noroeste	8,4	6,1	4,3	2,7	2,1	2,1	2,1	2,0
Baixadas Litorâneas	3,8	3,0	2,7	2,7	2,7	3,0	3,9	5,7
Médio Paraíba	4,4	4,7	5,0	5,0	5,3	5,4	5,5	5,6
Centro-Sul	3,4	3,0	2,5	2,0	1,8	1,8	1,8	1,7
Costa Verde	0,8	0,6	0,6	0,6	0,7	0,9	1,0	2,1
Norte	9,5	7,8	6,4	5,2	4,6	4,8	4,9	5,1
Serrana	7,9	6,7	5,9	5,2	5,1	5,4	5,2	5,1
Capital	48,8	50,9	49,3	47,3	45,1	42,8	40,7	38,6
Metropolitana	61,8	68,1	72,6	76,6	77,7	76,6	75,7	72,7
Interior	38,2	31,9	27,4	23,4	22,3	23,4	24,3	27,3
Total	100,0	100,0	100,0	100,0	100,0	100,0	100,0	100,0

Fonte: IBGE. Contagem da população brasileira (2009).

Anexo C

População residente por região de governo do ERJ — 1940-2009

Ano	1940	1950	1960	1970	1980	1991	2000	2009
Noroeste	305.066	282.894	285.807	245.561	242.648	273.062	297.512	323.436
Baixadas Litorâneas	136.387	140.915	180.713	238.725	301.379	389.522	560.298	913.712
Médio Paraíba	159.496	218.051	336.012	446.835	599.791	694.253	784.813	888.605
Centro-Sul	121.567	142.519	167.418	177.753	202.842	228.448	254.575	273.346
Costa Verde	28.256	30.289	40.858	56.210	78.460	109.499	148.701	342.560
Norte	344.053	365.809	431.424	471.038	514.644	611.576	696.988	811.089
Serrana	285.646	312.639	393.040	467.159	579.491	686.772	751.428	823.007
Capital	176.4141	2.377.451	3.307.163	4.251.918	5.090.700	5.480.768	5.851.914	618.6710
Metropolitana	2.231.527	3.181.529	4.874.619	6.891.521	8.772.265	9.814.574	10.872.768	11.634.674
Interior	1.380.471	1.493.116	1.835.272	2.103.281	2.519.255	2.993.132	3.494.315	4.375.755
Estado	3.611.998	4.674.645	6.709.891	8.994.802	11.291.520	12.807.706	14.367.083	16.010.429

Fonte: IBGE. Contagem da população brasileira (2009).

Anexo D

Taxa anual de crescimento demográfico por região de governo do ERJ — 1940-2009 (em %)

Região	1940-50	1950-60	1960-70	1970-80	1980-91	1991-2000	2000-09
Noroeste Fluminense	-0,75	0,10	-1,51	-0,12	1,08	0,96	0,93
Norte Fluminense	0,62	1,66	0,88	0,89	1,58	1,46	1,70
Serrana	0,91	2,32	1,74	2,18	1,56	1,00	1,02
Baixadas Litorâneas	0,33	2,52	2,82	2,36	2,36	4,12	5,58
Médio Paraíba	3,18	4,42	2,89	2,99	1,34	1,40	1,39
Centro-Sul Fluminense	1,60	1,62	0,60	1,33	1,09	1,21	0,79
Costa Verde	0,70	3,04	3,24	3,39	3,08	3,46	9,71
Metropolitana	3,61	4,36	3,52	2,44	1,03	1,14	0,76
Interior	0,76	2,08	1,33	1,84	1,57	1,77	2,53
Estado	2,61	3,68	2,97	2,30	1,15	1,28	1,21

Fonte: IBGE. Contagem da população brasileira (2009).

Anexo E

Densidade demográfica, segundo as regiões de governo e municípios do ERJ — 1940-2009 (hab/km²)

Regiões de governo e municípios	1940	1950	1960	1970	1980	1991	1996	2000	2009
Estado	82,3	106,5	152,8	204,8	257,2	291,7	305,3	327,5	365,0
Região Metropolitana	388,9	554,5	849,6	1.201,1	1.528,9	1.710,5	1.776,3	1.909,7	2.482,6
Rio de Janeiro	1.395,5	1.880,6	2.616,0	3.363,3	4.026,8	4.335,4	4.391,3	4.853,1	5.130,8
Belford Roxo	76,9	296,9	914,7	2.165,9	3.530,4	4.508,9	4.991,5	5.482,5	6.348,7
Duque de Caxias	63,6	198,5	523,1	926,3	1.236,4	1.434,0	1.535,5	1.646,1	1.863,7
Guapimirim	10,4	19,4	23,9	40,0	64,1	77,4	90,2	104,8	137,5
Itaboraí	35,8	45,4	74,6	127,3	223,3	325,5	373,2	436,0	533,4
Japeri	40,0	106,5	260,5	438,9	679,5	792,8	882,1	1.021,6	1.249,3
Magé	50,8	76,9	130,5	254,9	371,0	423,5	473,6	531,8	631,7
Nilópolis	1.163,2	2.417,0	5.028,8	6.667,2	7.895,2	8.234,0	8.087,1	7.916,1	24.710,5

continua

Regiões de governo e municípios	1940	1950	1960	1970	1980	1991	1996	2000	2009
Niterói	1.110,9	1.413,6	1.862,4	2.460,1	3.013,1	3.309,2	3.417,0	3.408,7	6.431,9
Nova Iguaçu	69,6	184,3	429,5	813,4	1.183,0	1.380,8	1.476,9	1.628,2	365,1
Paracambi	48,4	61,0	86,8	141,1	168,6	202,6	219,4	216,3	241,0
Queimados	47,9	127,5	311,8	800,8	1.208,4	1.267,0	1.391,3	1.586,5	1.817,2
São Gonçalo	340,3	506,5	985,9	1.712,2	2.448,7	3.103,2	3.316,3	3.577,9	3.986,3
São João de Meriti	1.133,8	2.190,9	5.493,8	8.664,6	11.427,7	12.199,8	12.444,8	12.946,1	13.539,7
Seropédica	9,0	30,9	60,1	99,4	70,3	195,6	207,6	242,4	293,9
Tanguá	62,7	74,9	68,1	79,1	284,6	161,8	171,3	182,1	213,7
Região Noroeste Fluminense	**56,6**	**52,5**	**53,0**	**45,6**	**45,0**	**50,7**	**52,6**	**55,2**	**60,1**
Aperibé	51,0	59,4	50,0	50,3	55,3	70,5	80,5	86,6	103,4
Bom Jesus do Itabapoana	55,7	53,0	63,3	49,0	46,6	49,7	53,7	56,1	58,9
Cambuci	54,0	45,5	39,5	31,2	26,5	26,6	26,4	26,0	26,3
Italva	68,9	52,7	77,3	51,9	43,3	43,0	44,4	42,8	49,8
Itaocara	57,0	56,0	51,9	51,8	49,6	53,4	54,2	53,6	52,4
Itaperuna	60,7	57,6	58,2	54,7	56,9	70,4	74,6	78,1	89,6
Laje do Muriaé	58,4	44,5	54,2	34,0	29,9	29,7	30,2	31,4	31,8
Miracema	58,3	62,0	69,7	70,1	72,8	83,0	80,9	89,4	88,7
Natividade	57,9	52,6	44,1	38,1	35,7	37,8	39,1	38,7	39,4
Porciúncula	56,7	48,4	50,5	40,9	44,4	48,1	50,9	52,9	61,2
Santo Antônio de Pádua	53,3	53,2	45,2	43,3	46,4	54,1	55,5	63,4	69,4
São José de Ubá	55,4	52,0	34,7	27,3	24,4	24,1	23,5	25,5	29,0
Varre-Sai	30,3	30,6	40,4	28,3	31,9	37,4	39,7	41,2	46,4
Região Norte Fluminense	**35,3**	**37,5**	**44,2**	**48,3**	**52,8**	**62,7**	**67,0**	**71,4**	**83,0**
Campos dos Goytacazes	44,7	49,6	61,1	70,7	79,5	93,2	96,5	100,6	107,4
Carapebus	30,6	28,8	23,4	26,6	22,3	23,6	26,5	34,4	38,4
Cardoso Moreira	43,1	41,9	43,5	34,8	28,5	24,8	23,1	24,3	24,1
Conceição de Macabu	25,0	26,3	27,9	33,2	39,1	48,7	52,2	46,9	61,0
Macaé	23,8	22,9	34,5	38,8	48,8	76,9	92,8	107,0	159,4
Quissamã	12,5	12,6	13,5	13,8	13,4	14,6	17,5	19,1	27,4
São Fidélis	44,3	42,6	37,6	34,1	33,9	33,5	35,4	35,5	37,9

continua

Regiões de governo e municípios	1940	1950	1960	1970	1980	1991	1996	2000	2009
São Francisco de Itabapoana	25,7	28,9	32,9	35,7	32,2	34,6	35,2	36,6	42,6
São João da Barra	23,1	27,7	39,2	34,1	40,4	45,1	53,3	59,9	66,8
Região Serrana	**41,1**	**44,9**	**56,5**	**67,2**	**83,3**	**98,7**	**102,3**	**108,0**	**118,2**
Bom Jardim	48,2	46,3	48,6	44,3	48,0	53,4	56,5	58,7	68,8
Cantagalo	30,4	29,9	24,1	25,8	26,7	27,3	28,0	26,3	27,2
Carmo	33,4	32,3	32,8	33,2	34,6	40,9	42,8	47,7	56,2
Cordeiro	42,4	45,3	61,9	76,2	96,3	140,3	150,6	165,3	176,9
Duas Barras	29,6	25,4	27,7	22,9	23,3	28,7	28,9	27,4	28,9
Macuco	12,5	16,2	21,3	29,9	31,1	33,4	30,3	62,9	72,5
Nova Friburgo	41,9	51,1	75,0	96,7	131,9	178,7	181,0	184,7	190,4
Petrópolis	97,1	126,0	178,0	229,5	286,3	329,0	347,2	359,2	395,3
Santa Maria Madalena	21,9	17,8	18,0	15,2	13,5	13,3	13,3	12,7	13,2
São José do Vale do Rio Preto	39,3	43,4	50,1	45,2	81,6	64,3	67,0	87,3	93,1
São Sebastião do Alto	46,3	39,3	31,5	27,0	24,0	21,7	22,4	21,2	22,8
Sumidouro	23,4	23,0	26,9	27,8	28,8	32,8	33,8	35,6	38,5
Teresópolis	38,3	44,5	67,7	94,7	127,8	156,3	162,0	178,6	209,7
Trajano de Morais	31,1	28,4	26,8	21,6	18,0	18,0	17,9	16,9	16,7
Região das Baixadas Litorâneas	**26,9**	**27,8**	**35,6**	**47,1**	**59,4**	**76,8**	**92,6**	**110,6**	**168,3**
Araruama	39,4	41,3	48,6	63,0	78,4	92,9	104,1	129,4	171,5
Armação de Búzios	46,5	46,5	50,6	59,1	77,0	123,8	206,6	253,5	399,6
Arraial do Cabo	18,3	20,2	46,0	69,4	97,2	125,7	136,3	151,4	170,7
Cabo Frio	21,8	24,1	41,2	72,5	124,4	188,9	251,0	308,9	453,0
Cachoeiras de Macacu	14,7	17,0	28,2	35,3	37,4	42,0	45,4	50,6	59,9
Casimiro de Abreu	12,9	10,6	18,5	21,9	25,8	33,8	43,7	48,4	67,1
Iguaba Grande	79,5	79,5	97,5	114,7	114,1	223,0	254,7	309,1	471,2
Maricá	51,9	52,2	53,5	65,0	89,7	127,9	165,7	210,4	339,4
Rio Bonito	49,3	54,3	59,8	74,3	86,4	97,5	100,4	107,1	118,9
Rio das Ostras	14,0	13,5	19,7	28,9	44,4	79,0	122,0	159,6	419,4
São Pedro da Aldeia	40,1	45,0	44,3	65,8	93,2	118,4	156,2	187,1	252,1
Saquarema	53,3	53,1	55,9	68,6	79,3	106,5	123,8	148,4	196,2
Silva Jardim	15,0	11,9	16,2	18,3	17,9	19,3	20,2	22,6	23,7

continua

Regiões de governo e municípios	1940	1950	1960	1970	1980	1991	1996	2000	2009
Região do Médio Paraíba	25,7	35,1	54,2	72,0	96,7	111,9	119,4	126,5	143,2
Barra do Piraí	54,1	56,6	78,2	101,9	124,1	136,6	147,3	152,0	178,4
Barra Mansa	35,1	55,3	106,6	174,6	267,4	297,7	303,8	311,3	322,8
Itatiaia	17,5	16,4	24,0	43,7	54,5	71,3	94,1	102,2	147,1
Pinheiral	25,7	44,1	65,8	80,0	124,3	175,1	215,3	250,4	287,7
Piraí	27,9	34,8	35,5	35,5	37,9	40,1	46,7	43,8	51,8
Porto Real	20,0	25,9	54,0	75,3	121,7	164,3	170,9	237,6	319,3
Quatis	14,9	15,9	18,5	20,3	27,9	30,7	34,4	37,3	45,7
Resende	20,1	26,6	36,4	47,7	61,7	74,7	84,2	95,0	118,2
Rio Claro	17,7	17,0	18,1	16,9	15,3	16,2	17,1	19,2	10,4
Rio das Flores	16,1	17,0	17,2	15,0	14,3	13,5	13,3	15,9	38,3
Valença	27,2	27,6	32,7	36,9	41,0	46,5	47,1	50,8	58,1
Volta Redonda	15,2	196,7	485,4	685,4	1.004,6	1.205,2	1.270,7	1.329,9	1.436,3
Região Centro-Sul Fluminense	39,9	46,8	54,9	58,3	66,6	75,0	76,9	83,8	90,0
Areal	42,0	42,7	56,8	58,8	63,9	73,6	80,6	89,1	108,4
Comendador Levy Gasparian	37,0	32,6	38,5	44,5	59,2	65,7	69,0	72,3	80,6
Engenheiro Paulo de Frontin	58,1	74,3	85,7	82,9	92,6	86,5	90,0	85,1	92,5
Mendes	94,6	159,1	169,6	164,5	200,4	214,2	221,7	179,7	185,7
Miguel Pereira	32,7	43,7	59,1	54,5	57,7	67,5	69,7	82,7	89,6
Paraíba do Sul	32,9	37,7	43,8	45,9	50,2	58,3	57,9	63,4	70,7
Paty do Alferes	34,2	37,3	46,9	48,9	50,7	65,9	69,6	83,2	85,3
Sapucaia	30,1	31,1	30,4	29,6	27,6	28,5	31,2	31,8	32,2
Três Rios	69,9	81,5	104,7	136,8	177,2	202,7	203,5	224,2	237,0
Vassouras	34,1	39,2	42,9	42,4	47,3	51,7	52,4	59,0	64,3
Região Costa Verde	16,2	17,3	23,4	32,2	44,9	62,7	68,5	84,8	142,9
Angra dos Reis	22,8	25,6	35,2	49,3	70,9	104,8	113,4	145,4	205,8
Itaguaí	21,6	48,7	65,9	105,1	176,9	218,1	249,7	291,3	375,5
Mangaratiba	22,1	29,9	35,1	34,2	38,4	49,7	55,2	68,7	89,9
Parati	10,4	10,1	13,0	17,1	22,1	25,7	29,1	31,6	38,3

Fonte: IBGE. Contagem da população brasileira (2009)

Anexo F

Investimentos industriais por região de governo no ERJ — 1995-2006 (em R$ 1.000 correntes)

Região	Município	Empresa	Setor	Produto	Investimentos	Empregos
1995						
Metropolitana	Queimados	Art Fergi	Minerais não metálicos	Nichos e catacumbas	236	32
Metropolitana	Rio de Janeiro	Hiborn	Material plástico	Chupetas e mamadeiras	4.200	812
Metropolitana	Queimados	Kreta Rio	Minerais não metálicos	Vidros p/ lampião	564	50
Metropolitana	Duque de Caxias	Lartex	Têxtil	Tecidos	2.900	24
Metropolitana	Queimados	Sayoart	Têxtil	Tecidos	3.860	60
Metropolitana	Resende	Volkswagen	Metal-mecânico	Caminhões	300.000	1.500
Metropolitana	Duque de Caxias	Zenith	Material elétrico/telecom.	Televisão	34.000	400
				TOTAL	**345.760**	**2.878**
1996						
Metropolitana	Queimados	Alcoa Alumínio	Plástico	Garrafa PET	12.500	43
Metropolitana	Nova Iguaçu	Bergitex	Têxtil		30.000	150
Metropolitana	Duque de Caxias	Ciferal	Metalúrgico	Carrocerias	7.000	500
Metropolitana	Queimados	Forjas Brasileiras	Metalúrgico	Peças para veículos	17.200	350
Metropolitana	Queimados	Generalli Refrigerantes	Bebidas	Refrigerantes	37.000	130
Metropolitana	Rio de Janeiro	Gerdau	Metalúrgico		168.000	200
Metropolitana	Rio de Janeiro	Glaxo Wellcome	Farmacêutico	Remédios	229.432	250

continua

INDÚSTRIA E DESENVOLVIMENTO REGIONAL NO RIO DE JANEIRO (1990-2008)

Região	Município	Empresa	Setor	Produto	Investimentos	Empregos
Metropolitana	Magé	Global River	Mat. elétrico com.	Bateria	1.250	92
Metropolitana	Porto Real	Guardian	Minerais não metálicos	Vidros	145.000	200
Metropolitana	Queimados	Iriquímica	Químico	Clorodóxido de alumínio	476	8
Metropolitana	Queimados	Kaiser	Bebidas	Cerveja	50.000	150
Metropolitana	São Gonçalo	Laboratório B. Braun	Farmacêutico	Bolsa polietileno	16.435	300
Metropolitana	Duque de Caxias	Liarte Metalquímica	Químico	Verniz	750	30
Metropolitana	Duque de Caxias	O Globo	Editora e gráfica	Jornal	150.000	500
Metropolitana	Duque de Caxias	Rio Polímeros	Plástico	Polietileno	1.179.000	350
Metropolitana	Rio de Janeiro	SmithKline	Farmacêutico	Remédios	80.000	100
				TOTAL	2.124.043	3.353
1997						
Metropolitana	Queimados	Ar Frio	Serviços	Sorvete	4.900	40
Centro-Sul	Arepar		Borracha	Balões perfumados	4.876	100
Metropolitana	Rio de Janeiro	Atri Nylox	Mecânico	Tubos umbilicais	9.605	70
Metropolitana	Rio de Janeiro	CBV	Mecânico	Eq. lâmina d'água prof.	9.000	20
Metropolitana	Queimados	Fertiplant	Metalúrgico	Metais ferrosos	1.200	13
Metropolitana	Queimados	Knauf	Minerais não metálicos	Placas de gesso	20.000	100
Metropolitana	Rio de Janeiro	Leite de Rosas	Perfumaria, sabões e velas	Shampoo, sabonetes	1.540	335
Metropolitana	Rio de Janeiro	Martins	Serviços		5.000	500

continua

Região	Município	Empresa	Setor	Produto	Investimentos	Empregos
Médio Paraíba	Porto Real	Peugeot Citroën	Metal-mecânico	Automóveis	950.000	2.500
Médio Paraíba	Volta Redonda	Tubonal	Metalúrgico	Tubos de aço c/ costura	1.500	380
Metropolitana	Rio de Janeiro	Wickbold e Nosso Pão	Produtos alimentares	Pães e bolos	21.300	194
				TOTAL	1.028.921	4.252
1998						
Metropolitana	Duque de Caxias	Casa e Vídeo	Diversos	Depósito	18.000	1.000
Metropolitana	Duque de Caxias	Cys	Material elétrico e com.	Torres e antenas	18.000	780
Metropolitana	Queimados	Engene	Farmacêutico	Remédios	200	25
Metropolitana	Rio de Janeiro	FMC	Mecânico	Equip. p/ petróleo	35.000	300
Metropolitana	Duque de Caxias	G.B.Criogênicos	Metalúrgico	Tanques	1.240	50
Médio Paraíba	Porto Real	Galvasud I	Metalúrgico	Galvaniz. de chapas	232.000	150
Médio Paraíba	Itatiaia	Instituto Biochimico	Farmacêutico	Remédios	29.500	90
Metropolitana	Niterói	Marine	Mecânico	Equip. extração petróleo	31.480	200
Médio Paraíba	Itatiaia	Michelin	Borracha	Pneu de automóveis	195.000	200
Metropolitana	Rio de Janeiro	Michelin	Borracha	Pneu de caminhão	38.000	100
Metropolitana	Queimados	Multibloco	Minerais não metálicos	Blocos de concreto	280	10
Metropolitana	Rio de Janeiro	Nestlé	Produtos alimentares	Sorvetes	14.900	24
Médio Paraíba	Piraí	Pastifício Sta. Amália	Produtos alimentares	Snacks	7.500	200
Baixadas Litorâneas	Cachoeiras de Macacu	Schincariol	Bebidas	Cerveja	210.000	500

continua

INDÚSTRIA E DESENVOLVIMENTO REGIONAL NO RIO DE JANEIRO (1990-2008)

Região	Município	Empresa	Setor	Produto	Investimentos	Empregos
Metropolitana	Queimados	TWR	Metalúrgico	Torres	7.300	77
Metropolitana	Duque de Caxias	Vibraço	Plástico	Potes	3.000	300
Metropolitana	Rio de Janeiro	WS de Campo Grande	Plástico	Moldes	1.000	75
				TOTAL	842.400	4.081
1999						
Baixadas Litorâneas	Araruama	Bloco Belo	Minerais não metálicos	Tijolos	1.065	55
Médio Paraíba	Piraí	Cervejaria Cintra	Bebidas	Cerveja	232.000	500
Metropolitana	Rio de Janeiro	Fresenius	Farmacêutico	Soluções p/ hemodiálise	1.250	140
Médio Paraíba	Porto Real	Galvasud II	Metalúrgico	Unidade de corte e solda	116.000	130
Metropolitana	Rio de Janeiro	Geriatex	Farmacêutico	Fraldas, absorventes	800	57
Metropolitana	Nova Iguaçu	Inquisa	Perfumaria, sabões e velas	Detergentes tensoativos	200	30
Sem definição		Intelig	Telecomunicação			1.300
Metropolitana	Nova Iguaçu	Lojas Americanas	Serviços	Depósito	20.000	500
Metropolitana	Rio de Janeiro	Microbiológica	Farmacêutico	M. químico e fármaco	3.000	80
Metropolitana	Queimados	Quartzolit	Mineral não metálico	Argamassas	18.000	70
Metropolitana	Duque de Caxias	Sadia	Produtos alimentares	Embutidos	39.000	300
Metropolitana	Nova Iguaçu	Suissa	Perfumaria, sabões e velas	Perfumes etc.	300	50
Norte Fluminense	Macaé	Vésper	Telecomunicação	Telefonia fixa	479.000	1.300
				TOTAL	1.260.615	4.512

continua

Região	Município	Empresa	Setor	Produto	Investimentos	Empregos
2000						
Serrana	Carmo	Agropecuária Bela Vista	Minerais não metálicos	Água mineral	858	7
Metropolitana	Queimados	Alcoa Alumínio II	Plástico	Garrafa PET	8.683	15
Metropolitana	São Gonçalo	Alôes Alôes	Farmacêutico	Fraldas	19.120	168
Metropolitana	Rio de Janeiro	Art Lartex	Material plástico	Balões de gás	0	0
Metropolitana	Rio de Janeiro	Athec	Têxtil	Etiquetas	1.681	80
Metropolitana	Rio de Janeiro	ATL	Telecomunicação	Telefonia	2.188.104	1152
Norte Fluminense	Campos	Bela Joana	Produtos alimentares	Sucos concentrados	16.000	520
Norte Fluminense	Campos	C.F.M. Com. Repres.	Metalúrgico	Reciclagem aço e metais	364	25
Médio Paraíba	Porto Real	Cia. Flum. Refrigerantes	Bebidas	Refrigerantes	24.694	400
Metropolitana	Rio de Janeiro	Cia. Brasil. de Bebidas	Bebidas	Cerveja	25.200	0
Metropolitana	Duque de Caxias	Cipa	Produtos alimentares	Biscoitos	3.712	84
Metropolitana	Rio de Janeiro	Cisper	Minerais não metálicos	Copos	3.518	142
Médio Paraíba	Porto Real	Copo	Autopeças	Espuma	13.000	10
Metropolitana	Rio de Janeiro	Delly (Alfa-Parf)	Perfumaria, sabões e velas	Xampu, tinta	5.000	200
Metropolitana	Rio de Janeiro	Embratel	Telecomunicação	Telefonia	262.077	0
Metropolitana	Seropédica	Enron	Serviços	Termoelétrica, gás	800.000	100
Metropolitana	Queimados	Eságua	Minerais não metálicos	Tanques p/ trat. esgoto	1.300	73

continua

INDÚSTRIA E DESENVOLVIMENTO REGIONAL NO RIO DE JANEIRO (1990-2008)

Região	Município	Empresa	Setor	Produto	Investimentos	Empregos
Médio Paraíba	Porto Real	Eurostamp	Autopeças	Estamparia	68.669	200
Metropolitana	São Gonçalo	Famaplast	Plástico	Transformação plástico	3.206	75
Médio Paraíba	Porto Real	Faurecia	Autopeça	Bancos e escapamentos	10.136	70
Metropolitana	Magé	Ferreira Rodrigues	Bebidas	Refrigerantes	17.802	300
Médio Paraíba	Porto Real	Gefco	Autopeças	Linha de montagem	10.000	70
Norte Fluminense	Campos	Glacial Serviços	Autopeças	Entreposto		50
Serrana	Cantagalo	Holdercin	Minerais não metálicos	Cimento	60.000	
Metropolitana	Rio de Janeiro	Ilmak	Serviços	Convertedora de ribon TTR	2.767	60
Norte Fluminense	Campos	Imbé	minerais não metálicos	Pré-moldados	2.100	8
Metropolitana	Rio de Janeiro	Interisa	Mat. elétrico e de telecom.	Aparelhos telefônicos	9.712	150
Metropolitana	Duque de Caxias	Metalbasa (Quinan)	Metalúrgico	Embalagens	2.000	160
Metropolitana	Rio de Janeiro	New Temper	Minerais não metálicos	Vidros	711	78
Metropolitana	Duque de Caxias	Nicho Tecnologia	Químico	Aditivos	750	15
Metropolitana	Duque de Caxias	Nortec	Farmo-químico	Farmo-químico	9.850	6
Baixadas Litorâneas	Cachoeiras de Macacu	Piache	Químico	Insumos	1.080	40
Metropolitana	Rio de Janeiro	Pimaco	Papel/papelão	Etiquetas	5.804	38
Metropolitana	Duque de Caxias	Polink	Químico	Resinas	200	0
Metropolitana	Rio de Janeiro	Refrig. Convenção	Bebidas	Refrigerantes	0	0

continua

Região	Município	Empresa	Setor	Produto	Investimentos	Empregos
Metropolitana	Magé	Refrig. Pakera	Bebidas	Água mineral	7.700	100
Metropolitana	Rio de Janeiro	Telemar	Telecomunicação	Telefonia fixa	2.597.354	1.208
Metropolitana	Queimados	TSI do Brasil	Metalúrgico	Vinil, chapas, perfis	14.800	200
Médio Paraíba	Porto Real	Vallourec	Autopeças	Eixos, rodas e pneus	15.000	70
				TOTAL	6.212.952	5.874
2001						
Metropolitana	Rio de Janeiro	Algarea Produtos	Alimentares	Algas	7.000	40
Médio Paraíba	Piraí	Aloés Piraí	Farmacêutico	Absorv. e lenços umedecidos	16.205	168
Centro-Sul	Três Rios	Bertin Produtos	Alimentares	Beneficiamento de carne	5.000	1.000
Metropolitana	Rio de Janeiro	Emanuelle	Serviços	Locadora de veículos	279	17
Metropolitana	Rio de Janeiro	GMM	Metalúrgico	Tambores de aço	3.886	60
Metropolitana	São Gonçalo	HemaFarma	Farmacêutico	Produtos oficinais	369	30
Metropolitana	Queimados	Inbox	Papel/papelão	Guardanapos	800	22
Metropolitana	Rio de Janeiro	Laboris Farmacêutica	Farmacêuticos	Remédios	28.000	500
Metropolitana	Duque de Caxias	Lwart	Serviços	Depósito de óleo	0	0
Metropolitana	Rio de Janeiro	Magna Estaleiro	Material de transporte	Barcos	750	0
Metropolitana	Rio de Janeiro	Pan-Americana	Químico		0	0
Norte Fluminense	Campos	Pavinorte	Químico	Usina de asfalto	1.258	22

continua

ANEXOS

Indústria e desenvolvimento regional no Rio de Janeiro (1990-2008)

Região	Município	Empresa	Setor	Produto	Investimentos	Empregos
Médio Paraíba	Valença	Recap Pneus	Borracha	Pneus remoldados	9.472	120
Metropolitana	Paracambi	Saisa	Serviços	Incineração de resíduos	10.000	0
Metropolitana	Nova Iguaçu	Sano	Minerais não metálicos	Telhas onduladas	22.042	112
Serrana	Nova Friburgo	Sinimbu	Autopeças	Instrumentos p/ automóveis	1.388	26
Metropolitana	Rio de Janeiro	Tim Norte	Telecomunicações	Telefonia celular	500.000	500
Centro-Sul	Três Rios	T'Trans	Material de transporte	Vagões de trens	7.584	680
				TOTAL	**649.988**	**3.297**
2002						
Metropolitana	Rio de Janeiro	Armco	Metalúrgico	Tubos, torre, silos	2.354	240
Norte Fluminense	Campos	Brassumo	Produtos alimentares	Sucos de frutas	13.560	230
Metropolitana	Rio de Janeiro	Comtex	Material elétrico e telecom.	Equip. digitais para segurança	5.438	75
Norte Fluminense	Campos	Construsan	Mineral não metálico	Concreto betuminoso	3.800	68
Metropolitana	Niterói	Contax	Telecomunicações	Call centers	12.000	2.500
Metropolitana	Duque de Caxias	Falmec	Metalúrgico	Coifas p/ cozinha	4.000	100
Médio Paraíba	Valença	Ferreira e Luz	Confecção	Camisas e calças	4.700	180
Metropolitana	Rio de Janeiro	Funasa	Serviços	Depósito vacinas	10.000	100
Noroeste	Itaperuna	Gigante Boechat	Autopeças	Eixos completos	4.085	80
Médio Paraíba	Piraí	Networking	Material elétrico e de telecom.	Gabinetes p/computador	6.711	500

continua

Região	Município	Empresa	Setor	Produto	Investimentos	Empregos
Médio Paraíba	Barra do Piraí	QuimVale	Químico	Carbonato de cálcio	1.950	120
Norte Fluminense	Campos	Remaq	Mecânico	Equip. p/ petróleo	3.000	40
Metropolitana	Rio de Janeiro	Sinimplast	Material plástico	Embalagens	11.221	157
Metropolitana	Duque de Caxias	Solintec I/Sapotec	Diversos	Estação de trat. solo	2.000	20
Metropolitana	São Gonçalo	Techlabor	Mecânico	Equipamento p/ petróleo	6.828	145
Médio Paraíba	Porto Real	Volkswagen Caminhões	Autopeças	Caminhões e ônibus	625.000	–
				TOTAL	**716.647**	**4.555**
2003						
Norte Fluminense	Campos	Atelier N. S. das Vitórias	Mineral não metálico		800	23
Serrana	Petrópolis	Cervejaria Petrópolis	Bebidas	Cerveja	124.850	153
Serrana	Teresópolis	Cervejaria Teresópolis	Bebidas	Cerveja	81.269	400
Metropolitana	Duque de Caxias	Ciferal	Autopeças	Ônibus	5.000	400
Metropolitana	Rio de Janeiro	Cisper	Mineral não metálico	Vidros	8.734	27
Metropolitana	Rio de Janeiro	Credeal	Papel e papelão	Cadernos	6.394	170
Médio Paraíba	Volta Redonda	CSN (Alto Forno 4)	Siderurgia	Chapas de aço	2.010.000	600
Médio Paraíba	Pinheiral	CSN (Cimento)	Mineral não metálico	Cimento	300.000	330
Costa Verde	Itaguaí	CSN (Pelotização)	Siderurgia	Pelotização	997.200	262
Metropolitana	Duque de Caxias	Duque de Caxias Mineração	Mineral não metálico	Minerais industriais	42.571	80

continua

INDÚSTRIA E DESENVOLVIMENTO REGIONAL NO RIO DE JANEIRO (1990-2008)

Região	Município	Empresa	Setor	Produto	Investimentos	Empregos
Norte Fluminense	Macaé	Genese 3000	Material elétrico e telecom.	Sistema de automação	368	25
Metropolitana	Rio de Janeiro	Helibrás	Serviço	Manutenção helicópteros	15.000	30
Médio Paraíba	Volta Redonda	Inal	Siderúrgico	Distribuição de aço	32.470	260
Centro-Sul	Três Rios	Ind de Papéis Sudeste	Papel e papelão	Embalagens	28.446	370
Metropolitana	Rio de Janeiro	L'Oreal	Perfumaria, sabões e velas	Cosméticos	55.000	200
Metropolitana	Rio de Janeiro	Mappel	Papel e papelão	Embalagens p/ medicamentos	5.289	160
Metropolitana	Rio de Janeiro	Mat Incêndio	Metalúrgico	Cilindros para gás	3.271	
Metropolitana	Seropédica	Mineração Aguapeí	Mineral não metálico	Areia	11.445	43
Médio Paraíba		MRS	Infraestrutura		585.000	275
Metropolitana	Rio de Janeiro	Nestlé	Produtos alimentares	Sorvetes	125.507	320
Serrana	Petrópolis	Opção	Confecções	Calças	4.320	370
Norte Fluminense	Campos	Pernod Ricard	Bebidas	Destilaria	5.730	63
Metropolitana	Duque de Caxias	Poland	Químico	Detergente e tensoativos	4.500	30
Metropolitana	Duque de Caxias	Polibrasil	Material plástico	Polipropileno	71.750	20
Metropolitana	Rio de Janeiro	Ranbaxy	Farmacêutico	Medicamentos genéricos	45.000	100
Norte	São João da Barra	Recauchut. Juiz de Fora	Borracha	Recauchutadora	900	15
Metropolitana	Rio de Janeiro	Resitec	Serviços	Reciclagem	5.000	49
Metropolitana	Rio de Janeiro	Rexan (Latasa)	Metalúrgico	Latas de alumínio	53.100	50

continua

Região	Município	Empresa	Setor	Produto	Investimentos	Empregos
Norte Fluminense	Campos	RSMC Construtora	Construção civil	Reciclagem de papel	360	25
Médio Paraíba	Resende	Sagez	Produtos alimentares	Pães	3.306	359
Metropolitana	Queimados	Sanes	Comércio	Central de distribuição	2.500	60
Noroeste	B. J. de Itabapoana	Yoki Alimentos S/A	Produtos alimentares	Pipoca e milho	2.496	75
				TOTAL	4.637.576	5.344
2004						
Centro-Sul	Mendes	Aluaço	Siderúrgico	Reciclagem	249.740	1.254
Médio Paraíba	Piraí	Aro	Metalúrgico	Tampinhas e latas de aço	15.422	50
Noroeste	Italva	Bella Vita	Produtos alimentares	Laticínios	874	40
Metropolitana	Rio de Janeiro	Casa Granado	Perfumaria, sabões e velas	Sabonetes	23.586	125
Médio Paraíba	Itatiaia	Cevejaria Meyerfreund	Bebidas	Cerveja	150.300	250
Norte Fluminense	Campos	Concrevit	Mineral não metálico	Concreto	1.959	15
Metropolitana	Rio de Janeiro	CSA (CVRD/Thyssen)	Siderúrgico		6.000.000	3.500
Norte Fluminense	Campos	Duveneto	Produtos alimentares	Macarrão e biscoitos	40.703	458
Metropolitana	Rio de Janeiro	ETML	Telecomunicações	Telefonia fixa	450	20
Norte Fluminense	Campos	Hidrolumen	Mineral não metálico	Blocos e fossas	652	18
Norte Fluminense	Campos	Isocamp	Petroquímico	Isopor	4.828	140
Metropolitana	Rio de Janeiro	Michelin — ampliação	Borracha	Pneus	350.000	180
Metropolitana	Duque de Caxias	MVC	Material plástico	Componentes plásticos	5.000	400

continua

INDÚSTRIA E DESENVOLVIMENTO REGIONAL NO RIO DE JANEIRO (1990-2008)

Região	Município	Empresa	Setor	Produto	Investimentos	Empregos
Metropolitana	Itaboraí	Petrobras	Petroquímico		15.000.000	1.700
Metropolitana	Rio de Janeiro	Prosint	Petroquímico	Produtos químicos	50.000	1.060
Norte Fluminense	Campos	Purac	Produtos alimentares	Ácido lácteo	75.000	
Baixadas Litorâneas	Rio Bonito	Re-Bars	Minerais não metálicos	Painéis fibra de vidro	22.000	630
Metropolitana	Rio de Janeiro	Riocim	Mineral não metálico	Cimento	54.407	140
Norte Fluminense	Campos	RPM Ind. e Transporte	Mineral não metálico	Argamassas, seladoras etc.	1.218	68
Metropolitana	Queimados	Saint-Goban Quartzolit	Mineral não metálico	Argamassa	12.900	108
Norte Fluminense	Campos	Salus Biotech	Farmacêutico	Genéricos	29.815	151
Norte Fluminense	Campos	Schulz	Metalúrgico	Conexões aço inoxidável	34.000	450
Metropolitana	Niterói	Ultratec	Indústria naval	Plataformas flutuantes	17.061	300
Médio Paraíba	Resende	Volkswagen Caminhões II	Automotivo	Caminhões	1.000.000	400
				TOTAL	24.079.565	11.987

continua

Região	Município	Empresa	Setor	Produto	Investimentos	Empregos
2005						
Metropolitana	Duque de Caxias	Acqualimp	Serviços	Lavanderia	5.922	100
Metropolitana	Duque de Caxias	Lógica Lavanderia	Serviços	Lavanderia industrial	2.450	95
Metropolitana	Duque de Caxias	Lutrol	Serviços	Distribuidora de óleo	4.154	19
Metropolitana	Michelin — nova unidade	Rio de Janeiro	Borracha	Pneus	600.000	260
Metropolitana	Duque de Caxias	Miller	Farmacêutico	Remédios	3.900	50
Metropolitana	Niterói	Wellstream	Indústria do petróleo	Tubução flexível	100.000	
				TOTAL	716.426	524
2006						
Norte Fluminense	Campos dos Goytacazes	Genus (Mobix)	Eletroeletrônico	Medidores de energia	27.000	267
Metropolitana	Rio de Janeiro	Michelin — nova unidade	Borracha	Pneus	600.000	260
Médio Paraíba	Barra Mansa	Sid. Barra Mansa — ampliação	Siderúrgico	Aço	191.000	
Médio Paraíba	Barra Mansa	Sid. Barra Mansa — nova usina	Siderúrgico	Aço	1.128.049	700
				TOTAL	1.946.049	1.227
				TOTAL GERAL	44.560.942	51.884

Fonte: Codin (2007).

ANEXOS

Anexo G

Royalties anuais em valores reais (corrigidos pelo IGP-DI de janeiro de 2009) para os estados brasileiros, 1999-2008

Ano	AL	AM	BA	CE	ES	PR
1999	12.805.862	49.630.440	83.526.171	10.446.637	18.306.034	2.533.279
2000	20.589.884	105.591.012	128.092.303	14.603.104	30.180.021	4.716.036
2001	23.179.245	117.800.534	140.315.013	16.914.372	47.997.030	2.943.111
2002	24.799.633	120.620.367	133.877.033	16.060.378	53.380.053	1.198.650
2003	32.650.700	128.263.525	149.712.518	18.519.489	84.025.160	3.761.001
2004	37.543.897	147.138.375	167.630.380	17.752.666	66.753.791	9.654.626
2005	42.587.869	175.002.983	181.194.325	17.066.786	70.064.290	10.628.263
2006	51.858.292	157.842.223	200.356.007	16.990.180	115.764.054	7.803.097
2007	44.413.612	135.740.303	173.913.675	15.004.671	163.928.034	5.419.467
2008	42.691.340	158.903.251	209.318.503	17.238.663	260.763.408	5.552.073
TOTAL	333.120.333	1.296.533.011	1.567.935.927	160.596.946	911.161.874	54.209.603

Ano	RJ	RS	SC	SP	SE	TOTAL
1999	463.606.268	121.823.391	9.886	5.155.421	40.143.115	807.986.504
2000	800.376.724	185.647.829	115.612	4.030.791	62.792.040	1.356.735.355
2001	911.378.592	177.953.186	77.783	4.304.593	62.764.079	1.505.627.539
2002	1.147.898.079	177.540.090	33.264	4.345.738	68.123.555	1.747.876.840
2003	1.286.588.068	199.856.489	0	11.354.058	73.015.972	1.987.746.980
2004	1.344.618.255	211.832.445	0	5.115.110	82.213.276	2.090.252.820
2005	1.613.375.336	221.498.601	0	5.071.231	91.330.425	2.427.820.110
2006	1.979.581.150	216.676.258	0	1.950.703	108.953.763	2.857.775.726
2007	1.787.667.387	182.368.804	0	5.002.963	105.629.652	2.619.088.567
2008	2.322.362.204	219.678.222	0	4.315.612	140.818.719	3.381.641.994
TOTAL	13.657.452.063	1.914.875.316	236.546	50.646.219	835.784.596	20.782.552.434

Anexo H

PIB regional: Confronto metodologias "nova" e "antiga" — 2002-04 (em R$ 1.000 correntes)

ESTADO	NOVA 2002	NOVA 2003	NOVA 2004	ANTIGA 2002	ANTIGA 2003	ANTIGA 2004	SALDO 2002	SALDO 2003	SALDO 2004
NORTE	**69.310**	**81.200**	**96.012**	**67.790**	**77.436**	**93.423**	**1.520**	**3.763**	**2.589**
Rondônia	7.780	9.751	11.260	7.284	8.492	9.744	496	1.259	1.516
Acre	2.868	3.305	3.940	2.259	2.716	3.242	609	589	698
Amazonas	21.791	24.977	30.314	25.030	28.063	35.889	-3.239	-3.085	-5.575
Roraima	2.313	2.737	2.811	1.488	1.677	1.864	825	1.060	947
Pará	25.659	29.755	35.563	25.530	29.215	34.196	129	539	1.367
Amapá	3.292	3.434	3.846	2.652	3.083	3.720	639	351	126
Tocantins	5.607	7.241	8.278	3.545	4.190	4.768	2.062	3.051	3.510
NORDESTE	**191.592**	**217.037**	**247.043**	**181.933**	**214.598**	**248.445**	**9.659**	**2.440**	**-1.403**
Maranhão	15.449	18.483	21.605	11.420	13.984	16.547	4.029	4.499	5.057
Piauí	7.425	8.777	9.817	6.166	7.325	8.611	1.259	1.452	1.205
Ceará	28.896	32.565	36.866	24.204	28.425	33.261	4.692	4.140	3.606
Rio Grande do Norte	12.198	13.515	15.580	11.633	13.696	15.906	564	-180	-326
Paraíba	12.434	14.158	15.022	11.634	13.711	14.863	800	447	159
Pernambuco	35.251	39.308	44.011	36.510	42.261	47.697	-1.259	-2.952	-3.687
Alagoas	9.812	11.210	12.891	8.767	10.326	11.556	1.045	884	1.334

continua

INDÚSTRIA E DESENVOLVIMENTO REGIONAL NO RIO DE JANEIRO (1990-2008)

ESTADO	NOVA 2002	NOVA 2003	NOVA 2004	ANTIGA 2002	ANTIGA 2003	ANTIGA 2004	SALDO 2002	SALDO 2003	SALDO 2004
Sergipe	9.454	10.874	12.167	9.496	11.704	13.121	-42	-830	-953
Bahia	60.672	68.147	79.083	62.103	73.166	86.882	-1.431	-5.020	-7.799
SUDESTE	**837.646**	**947.748**	**1.083.975**	**758.374**	**858.723**	**970.245**	**79.272**	**89.026**	**113.730**
Minas Gerais	127.782	148.823	177.325	125.389	144.545	166.586	2.393	4.278	10.738
Espírito Santo	26.756	31.064	40.217	24.723	28.980	34.488	2.033	2.084	5.729
Rio de Janeiro	171.372	188.015	222.945	170.114	190.384	222.564	1.258	-2.369	382
São Paulo	511.736	579.847	643.487	438.148	494.814	546.607	73.588	85.033	96.881
SUL	**249.626**	**300.859**	**337.657**	**237.729**	**289.253**	**321.781**	**11.897**	**11.606**	**15.876**
Paraná	88.407	109.459	122.434	81.449	99.000	108.699	6.958	10.459	13.735
Santa Catarina	55.732	66.849	77.393	51.828	62.214	70.208	3.904	4.635	7.185
Rio Grande do Sul	105.487	124.551	137.831	104.451	128.040	142.874	1.036	-3.488	-5.044
CENTRO-OESTE	**129.649**	**153.104**	**176.811**	**100.202**	**116.172**	**132.727**	**29.446**	**36.931**	**44.084**
Mato Grosso do Sul	15.154	19.274	21.105	15.343	18.970	19.954	-189	304	1.152
Mato Grosso	20.941	27.889	36.961	17.888	22.615	27.935	3.053	5.274	9.026
Goiás	37.416	42.836	48.021	31.299	36.835	41.316	6.117	6.001	6.704
Distrito Federal	56.138	63.105	70.724	35.672	37.753	43.522	20.466	25.352	27.202
BRASIL	**1.477.822**	**1.699.948**	**1.941.498**	**1.346.028**	**1.556.182**	**1.766.621**	**131.794**	**143.766**	**174.877**

Fonte: IBGE (Contas regionais do Brasil 2004 e Contas regionais do Brasil 2006)

Anexo I

Participação regional do PIB nacional: confronto de metodologias "nova" e "antiga" — 2002-04 (em %)

REGIÕES E ESTADOS	NOVA 2002	NOVA 2003	NOVA 2004	ANTIGA 2002	ANTIGA 2003	ANTIGA 2004	SALDO 2002	SALDO 2003	SALDO 2004
NORTE	**4,69**	**4,78**	**4,95**	**5,04**	**4,98**	**5,29**	**-0,35**	**-0,2**	**-0,34**
Rondônia	0,53	0,57	0,58	0,54	0,55	0,55	-0,01	0,03	0,03
Acre	0,19	0,19	0,2	0,17	0,17	0,18	0,03	0,02	0,02
Amazonas	1,47	1,47	1,56	1,86	1,8	2,03	-0,39	-0,33	-0,47
Roraima	0,16	0,16	0,14	0,11	0,11	0,11	0,05	0,05	0,04
Pará	1,74	1,75	1,83	1,9	1,88	1,94	-0,16	-0,13	-0,1
Amapá	0,22	0,2	0,2	0,2	0,2	0,21	0,03	0	-0,01
Tocantins	0,38	0,43	0,43	0,26	0,27	0,27	0,12	0,16	0,16
NORDESTE	**12,96**	**12,77**	**12,72**	**13,52**	**13,79**	**14,06**	**-0,55**	**-1,02**	**-1,34**
Maranhão	1,05	1,09	1,11	0,85	0,9	0,94	0,2	0,19	0,18
Piauí	0,5	0,52	0,51	0,46	0,47	0,49	0,04	0,05	0,02
Ceará	1,96	1,92	1,9	1,8	1,83	1,88	0,16	0,09	0,02
Rio Grande do Norte	0,83	0,8	0,8	0,86	0,88	0,9	-0,04	-0,09	-0,1
Paraíba	0,84	0,83	0,77	0,86	0,88	0,84	-0,02	-0,05	-0,07
Pernambuco	2,39	2,31	2,27	2,71	2,72	2,7	-0,33	-0,4	-0,43
Alagoas	0,66	0,66	0,66	0,65	0,66	0,65	0,01	0	0,01

continua

INDÚSTRIA E DESENVOLVIMENTO REGIONAL NO RIO DE JANEIRO (1990-2008)

REGIÕES E ESTADOS	NOVA 2002	NOVA 2003	NOVA 2004	ANTIGA 2002	ANTIGA 2003	ANTIGA 2004	SALDO 2002	SALDO 2003	SALDO 2004
Sergipe	0,64	0,64	0,63	0,71	0,75	0,74	-0,07	-0,11	-0,12
Bahia	4,11	4,01	4,07	4,61	4,7	4,92	-0,51	-0,69	-0,84
SUDESTE	**56,68**	**55,75**	**55,83**	**56,34**	**55,18**	**54,92**	**0,34**	**0,57**	**0,91**
Minas Gerais	8,65	8,75	9,13	9,32	9,29	9,43	-0,67	-0,53	-0,3
Espírito Santo	1,81	1,83	2,07	1,84	1,86	1,95	-0,03	-0,03	0,12
Rio de Janeiro	11,6	11,06	11,48	12,64	12,23	12,6	-1,04	-1,17	-1,12
São Paulo	34,63	34,11	33,14	32,55	31,8	30,94	2,08	2,31	2,2
SUL	**16,89**	**17,7**	**17,39**	**17,66**	**18,59**	**18,21**	**-0,77**	**-0,89**	**-0,82**
Paraná	5,98	6,44	6,31	6,05	6,36	6,15	-0,07	0,08	0,15
Santa Catarina	3,77	3,93	3,99	3,85	4	3,97	-0,08	-0,07	0,01
Rio Grande do Sul	7,14	7,33	7,1	7,76	8,23	8,09	-0,62	-0,9	-0,99
CENTRO-OESTE	**8,77**	**9,01**	**9,11**	**7,44**	**7,47**	**7,51**	**1,33**	**1,54**	**1,59**
Mato Grosso do Sul	1,03	1,13	1,09	1,14	1,22	1,13	-0,11	-0,09	-0,04
Mato Grosso	1,42	1,64	1,9	1,33	1,45	1,58	0,09	0,19	0,32
Goiás	2,53	2,52	2,47	2,33	2,37	2,34	0,21	0,15	0,13
Distrito Federal	3,8	3,71	3,64	2,65	2,43	2,46	1,15	1,29	1,18
BRASIL	**100**	**100**	**100**	**100**	**100**	**100**	--	--	--

Fonte: IBGE (Contas regionais do Brasil 2004 e Contas regionais do Brasil 2006).

Anexo J

Localização das regiões de governo do estado do Rio de Janeiro — 2009

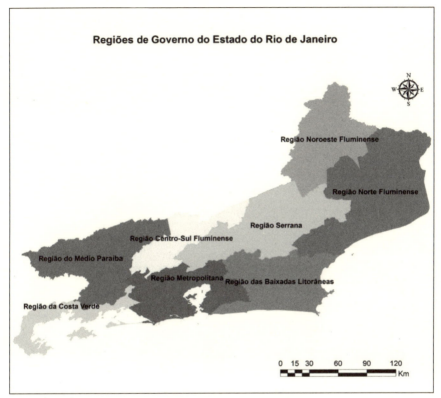

Fonte: Fundação CIDE. Regiões de Governo do Estado do Rio de Janeiro (www.cide.rj.gov.br).

Anexo L

Concentração e localização das atividades produtivas do estado do Rio de Janeiro — 1990-2008

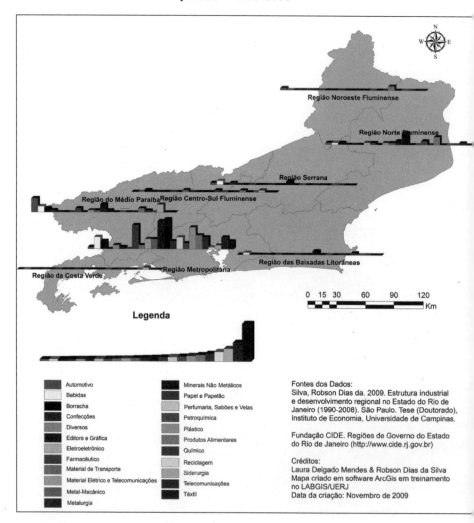

Anexo M

Principais investimentos realizados em território fluminense (2011-13)

Investimento	Setor	Município	Objetivo	Investimento no período 2011-13 (R$ bilhões)
Projetos relacionados a Copa do Mundo e Jogos Olímpicos (*)	Diversos	Rio de Janeiro	Implantação, expansão/ modernização	11,5
Complexo Petroquímico do Rio de Janeiro	Petroquímica	Itaboraí	Implantação	9,1
Usina Termonuclear Angra 3	Energético	Angra dos Reis	Implantação	8,0
Usina Temelétrica Porto do Açu Energia S.A.	Energético	São João da Barra	Implantação	5,1
Estaleiro da Marinha do Brasil/Prosub	Indústria Naval	Itaguaí	Construção de embarcação	3,8
Estaleiro/ OSX	Indústria Naval	São João da Barra	Implantação	2,3
Siderúrgica Gerdau (Cosigua)	Siderúrgico	Rio de Janeiro	Expansão/ modernização	2,0
Brasfels	Indústria Naval	Angra dos Reis	Construção de embarcação	1,9
Porto Maravilha	Desenvolvimento urbano	Rio de Janeiro	Expansão/ modernização	1,8
Eisa	Indústria Naval	Rio de Janeiro	Construção de embarcação	1,8
Complexo Portuário do Açu	Transporte/ Logística	São João da Barra	Implantação	1,8
Usina Termelétrica São Francisco de Itabapoana	Energético	São Francisco de Itabapoana	Implantação	1,4
Refinaria Duque de Caixas	Petroquímico	Duque de Caxias	Expansão/ modernização	1,3
STX Europe	Indústria Naval	Niterói	Construção de embarcação	1,3
Porto do Sudeste	Transporte/ Logística	Itaguaí	Implantação	1,2
Cedae	Saneamento Básico	Vários	Expansão/ modernização	1,2

continua

Investimento	Setor	Município	Objetivo	Investimento no período 2011-13 (R$ bilhões)
Siderúrgica da Ternium	Siderúrgico	São João da Barra	Implantação	1,2
Coquepar	Petroquímico	Seropédica	Implantação	1,2
Grupo Fischer - CBO	Indústria Naval	Niterói	Construção de embarcação	0,8
GE	Máquinas e equipamentos	Petrópolis	Implantaçao	0,7
Volkswagem	Automobilístico	Resende	Expansão/ modernização	0,6

Impresso nas oficinas da
SERMOGRAF - ARTES GRÁFICAS E EDITORA LTDA.
Rua São Sebastião, 199 - Petrópolis - RJ
Tel.: (24)2237-3769